中国科学院规划教材

管理案例学习指导

王淑娟　马晓蕾　编著

科学出版社

北京

内 容 简 介

本书面向学生展开了一幅案例学习全景图，共分为五个部分。第 1 部分从案例学习表象入手，使学生对案例学习具备初步的感性认识；第 2 部分深入剖析案例学习机理，并逐步过渡到案例学习的实际操作阶段；第 3 部分介绍完整的案例学习过程，对每一个步骤进行详细的阐释；第 4 部分在学习过程基础之上，介绍几种学习成果——案例分析报告、案例论文、案例考试、案例比赛的展现形式，以及不同成果形式之间的异同与相互关系；第 5 部分以两篇案例为例，逐一进行分析，将前述方法应用于实践，帮助学生理解这一学习方法的思维方式。

本书是面向学生编写的案例学习方法教材，适合于商科各层次的学生阅读，包括本科生、学术型硕士研究生、MBA 学员、博士研究生等。

图书在版编目（CIP）数据

管理案例学习指导 / 王淑娟，马晓蕾编著. —北京：科学出版社，2020.6

中国科学院规划教材

ISBN 978-7-03-062644-8

Ⅰ. ①管…　Ⅱ. ①王…　②马…　Ⅲ. ①管理学—案例—高等学校—教学参考资料　Ⅳ. ①C93

中国版本图书馆 CIP 数据核字（2019）第 223034 号

责任编辑：方小丽 / 责任校对：贾娜娜

责任印制：张　伟 / 封面设计：蓝正设计

科 学 出 版 社 出版

北京东黄城根北街 16 号

邮政编码：100717

http://www.sciencep.com

北京中石油彩色印刷有限责任公司 印刷

科学出版社发行　各地新华书店经销

*

2020 年 6 月第　一　版　开本：787 × 1092 1/16

2020 年11月第二次印刷　印张：12 1/4

字数：290 000

定价：48.00 元

（如有印装质量问题，我社负责调换）

序　言

中国经济 40 余年来的快速增长吸引了全世界的目光，其中蕴含的中国管理现象值得回味。中国管理实践有其特定的情境，而案例正是这些中国元素的载体，通过案例可以了解中国企业的真实管理背景与活动。案例，在管理教育领域肩负着传播中国声音、讲好中国故事的使命。而案例学习方法作为管理学科甚至社会学科的主流方法之一，在这一学科领域人才培养中的有效性也已经得到广泛的承认，其真实性、代入感，可以激活学生的决策者意识，提升学生处理问题的能力，让学生比较深刻地领会到理论的实践方法，有效缩短教学情境与工作情境的差距。可以说，离开案例，管理教育的目标就难以完整地实现。

大连理工大学作为国内最早开展现代管理教育的高校，早在 1980 年就率先引进现代管理教育，被学界誉为“中国现代管理教育的先驱，中国 MBA 教育的发祥地，中国管理案例教学法的先锋”。在坚实的学科建设基础上，结合多年积累的案例优势，大连理工大学经济管理学院在第五轮学科评估中两个学科进入A档，继续“领跑”双一流。已故的大连理工大学经济管理学院教授余凯成，从 20 世纪 80 年代初就以大连理工大学经济管理学院和中国工业管理大连培训中心为平台，向学员推荐案例学习方法，并在全国进行推广，余凯成教授也因此被誉为“中国管理案例之父”。

2007 年 5 月，在全国工商管理专业学位研究生教育指导委员会的提议下，大连理工大学经济管理学院牵头组建了“中国管理案例共享中心”，致力于推动中国本土化管理案例研究、教学案例开发、推广案例学习方法、传播案例学习成果，促进案例教学的经验交流与质量提升，实现院校间案例资源的共享。《管理案例学习指导》这部书的编写也是中国管理案例共享中心系统建设的一部分，由大连理工大学经济管理学院资助出版，与《工商管理案例研究方法》《管理案例采编》《管理教育中的案例教学法》《案例资源的组织与管理》四部著作共同组成大连理工大学管理案例系列丛书，分别从案例学习、案例研究、案例采编、案例教学、案例管理五个不同的角度解读管理案例。

该书的第一编著者王淑娟教授自 20 世纪 80 年代起就一直跟随余凯成教授从事管理案例的开发与推广工作，在案例教学、案例采编、案例库管理等方面积累了近四十年的工作经验，是国内从事管理案例工作时间最长的教师，是我院案例教学与研究中心主任，也是中国管理案例共享中心副主任，每年担任本科生“案例分析”课程的指导教师，组织“全国百篇优秀管理案例”评选、“中国管理案例学术年会”、“全国管理案例精英赛”等大型案例活动，直面学生在案例学习过程中的需求、困惑、瓶颈与痛点。

正是这些问题的不断积累逐渐激发了作者想要编著一部适合当代管理学科学生的、全面介绍案例学习方法的工具类图书的决心。书中一一阐述了学生应该抱着怎样的心态去学习、怎样实现学习的过程、怎样检验学习的成果等问题，不仅有利于读者有效地掌握案例学习方法，还提供了若干本土化的案例。

该书是面向学生的案例分析指导手册，不仅可以作为工商管理硕士研究生、管理类研究生的案例学习辅导教材，也可作为学习管理知识的本科生的案例学习参考书，相信该书的出版不仅对大连理工大学经济管理学院有着重要意义，也会对各界管理精英们的案例学习发挥出有效的作用。

大连理工大学经济管理学院院长　朱方伟

2020 年 6 月

前　言

管理学科最突出的特点体现为管理的权变性与复杂性，管理学科人才培养的突出特点是理论与实践的融合，系统知识、管理思维和管理技能的融合。

管理案例是指在某一情境下对特定管理问题的客观描述，它真实地提供了实际存在的复杂管理问题、冲突，以及各种相关事实和背景资料，再现管理者或管理组织所面临的实际管理情境和决策环境。

管理案例教学是教师根据教学目标和教学任务的要求，以精心选出的案例为教材，让学生在学习和切磋过程中，通过决策者的角色扮演、识别，分析各种可行的方案并做出决策。案例教学的主要功能不在于了解某一独特的经验，而是让学生通过多次的思想交流和碰撞，探索如何解决管理问题、制订实施计划，并总结出适合自身特点的思考与分析问题的逻辑和方法，从而使学生比较深刻地领会到理论应用于实践。

管理案例教学于 20 世纪 80 年代初进入中国，始于中、美两国政府合作举办的中国工业科技管理大连培训中心项目，该项目第一次系统地介绍了西方工商管理教育课程和案例教学，其后美方教学团和中方教师一起调研和编写出第一批中国企业的案例。1986 年，余凯成教授等组织成立了“中国企业管理协会管理案例研究会”，1987 年，经国家相关部门批准，由大连理工大学试建国内第一家案例库，同年创刊《管理案例教学研究》内部学术刊物并编写《管理案例学》《中国企业管理案例》等系列案例书籍。1997 年，全国工商管理专业学位研究生教育指导委员会特别制定了工商管理硕士培养过程中的基本要求，其中包括“根据各课程特点，每门课程教学中至少应采用一定数量的案例”。但在各个院校案例教学中，仍然存在着案例资源匮乏，质量偏低，特别是反映我国管理实际的案例很难满足教学需求的问题。尔后，国家教育部人文社会科学“九五”重大科研项目“中国企业管理案例库组建工程”和教育部新世纪网络课程建设工程清华大学校级 985 重点项目投专项基金于北京大学和清华大学建设工商管理案例库，国内一些知名院校也纷纷致力于建设自己的案例库。但是，由于案例建设周期长、投资分散、收效低、编写水平参差不齐、资源利用率低，单校建设模式不能满足教学需求。为了从根本上解决工商管理教育缺乏高水平案例的瓶颈问题，并借此反映中国企业最佳实践，2007 年，全国工商管理专业学位研究生教育指导委员会决定，依托大连理工大学成立中国管理案例共享中心（China Management Case-Sharing Center，CMCC），本着“统一规范、分散建设、共同参与、资源共享”的宗旨，搭建案例教学与研究的平台，实现中国工商管理硕士（master of business administration，MBA）培养院校间的案例资源共享、师资共享、学术成果共享和国际合作共享。2010 年，启动“全国百篇优秀管理案例”评选，每年举办一届，同年，中国管理案例共享中心与加拿大西安大略大学毅伟商学院签署合作、分销协议，将每年的“全国百篇优秀管理案例”推荐给毅伟商学院，面向全球发行。2012 年，“全国百篇优秀管理案例”数量被纳入教育部第三轮学科评估指标体系，极大地鼓舞了广大案例工作者开发和实施案例教学的积极性，从首届的 299 篇投稿猛增到 2018 年第九届的 843 篇，有效地保障了案例教学的需求和发展。2013 年，中国管理案例共享中心进一步完善了组织机构，成立了中国管理案例现代化研究会管理案例研究专业委员会和中国管理案例中心联盟。同时，为了进一步推动案例教学的深入和发展，检验案例教学成果，中国管理案例共享中心于 2013 年起每年举办一届“全国管理案例精英赛”活动，大赛从校园突围赛到分区晋级赛再到全国总决赛共三个阶段，层层筛选，逐级突围。每年大赛吸引国内近百所 MBA 培养院校的万余名学员积极参与其中。大赛还得到了企业界人士的大力支持，仅仅五年多的时间，赞助“全国管理案例精英赛”及“全国百篇优秀管理案例”的企业多达 20 余家，赞助金额累计超过 300 万元。该赛事被认为是目前国内规模最大、分布面最广、竞赛制度最规范、水平最高、竞争最激烈的全国性赛事之一。截至 2019 年 12 月，中国管理案例共享中心拥有会员院校 286 所，收录有授权的案例 4 400 多篇，并且以每年近 400 篇的速度增长，组建了 700 余人的专家库，网站点击量逾 1 700 万人次，日最大点击量近 1.5 万次，注册用户超过 4 万人。中国管理案例共享中心的建设模式被其他专业学位教育指导委员会借鉴并采用，中国管理案例共享中心的管理制度、案例撰写标准等均已成为业界规范。

经过十年的建设，在中国管理案例共享中心的引领下，中国工商管理的案例教学、案例研究及案例建设事业突飞猛进，案例资源的数量和质量已经能有效保障工商管理案例教学的需求，形成了包含案例教、学、用的教学与研究的双向交流闭环循环，并成功构建了国际商学院案例生态系统。

特别是近几年，案例教学在工商管理这一学科领域的人才培养和科学研究中已经得到了广泛的承认和重视。很多学校纷纷制定相应的政策，不仅鼓励教师深入企业采编案例，从传统式教学模式转向以学生为中心的“自主参与式”案例教学模式，同时还将案例学习和案例比赛计以一定的学分。然而，有关案例分析的出版物还是太少了，无论是翻译的还是自编的，远远满足不了形势发展的需求。

鉴于此，苏敬勤教授鼓励笔者理论联系实践，基于 30 年来对管理案例采编、案例教学培训及案例库管理的经验，出版有关案例分析的指导图书。笔者经过反复思考和研究，于 2016 年初步拟定本书大纲，并与本书另一作者马晓蕾共同查阅大量国内外案例库及数据库管理的相关论文，经过两年的努力，终于完成本书初稿。

马晓蕾在案例开发及案例平台建设领域工作近十年，撰写案例 9 篇。我们希望此书可以为中国管理案例教学持续发展略尽绵薄之力。

这是一部关于案例分析的书，书中对管理案例、案例学习准备、过程及案例成果形式等内容进行了系统的介绍，并展开讨论，全书共分为 5 个部分。第 1 部分主要阐述管理教育和管理案例，从管理教育的特点、目标着眼，引入“案例”的概念，在阐明“管理教育”与“案例”的相互关系基础上，又从结构、内容及使用目的几个角度归纳了案例的不同类型。第2、第3、第4部分是本书的主体——从案例学习的准备、学习过程涉及的步骤及学习成果的形式，详细阐述案例学习的形式、常用的工具和方法；结合具体案例，对师生在教学各环节中扮演的角色及如何分工合作进行逐一介绍；为了使学生更加直观地认识和理解案例分析过程，详细介绍了应对案例比赛的方法和案例考试的组织及运作，且列举了优秀案例分析报告和PPT供学生赏析与借鉴。第5部分为案例学习举例，选出两篇“全国百篇优秀管理案例”同时配有相应的分析逻辑，进一步加深理论与实践的结合。

本书能顺利出版，要感谢大连理工大学经济管理学院提供的支持，还要感谢大连理工大学经济管理学院苏敬勤教授对本书的审阅和指导。本书在写作过程中还获得了大连理工大学经济管理学院朱方伟、崔淼、吕一博，以及科学出版社编辑的帮助，正是他们的辛勤劳动，才成就了这部管理案例分析的著作。

笔者虽然花费了大量的时间和精力，但由于个人见地所限，书中必然会出现不足之处及需要进一步研究和探讨的问题，恳请读者和各界人士提出宝贵的意见和建议。

王淑娟

2020年5月

目　录

第1部分　管理学习与管理案例

第2部分　管理案例学习准备

第 3 部分 管理案例学习过程

第 4 部分 管理案例学习成果的形式

第 5 部分 管理案例学习举例

第 1 部分　管理学习与管理案例

第 1 章

管理学习的主要特征

19 世纪后半叶，业主凭其经验进行管理的家庭手工作坊式小企业渐渐退出历史舞台，以大企业为代表的社会化大生产方式开始萌芽并迅速发展。现代管理学的先驱者们总结出了为数不多的、明确精炼的管理原则来指导管理实践，大大提高了生产效率，这些研究有效管理规律的学问或知识体系，逐渐形成了管理学。

管理是对组织的有限资源进行有效整合，以达成组织既定目标的动态创造性活动，是人们综合运用人力资源和其他资源，由计划、组织、领导、控制等职能组成的，系统有效地实现目标的过程，是人类生活中最常见、最普遍和最重要的活动之一。

作为上层建筑，管理学反映并适应它的基础，即社会生产力的发展水平与形式。与以自然科学为主要研究对象的理工科相比，管理学以人、组织、社会活动为研究对象，知识结构独特。自然科学中常见的是收敛式塔形结构，即越往深钻，知识越专门化、越窄，而管理学则刚好相反，呈现出下窄上宽的丁字形发散式结构。

作为一名技术人员或工程师，只需要精通技术知识就可以完美地胜任工作；而一旦升为领导，就不仅要求了解技术，还要对生产、计划、质检、采购、财务、人事、销售等各个职能方面都有所了解，对知识领域的要求大大拓宽了。管理者不但要受过各职能专业的基本知识训练，由专才变为通才，而且要善于综合运用所学知识，跳出原来单一职能的圈子，学会从全局观点出发去分析、考察与处理问题，这使得管理学具有突出的实践性、综合性和权变性特点。

（1）实践性。虽说任何一门学科都缺少不了实践性，但管理学与社会生活直接相关，可以说是建立在自然科学的基础上，属于“上层建筑”的学科，随时随地能够检验学习成效，实践性更为强烈和鲜明。

（2）综合性。综合性是针对管理者提出的技能要求，这是管理者与技术人员的重要区别。这是因为管理的对象不仅有物，还有人，而人不同于物，并不完全服从于理性规律，还有感情、心理因素在起作用。因此，管理不能单凭技术性的、定量的手段，还要在一定程度上依靠定性的、经验性的判断，甚至是直觉。这就使得管理学的科学性中，既表现出自然科学的成分，又表现出社会科学的成分，既像一门科学，又像一门艺术。而所有的管理者都要在实践中把握好科学和艺术的分寸，熟练应用及转换定量与定性两种方法，即便是最基层的（如班、组长）管理活动，也要求管理者能够独当一面，兼顾各方，总揽全局，显然这种管理是跨学科的、多职能的、综合性的。

（3）权变性。权变是指没有一定之规，要因地、因时、因情而制宜。这是由社会生活、外在环境的多变性决定的。管理，特别是高层管理所发生的环境及所应付的对象实在太复杂多变，这种多变性是多种因素共同、相互作用的结果，某一个或几个人或组织几乎不可能控制这种变化，组织及管理者能做的只有调整自身状态，适应变化。因此，对于管理来说，不会有唯一正确的、最佳的答案和标准；对于管理者来说，也不可能有简单的、可适用于一切情况的“灵丹妙药”。

管理科学的这三个特点决定了我们不应该用常规的自然科学的学习模式来学习管理学，自然科学的学习模式也不可能培养出有效的管理者。要想从根本上保证管理学习的质量，就必须讨论并明确管理学习的目标，并据此来建立和发展管理学习的有效方法与模式。

从管理实践的角度来看，管理学习的最终目标是，成为时代所需要的、掌握科学管理的有效管理者（职业经理人）。职业经理人所要求的专业性决定了管理学习的目标是综合性的，这里我们可以将其分为四个维度来讨论。

1）建立管理观念

“态度决定一切”“思路决定出路”这些口号类的主张都在提醒我们观念对于一个人的重要意义。管理学习的首要任务不是获得知识，而是建立科学的管理观念。而管理观念必须紧紧跟随当代管理实践，并对现实的管理实践具有足够的指导性。因此，通过管理学习，管理者建立起具有前瞻性、系统性、创新性的管理观念就成为管理学习的首要目标。

2）改善心智模式

心智模式是指每一个人理解与看待周围事物的思维方式和行为习惯。在心理学上，心智模式就是人的思维定式，它直接或间接地影响着我们对他人、对周围事物、对世界及对自己的看法。正如彼得·圣吉所说：“它好像一块玻璃一样微妙地扭曲了我们的视野，影响着我们对世界的看法。”

心智模式是由过去的经历、习惯、知识素养、价值观等形成的，不易改变。改善心智模式是一项非常重要但十分艰难的修炼。俗话说：“江山易改，本性难移。”对一个思想观念、行为习惯都已定型的成年人来讲，改变旧习惯尤其是改变心态绝非易事。而管理者所面临的任务就是要在不断变化的环境中解决一系列复杂多样的管理问题。因此，管理学习的另一个重要目标就是不断改善管理者的心智模式，使之适应管理工作的变化性与创新性。

3）获取管理知识

获取知识是所有专业学习都必须面对的基本目标和任务，管理学习也不例外。管理科学发展到今天已经形成了理论体系，并建立了独立的学科。管理理论界和管理实践者以往对生产过程的分析研究，对个人和集体行为的分析研究，以及用数学模式和数学方式进行管理应用研究所取得的成果，都为管理奠定了科学的理论基础。这些管理理论为管理实践活动提供了普遍适用的管理模式、原则和方法，具有重要的指导意义。具备必要的管理知识和理论，已成为现代管理者的根本条件。

但是，由于管理科学下窄上宽的丁字形发散式结构，随着管理者管理层级的提升，对其知识面的要求大大拓宽，不仅要求其懂专业技术，而且要对生产、市场、销售、计划、财务、人力资源等各方面都有所了解。因此，管理者要由专才变成通才，而且应该善于综合运用所学知识，学会从全局出发分析问题、解决问题。

同时，管理知识的更新速度远远快于其他学科知识。因此，管理学习在获取管理知识这一目标上的最大困难在于通过什么样的教学方法来保证管理知识获取的系统性和有效性。

4）提升管理能力

如果说其他学科的学习更侧重于培养学生的知识体系，那么管理学习的一个重要目标就是提升管理者（学生）的管理能力。这是因为，管理工作的性质决定着管理者必须在管理实践中解决管理问题，而不仅仅是用书本知识来分析问题。在管理实践中，仅凭书本知识来处理，单靠公式来运筹，通过背诵原理来进行管理，是难以收到理想效果的。同时，管理能力的提升并不完全遵循“先学习理论知识，再用知识解决问题”的常规模式，而是需要更多地从实践中学习，再系统地学习，从而使管理能力得到系统性的整合与提升。这些管理能力包括自学能力（快速阅读、抓要点、列提纲、查资料、演绎与归纳、计算等）、解决问题的能力（发现与抓住问题、分清轻重主次、分析原因、拟定有针对性的各种解决方案、权衡与抉择、总结与评估等）、人际交往能力（书面与口头表达、辩论与听取、小组的组织与管理等）等各个方面。

目前，世界各国的商学院普遍在减少工商管理类专业本科生的招收数量，扩大MBA学生的招收数量，并在招收MBA学生时，都要求有一定年限的管理经验作为必要条件。这也反映出管理学习更注重对管理者（学生）实际管理能力的培养。因此，在管理学习中，面临着如何有效提升管理能力的挑战。

总之，管理学习的目标是为了满足管理者（学生）的需求，更是为了满足社会进步和企业发展对管理人才所提出的新要求。因此，发现并发展科学有效的管理学习模式和学习方法就成为实现管理学习目标的重要前提和保障。

第 2 章

管理学习中的案例法

2.1 管理案例学习法的意义

管理学习的目的，就是成为能够适应社会发展的、迎合企业需求的、优秀的管理人才，能够从纷繁复杂的现实中发现问题，找出原因，分清主次，拟出多种对策，权衡取舍，当机立断，选出最佳方案。面对瞬息万变、头绪纷繁的局面，管理者的成败，显然取决于他们审时度势、剖析权衡、把握时机、“对症下药”的能力，也就是管理决策和执行的能力。

这种能力来源于三个部分：第一部分是知识，其来源包括教材、案例、推荐阅读的文章等，学生通过专业课程听讲和自我阅读掌握这些内容。但单靠读书与听讲学来的知识再丰富，没有应用于实际的技能，不能用来解决实际问题，也是毫无用处的。纸上谈兵，坐而论道，言过其实，终无大用。要获取这种能力，终究要在学习最新管理知识，包括现代化的理论、概念、方法与技术，并不断更新的基础上，熟练掌握与现实环境相结合的技能，自我理解、内化，融会贯通，形成科学、高效的思维方式，这是一个管理者最宝贵的素质，是其核心竞争力，也是管理决策能力来源的第二部分。第三部分是价值观体系。价值观体系是指导个体行动的一系列偏好，对个体做管理决策非常重要。每个人都有不同的价值观体系，往往在人生早期甚至一出生就基本定型，且很难再改变。价值观没有对错之分，了解自己的价值观和理解其他人的价值观，可以大大提高个体决策和群体决策的效率和效果。管理决策能力的构成如图 2.1 所示。

管理学习不仅要掌握先进的知识，更要锻炼出卓越的技能，了解社会、行业与企业，能够发现问题、分析问题与解决问题，形成科学的管理思维。这种思维与能力的养成来源于实践与经验，主要动因在于每个人自主地学习和吸收。这就要求学生必须走出校门，深入企业、长期蹲点，若短期实习，蜻蜓点水、浮光掠影，则体会不会深刻。但若完全以实干代替学习，则不但会失去学校教育的特点，费时很长，而且所接触的只有个别独特的具体情况，所获未免有失片面。管理学习的形式与方法，总是随着管理实践与理论的发展而变化，正是在这种进退维谷的形势下，通过案例进行管理学习的方法便应运而生了。

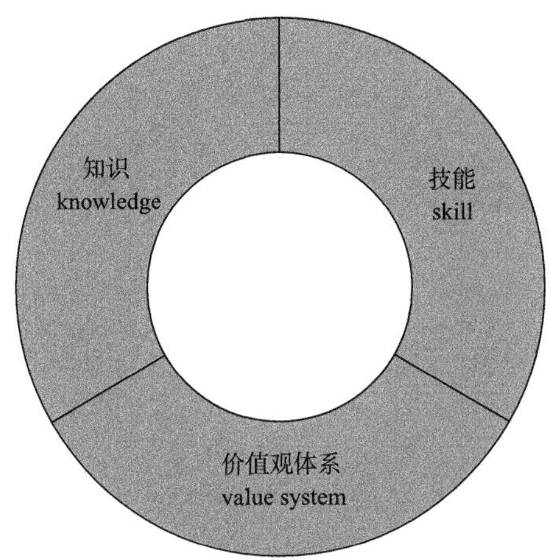

图 2.1　管理决策能力的构成

2.1.1　管理实践促进了管理案例的产生

管理学习是随着管理科学的产生而产生的。回顾管理的发展历史，我们可以看到，在数万年的管理实践历程中，管理科学理论诞生至今一百多年。正因为有了这一百多年的管理科学理论的源起和发展，才有了现代管理教育。

世界上最早的工商管理类学院（商学院）是成立于1908年的哈佛商学院，如果以此作为正式管理教育的起点，也不过一百多年。一百多年的管理教育历史与数万年的管理实践历程比起来要短得多，但是管理教育的一百多年恰恰是伴随着世界经济快速发展的一百多年，而且管理教育的形式与方法，也总是随着管理实践与理论的发展而变化。

19 世纪末，以大企业为代表的社会化大生产方式代替家庭手工作坊式的小企业成为经济发展的主流形态。在这个过程中，诞生了以泰勒、法约尔为代表的一批基于实践的管理科学先驱。为了更好地指导大企业的管理实践，他们在长期管理实践的基础上，思考并总结出了为数不多的、明确精炼的管理原则。这些原则也成为早期管理教育的主要内容。与此相对应，早期管理教育中普遍采用的是以长篇系统讲授为主的灌输性“结构式”教学法。

随着 20 世纪初的经济发展，企业的规模越来越大，面临的环境与形势也越来越复杂多变，少数的管理原则已经不能概括与应付，只好加上一些“例外规则”。例外越来越多，原有的管理原则已经不能对管理实践继续发挥更有效的指导作用。面对瞬息万变、头绪纷繁的局面，管理者的成败显然取决于他们审时度势、剖析权衡、把握战机、“对症下药”的工作能力。而这种能力的养成与获得显然不是单靠读书与听讲便能达到的，唯一可行的办法是“从实践与经验中学习”。

然而，若完全以实践代替学习，不但会失去学校教育的系统性特点，费时很长，而且每个学生只能接触到个别一两种情况，有失片面。于是，一种应用大批源于实际情况与实践经历的介绍材料来训练学生的方法应运而生，这就是管理案例学习方法。

应用大量对实际情况与经历的介绍材料来训练思维的方法其实由来已久。医学院运用病例、军事学校利用战例、法学院采用判例来教学可以追溯到很久远的年代，管理学习中采取管理案例用意与此相似：把一个个独特的，但为数众多的具体管理情境揭示给学生，使学生不离校就能在短期内“接触”到大量各式各样的实际管理局面，经济而有效地弥补实践的不足与片面。学生亲历其境，感同身受，将自己和同伴设定为案例中的主人公，模拟真实的决策过程，反复多次操演锻炼，效果甚至优于演员彩排、士官生的图上或沙盘作业乃至实弹演习。

总而言之，在世界经济不断快速发展变化过程中，各类组织对管理者的素质提出了越来越高的要求，管理教育也越来越成为各国商学院和企业界关注的焦点。管理案例学习成为一种风靡全球的、被认为是代表未来教育方向的成功教育模式。

2.1.2 哈佛案例教学的起源与发展

追溯历史，现代意义上的案例教学出现于哈佛大学。1870 年，兰德尔出任哈佛大学法学院院长时，首次将案例引入法学教育。19 世纪 90 年代，哈佛医学院开始引入案例学习法。案例学习法在法律和医学教育领域的成功激励了商业教育领域。1908 年哈佛商学院正式成立时，案例学习法被引入商业教育领域。

1908 年成立的哈佛商学院只是一个研究生院，而不设大学本科。招生标准之一是学生必须具备学士学位。这样，哈佛商学院就不但有别于宾夕法尼亚大学沃顿商学院、纽约大学斯特恩商学院、芝加哥大学商学院和加州大学伯克利分校哈斯学院，而且比这些学院更高一筹。因此，哈佛商学院一开始就成了美国第一所授予学生 MBA 学位的研究生院。

1909~1919 年，哈佛商学院请管理人员到课堂提出管理中的问题，然后要求学生写出分析和建议。新院长华莱士 · B. 唐哈姆是一位接受过案例法教育的律师，他看到了在行政管理领域使用案例的重要性，并全力推动哈佛商学院投身于案例学习法。在他的促进之下，科波兰德博士于1921年出版了第一部案例集，由此奠定了管理学科中案例学习法的基础。到了 20 世纪 40 年代，哈佛商学院已开始有了初具规模的包括案例选题、搜索、编写、应用、储存、建档、注册、审批、更新、发行、经销、交换、版权保护等各方面在内的较完整的管理案例系统。而且哈佛的案例学习法普遍用于大多数管理课程的教学中，某些教授在一些高年级综合性管理课程中，甚至把案例教学当作唯一的教学方式，实行全案例教学。哈佛的 MBA 学员，在两年内要分析 800~1 000 个案例，也就是说平均每天要处理 2~3 个案例，这种高密度的案例教学使 MBA 学员获益匪浅。

但是，案例学习法在哈佛商学院之外的推广一直不够顺利，直到20世纪50~60年代，哈佛商学院在福特基金会的资助下，连续举办了 11 期 8 周制的案例教学暑期研讨班，邀请了20多名管理学院院长与资深教授来参加，才逐步让美国更多的商学院就案例学习的意义、特点与有效性建立了初步的共识，为案例推广提供了认识上的基础。同时，哈佛又创建了它的“校际案例交流所”，为美国各院校提供了方便而丰富的案例供应源。

管理案例学习法在 20 世纪 60 年代以后在很多专业教育领域得到广泛应用。在美国，不论是以学术研究为主的常春藤大学，还是以教学为重点的社区学院，都可以见到采用案例学习法进行学习的例子。管理案例学习法应用的学科领域相当广泛，除前述法学教育、医学教育、企业管理外，公共行政、社会工作、临床心理学、建筑、政治、新闻、艺术、工程等学科也都有应用案例学习法的例子。从 20 世纪 50 年代开始，案例学习法走出美国，被加拿大、英国、法国、德国、意大利、日本及东南亚国家引进。1984 年，“世界案例教学研究与应用学会”在美国成立，这是一个由教授、研究者、决策者、专业人员及公司经理人等组成，会员横跨世界 50 多个国家的全球性组织，该组织的成立标志着案例学习法的发展已趋成熟。

目前，哈佛商学院已经成为全球管理院校在案例领域的领军者。哈佛商学院拥有世界上最大的管理案例库，并致力于在全球推广案例教学模式。2004 年开始，哈佛商学院投入大量资金面向亚洲名牌大学商学院开展了 PCMPCL（program on case methods and participants-centered learning，案例方法和以参与者为中心的学习）项目，向亚洲输出哈佛式的案例教学模式和案例开发体系。这是哈佛商学院案例教育国际化战略的重要组成部分，截至 2018 年已经开办 8 届，每届均采取在美国本土和亚洲分阶段展开的模式，培养了多达 500 名的亚洲地区名牌大学商学院的资深教师，受益的学生数量更加庞大。

2.1.3　管理案例学习法的局限性

管理案例学习法确实具有很多独特而重要的优势，但这并不意味着它就完美无缺，是万能的、最佳的，甚至是唯一有效的管理学习法。它不能排斥和取代其他学习方法，正如其他学习方法也不能排斥和取代它一样。

首先，管理案例学习法最易被诟病之处就是它的普适性问题。有人指责管理案例学习法“支离破碎”，是“一个个具体的、孤立的、表面的经验与情境”，这确实是一个事实。案例学习的过程其实是一个从特殊但有代表性的“个案”中“寻找”普遍规律的过程，这一“寻找”过程，并不是一个对案例对象简单认知的过程，因为案例对象存在着复杂的信息并存在多种条件的组合，把这些信息和条件巧妙地组合起来，建立一种新的认知，“寻找”出一种新的管理理念，这本身也是一种实实在在的学习过程。

其次，管理案例学习法并非适用于所有管理学科的课程。相对来说，管理学一级学科下的工商管理二级学科比较适宜使用管理案例学习法，尤其是其中一些综合性的课程最为适合，可以大量采用，如企业战略、市场营销、创业管理等；而管理科学与工程二级学科中的课程和经济学科中“宏观经济学”这样的少数特殊课程，则普遍不适用管理案例学习法，很少有采用案例学习的适当机会；有些专业性很强的单科性课程，则只宜局部采用或偶尔为之。

最后，就是要使管理案例学习法充分发挥其功能，取得良好效果，前提条件是很多的：不但案例本身的质量要高，师生都需具备相当的经验、知识和技巧，更要花费相当多的时间与精力才行，并且，因为没有“标准答案”，案例报告与考卷的评分，乃至于案例比赛的裁判，不可避免地都会带有一定的主观性，这是毋庸讳言的。

只能说，管理案例学习法不但不能代替系统的理论学习与听讲，与其他学习法相比也是各有利弊的。例如，管理案例学习法与“综合实习”相比，性质有些类似，同样强调实践性。“综合实习”是学生作为实习员工真正到企业里去工作，它的经验是第一手的，是“真刀真枪”实干出来的，这是优于管理案例学习法的；但“综合学习”花费的时间更长，并且每个人只能到为数不多的企业里去实习，做一些基层工作，接触面较窄，难以了解大多数的情况，不可能作为总经理去决策，这样能取得直接经验的领域就又相应缩小，这是不及管理案例学习法之处。尽管仍有机会了解其他同学或小组的活动，但那些体会与经验又变成间接经验了。

总之，管理学习中常用的各种学习手段，无论是课堂听讲、集体讨论、作业练习、沙盘模拟，还是现场调研、企业实习、参考资料阅读、项目咨询和案例分析等，都各有其适用领域与局限性，任何片面性都会带来损失。唯有根据具体情况，分别采用，扬其长而避其短，互为补充，众花齐放，才能获得最佳的学习效果。

2.2 管理案例学习的系统观

系统观，就是把案例学习看成一个完整的，由许多互相关联着的子系统组成的，处于一定环境之中的，与环境一直发生着交互作用的系统，这个系统不是孤立的、封闭的，它与环境共同组成一个更大的系统，并成为更大的系统中的一个子系统。

从系统观的角度来看待和处理案例学习是十分重要和根本的观点，这意味着我们要全面地考察案例学习，不能只看到它某一个或几个局部的子系统，要同时看到这个（或这些）子系统与同一系统中的其他子系统间的关联、牵制和影响。换言之，我们不能只着眼于某一个案例的学习本身，要把它作为整个管理学习体系中的一环，与其他学习方法配合使用，摆正其在整体中的位置。总之，要把案例学习看成一项系统工程，对它进行系统设计。

首先，系统观意味着要将案例学习作为一项长期的工作来做，充实在校学习的每一个环节，对整个学校学习做统筹规划，成为整个培养方案中的基调，而不仅仅是一门课上的事。由浅入深，从易变难，是一项符合认识论的学习通则，它在单个案例课环节、整门课程的各堂案例课、全部学习过程中各阶段案例学习的安排这三个层次上，都应有所反映。

为了充分发挥案例学习在整个管理学习中的作用，学生可以在入学之初就开始接触案例，对于 MBA 学生来说，甚至在还没有入学之时就已经开始接受案例的训练，这体现在 MBA 学生入学面试的阶段，每个学生都要参与案例讨论的环节来完成面试。那些对管理案例学习法还颇感陌生的学生，先接受一些关于管理案例学习本身的启蒙训练和教育是十分必要的。由于管理案例学习法引入我国历史较短，我国的学生一直习惯于在系统讲授课中听和记，对管理案例学习法一时难以适应，因此在入学时选修一门“管理导论”课，是一个行之有效的措施。这门课有时又称“管理学概论”或“一般管理学”，在国外作为管理学习启蒙手段用得相当普遍。这门课向学生介绍管理的基本概念、现代管理思潮的主要流派及其演变史，管理体制与模式的特点和风格、管理学知识体系总的概况及各个主要组成部分的轮廓及相互关系，也介绍管理教育体系，其中当然包括学习方法。在此课程中，不仅管理案例学习法本身作为管理教育的一种独特而有效的手段要予以介绍，而且在介绍管理学的各门学科时就可以初步引入与运用管理案例学习法。由于学生基础知识和广度知识都还较缺乏，此时的案例只能是较简单容易的。经此入门训练，在随后升入高年级时，案例教学渐次增多时，就不会感到突兀而难接受了。

在整个在校学习阶段，案例课程和案例考试整体遵循一种循序渐进的趋势，让学生逐渐适应，并逐渐熟练，形成思维方式，而案例分析比赛则是案例学习的高潮和集中检验案例学习效果的一种方式。案例分析比赛自身没有固定的形式，但都是以比拼限定时间内的案例分析逻辑、信息收集整理和小组内部配合为主要内容，是自我学习成果的集中展示和汇报。

其次，用系统观来看待案例学习，就不能只注重自己的成果和声音，要以小组成绩提升为己任，着眼于小组作为一个整体所取得的成绩。一群人聚在一起所取得的成就，不仅取决于每个人的努力，还取决于整个集体内部的相互配合与协调，学会如何在集体中有原则地让步、有条件地放弃，是每个人的必修课。这是一种与人交往的能力，是一种在集体中生存的能力，掌握这种能力，会让人受益终身，其意义甚至远远超过案例讨论本身。能够做到这一点，也是案例学习带给学生的一种进步与提高。

最后，用系统观来看待案例学习，就意味着不能只着眼于案例学习全过程的某一个环节而忽略其他。例如，课堂讨论虽是中心环节，但若有一个学生事先未做好充分准备，小组讨论不认真、不充分，全班的讨论质量就必然受影响。

2.3　管理案例的属性

管理案例通常描述一家公司的外部及内部条件，并提出有关公司的战略、市场、人力资源管理、财务管理和生产运营等问题。其中，绝大部分信息反映的是事实，但也有一些信息反映的是观念、判断和信息。管理案例的英语原词为 business case。case 一词，还有译作个案、实例、个例、事例的，但案例较为贴切，已被广泛采纳。

关于管理案例的定义，许多人从不同角度出发，见仁见智，其核心就是“对某一特定管理情境的客观描述或介绍”。这些管理情境往往体现为一个组织中的人员、行动、事件、背景与环境，通过描述事实、复述对话、可视化数据等形式表达出来。

要特别注意“客观”这两个字，这是管理案例的根本属性。它一方面表明案例是写实的，是确已发生过的事实的记录，不是杜撰、虚构或主观臆想的产物，不同于小说；另一方面也说明，案例是对事实的白描，不带有撰写者的分析与评论。

虽然不带有撰写者的分析与评论，但是，整个管理案例素材的编排却表达了撰写者鲜明的目的性，它不是素材的任意胡乱堆砌，而是经过仔细筛选，精心编排组织的。教学案例是为适应特定的教学目的而编写；面试案例是为快速考查学生分析问题和解决问题的能力而编写；比赛案例是为考查参赛者在有限时间内收集整理资料的能力和小组分工合作能力而编写；管理案例还可以作为研究手段，与问卷调查、现场观察、实验室实验等方法，同为常用的社会科学研究工具。

虽然每个案例都有其不同的具体目的，但又都有着一个共同的基本目的，便是为学生提供模拟的管理情境，使他们获得锻炼并提高自己分析与解决问题的能力。因此，案例总以一个或一些问题作为经验或核心，围绕着它（们）展开或铺陈情节。

第 3 章

管理案例学习法在中国的发展

3.1 管理案例学习法在中国的发展历程

由于过去的特殊情况，中国的管理教育界一直没有机会接触到案例教学。随着中国改革开放，中美两国加强了在各个领域的合作。1980 年，美国商务部与中国教育部、国家经济贸易委员会合作，举办“袖珍MBA”培训班，并将中美合作培养MBA的项目执行基地设在大连理工大学，称为“中国工业科技管理大连培训中心”。为了更加有效地开展针对中国管理者的工商管理教育和管理培训，由中美双方教师组成案例开发小组，到若干中国企业调研、采编，撰写了首批用于教学的 83 篇中国管理案例，并编写了《案例教学法介绍》一书，这被视为中国管理案例和案例教学法的开端。

在引进和开展案例教学法的过程中，被誉为“中国案例之父”的余凯成教授起到了至关重要的作用。1980 年，余凯成教授赴美国学习，关注案例教学，回国后在中国工业科技管理大连培训中心担任教务长，直接参与和组织了多项中美合作的管理培训项目以及管理案例的采编与开发工作。

1986 年春，在国家经济贸易委员会的支持下，中国工业科技管理大连培训中心首次举办了为期两周的案例培训班。这种新型教学方法与思想引起了几十位参加者的极大兴趣。在大家的倡议及国家经济贸易委员会的支持下，同年底在太原成立了国内第一个民间的专门学术团体——管理案例研究会，次年开始办起了《管理案例教学研究》的学术刊物，余凯成教授任会长和刊物主编。在随后的十几年，余凯成教授坚持推广案例教学，同时还主持和出版了多部案例教学法的译著与专著。

1997 年，全国工商管理专业学位研究生教育指导委员会正式提出在 56 所 MBA 培养院校推广案例教学。大连理工大学管理学院、清华大学经济管理学院开始举办面向全国的“案例教学法”研习班。1998 年开始，清华大学、北京大学投入数百万元建设工商管理案例库。哈佛商学院、加拿大西安大略大学毅伟商学院等国外著名商学院也开始向中国输出案例教学法及各类案例资源。

21 世纪以来，随着工商管理教育的快速发展，全国工商管理专业学位研究生教育指导委员会对案例教学的推广加大了力度，大连理工大学管理与经济学部（原管理学院）每年都要承担面向全国 MBA 培养院校的“案例教学法师资培训”。哈佛商学院也投入大量资金面向亚洲名牌大学商学院开展了 PCMPCL 项目。中国有清华大学、北京大学、大连理工大学等 10 所大学商学院的教师参加。

2007 年，在全国工商管理专业学位研究生教育指导委员会的领导和支持下，正式成立“中国管理案例共享中心”，日常工作机构就设在大连理工大学经济管理学院（原管理学院、管理与经济学部）。

中国管理案例共享中心的模式是满足当前中国管理院校对于案例建设需求大、水平差异也大的一个比较充分的思路。它符合在中国现有教育体制下各管理院校的可接受程度、可投入程度，而且“统一规范、分散建设、共同参与、资源共享”的运作机制也保证了会员院校的积极性和主动性，同时各管理院校也可以根据自身的特点和需求不同程度地参与中国管理案例共享中心的建设工作。同时，中国管理案例共享中心的成立也极大地方便了管理学科的学生了解案例学习方法、使用学习方法、获取案例资源及参与案例交流。

中国的管理教育现状和未来发展趋势，并不能产生诸如哈佛商学院那样的案例教学王国，中国管理案例共享中心模式在组织层次、案例资源充分利用、师资培训、案例科学研究等层面上为中国的管理案例建设开创了一种新模式。这种建设模式被其他专业教育指导委员会借鉴并采用，其管理制度、案例撰写标准等均已成为业界规范。

3.2 管理案例学习法在中国现阶段的主要形式

每个案例都反映了一些管理者和其工作人员必须分析的现状和问题，能为主动型学习者（active learner）提供机会来使用管理流程、定义，解决组织问题。这样，通过分析案例所描述的环境和呈现的结果，学习者可以熟练掌握如何使用由工具、技巧和概念等整合形成的管理流程。案例学习的重点其实就是在进行技能训练。每个案例都是一个真实的管理决策，每个管理决策都通过三个环节来进行训练：第一个环节是学生要自己完成案例中的决策，决策思路可参考每个案例后面的作业题；第二个环节是学习小组见面，小组成员每次轮流主持讨论案例中的决策；第三个环节是课堂教学，由教师引导全班学生讨论案例中的决策，一起在有限时间内完成这个决策，老师和学生的一问一答能使学生感受到快速思考和清晰表达的力量。因为参与的人更多，课堂讨论的质量也一定会比小组讨论和个人作业更高。没有个人作业和小组讨论的环节，课堂上的分析不可能高效地完成，若没有准备好该决策所需要的知识，课堂的技能训练就不会有什么效果。同时，在每个案例营造的管理决策情境中，学生会认识到自己的价值观及理解他人的价值观，这同样会对学生今后的管理工作起到不可估量的帮助作用。

可以说，管理案例学习法之于管理学科就相当于“实验”之于理工科，案例就是管理学中的“实验”，管理学科的学生进行案例学习就等同于理工科的学生在做大量的实验，都是在实际演练中获得专业知识，掌握娴熟的技巧，提升自身的能力。学习管理案例的方法经常被称作“干中学”的方法。

联合国教育、科学及文化组织曾对课堂讲授、案例研究、研讨会、角色扮演、模拟练习、按给定程序自学、电影、录像等多种学习方法，在知识传授、分析力培养、态度转变、人际技巧提高、学员对该法的接受力及所学知识的留存力等六个方面，向许多国家有关专家做了广泛的调查。据这份权威性国际调查结论，在分析力培养方面，管理案例学习法被列为诸法之冠；在知识传授、学员对该法的接受力及所学知识的留存力三方面，管理案例学习法则居第二位；在态度转变和人际技巧提高方面，管理案例学习法排在第四位，也在中等以上，仍属上乘。可见，管理案例学习法的有效性是得到国际公认的。

经过多年发展，对于有意采用管理案例学习法学习的学生来说，目前国内获取案例资源的渠道也比较多，中国管理案例共享中心案例库就已经收录了超过 4 400 篇优秀的本土案例，并已经实现了全文数据库在线共享，如图 3.1 所示。

图 3.1　中国管理案例共享中心案例库

第 2 部分　管理案例学习准备

第 4 章

管理案例学习机理

4.1 建构主义学习理论

事实上，管理案例学习的机理是基于成熟的理论基础的，这个理论基础正是建构主义学习理论。

建构主义学习理论是在行为主义、认知主义学习理论的基础上发展起来的，兴起于20 世纪 80 年代末，注意力聚焦于认知问题。建构主义学习理论认为，学习的实质是学习者通过新旧知识经验之间的双向的相互作用来形成、充实或改造自己经验体验的过程；学习既是学习者个人的建构活动，同时也是学习共同体的合作建构过程，通过学习者的合作而使理解更加丰富和全面；学习并不只是获得供日后提取出来用以指导活动的图式，更是学习者建构丰富的、有着经验背景的概念，从而在面临新的情境时，能够灵活地建构起用于指导活动的图式。学习必须是积极性的、建构性的、累积的、目标指引的、诊断性的、反思性的，学习也应是社会性的、情境性的。

建构主义与客观主义相对，客观主义认为世界是客观真实的，关于世界的知识和结构都有可靠完善的体系。对于学生，他的目的就是获取知识；对于教育者，他的任务就是传递知识，帮助学生了解真实的世界，解释各种事件；学习的结果是假设学习者会复制一个和所教内容一样的认知体系。以客观主义为指导的教学，主要表现为高效、清晰地传递信息，学生为信息的接受者。

然而从建构主义的观点来看，知识是不能传递给被动的接受者的。如果说学生不能从传授中学到知识，那么，建构主义未免太幼稚了；事实上，我们所有人都从讲授中学到过东西，而且学到过很有价值的东西。建构主义告诉我们，教师的讲授表面上好像是在传递知识，但实际上只是在促使学生建构自己的知识而已。学生从他们自己所听到的话语、所见到的形象、所感觉到的刺激中建构他们自己的意义，不是因为我们说过，学生就像我们所计划的那样学到了东西，学生所学到的东西也许与我们所计划的完全不同。

建构主义关于认识的建构性原则是极为重要的思想。承认认识或学习是主体主动建构的过程，从认识论上阐明了认识或学习的机制——建构是人认识世界、了解世界的方式，不管是哪种类型的学习活动，如果不是建立在主体积极的建构的基础上，那就不能促进学习者有意义地理解，就必然是机械的、形式的和死记硬背的。该理论强调了认知主体的能动性，不管老师的讲课如何头头是道、无懈可击，教学技能如何娴熟，如果得不到学生主体上的积极参与，有意义的建构学习是不会发生的。

建构主义学习理论揭示了学习的动态性和无限性。一方面，主体按照自身的认知结构同化客体，顺化客体，建构客体，使认知客体的内容不断地丰富与创新。另一方面，客观世界的不断发展和认识的不断深入又使主体扩展了自己的知识容量，提高了认识能力，这种建构既是主体的建构，又是客体的建构。

神经科学和免疫学的研究为建构主义学习理论提供了一定依据。神经科学家发现，人的神经突触通过两种基本的方法添连大脑，其中一种方法是突触产生过量，然后其中一些选择性地消失，另一些选择性地保留；另一种方法是添加新的突触。免疫学研究表明，有机体不是受任何别的方式的指导去生产抵御侵略者的抗体的，它必须通过"尝试—错误"的方式产生出一切所有可能的组合，直至它发现一种起作用的抗体为止，一旦这种抗体被发现，有关如何抵制某种特定传染病的"知识"就保留下来了，而有机体也就得到了免疫能力。

建构主义学习理论还认为，学习是学习者主动地建构内部心理表征的过程，它不仅包括结构性的知识，而且包括大量的非结构性的经验背景。学生的学习可以分为初级知识学习与高级知识学习两个水平。

初级知识学习又称入门性学习，其方式主要是接受、理解和记忆，其内容是结构良好领域的学科知识，由事实、概念、原理或定律组成，彼此之间存在着严密的逻辑关系和层次结构。但是，这些知识比较抽象，是对复杂的外在世界的现实加以过分简化的产物，具有一定的片面性、机械性、静止性和孤立性。学生仅仅学了这些入门性的知识，还不能灵活地、综合地应用它们解决实际问题，因此还需要进行高级知识学习。

高级知识学习的内容是结构不良领域的知识，即有关应用的知识，并不像书本知识那样意义分明，逻辑严明和组织良好。知识被应用到每一个实例中时，具有一定的特定性、差异性和复杂性。高级知识学习就是通过大量反复的案例分析和实际问题解决活动来把握在同一案例中各知识之间关系的复杂性与不同案例中同一知识的意义和用法的差异性，从而达到灵活应用知识、推导新知识、广泛迁移知识的目的。知识是为解决问题服务的，它是活的，因不同问题而有所差异，而不是确定无疑的、一成不变的。知识的应用无法通过抽象规则而学会，必须通过一个个实际问题或案例的解决活动及其反思活动而逐渐掌握。应用知识解决问题的能力正是在问题解决活动中不断形成和发展起来的。

根据建构主义学习理论对初级知识学习和高级知识学习的分类，传统意义上的"掌握基础知识"似乎停留在入门性的初级知识学习的水平上。也就是说，学习不仅包括结构良好知识的学习，还包括结构不良领域知识的学习，建构主义更强调后一种学习。在其看来，学习过程不只是简单的信息输入、加工、存储和提取，而且是在新旧经验之间双向的、反复的相互作用中的知识再创造过程；学习不只是个体行为，而且具有社会性，并且是在个体、群体、社会的相互作用中加以丰富、全面的过程。

传统教学的弊端正是在于混淆了高级知识学习和初级知识学习的界限，将初级知识学习的学习策略（如练习、反馈、强化）不合理地推向高级知识学习阶段。这使得在科学教育中经常有一些学生虽然可以背诵概念的正确定义，但缺乏实质性的理解。显然，在解决复杂问题、未知问题，培养高级知识学习的认知策略方面，建构主义方法论和认知情境理论更为适合，尽管其在传递信息效率上，可能不像客观主义方法来得有效。

4.2 管理案例学习中的师生关系

明白了从案例学习中获取知识的机理，也就摆正了老师和学生各自在案例学习中的关系，在案例学习过程中师生之间的互动关系和在讲座时是有区别的。

由于小学、中学阶段的学生还没有形成稳定的认知体系和价值观，而且中小学阶段的教学更多地集中在自然科学范畴，特别是在中国还有升学考试的压力，教师自然在教学过程中充当了主导者角色。也就是说，这个阶段的教学，教师是主角，学生只是处于从属位置的被动接受者。但是，进入大学以后，学生自身已经具备了较为完整的知识体系和价值观体系，在进行专业学习时更有目的性，大多是期望成为合格的，或是优秀的管理者，特别是 MBA 教育的对象更以有工作经验的人士为主。这些学生不再仅以获取知识为目的，而是希望通过系统的学习掌握管理者应该具备的各项素质。也就是说，这些学生已经具备了进行建构主义学习的条件：拥有固有的知识体系，同时又拥有建构的主动性和能动性。固然，在案例学习中，学生成为当之无愧的主角。

那么，教师在学生的整个案例学习过程中应发挥什么作用，扮演什么角色呢？这是否意味着教师在案例教学过程，尤其是在课堂上，仅是一名无所作为、可有可无的旁观者了呢？要研究这个问题，我们先要考察一下管理案例课的组织过程。

从管理类学生在校期间的整个培养方案不难看出，在基础课阶段或入学“启蒙”阶段，往往设置有“管理导论”类课程，在这类课程中，学生首次接触并开始了解管理案例学习的意义、功能、特点与过程。在培养中期开设的各门专业课中，案例开设被广泛采用，但只作为辅助性的教学手段，作为系统理论讲授的补充：验证所学的理论，操练所学的概念与工具。在后期高年级的综合性管理课程教学阶段，尤其是硕士班、博士班及管理干部班的综合性课程中，案例教学便成为主要的教学手段了。

以“战略管理”这门高级综合课为例，战略管理关注整个行业、单个组织，或者是一个大型多样化企业的一个部门，包括非营利性组织的战略管理问题，这门课程的教学方法曾经历过一个曲折的演变过程，至今仍存在不同的意见与做法。这门课程开设的早期，也是以教师系统讲授为主的，只不过采用一些企业的实际战略及其拟定过程作为例证与示范。但渐渐地，人们发现了这种教学法的弊病：教师讲授的主要是战略构想与计划拟定中的程序、格式、一般性的抽象的模型与要素。这些内容当然也是必要的，但它们属于形式的方面，而实质的、灵活的战略分析与决策能力，却不是光凭听讲与阅读便能获得的，它必须由学生通过“实践”中的亲身体验与领悟才能获得。这种领悟，教师既不能越俎代庖，也不能用“耐心的灌输”来代替。这样一来，管理案例便在像“战略管理”这类综合性管理课程中得到越来越多的应用。战略管理的案例分析要求分析者对组织现状（包括其内部环境和外部环境）进行仔细的研究，这样才能基于企业的战略目的和战略使命来选择合适的战略行动。战略行动是为了提高并发挥一个企业的核心竞争能力而选择和采取的不同战略，包括事业层面和企业层面，收购和重组，甚至国际合作。合适的战略行动保证了企业的长期生存和稳定发展，因为它为企业创造竞争优势，并以此为基础，来为企业赢得高额回报。应用案例学习是一种有效的引导学生更好地研究和理解战略管理效率的学习方法。

当然，受教师的个人观点、风格与偏爱所限，案例教学在不同的教师所授的综合课程中所占比重不同。但不少知名教授在讲授这类课程时，极少甚至完全不作课堂讲授，而把课堂上大部或全部时间用于案例分析与讨论。他们并不是完全否定理论知识的作用，而是认为：第一，学习这类课程的学员都是高年级学生或是已有相当经验的管理者，他们完全可以通过自学来掌握理论；而且，学时有限，何不把“力气花在刀刃上”，让课堂上的时间主要用于案例讨论？第二，教师的知识再渊博，也终属有限，而集中大量高年级学生或管理学员的集体智慧，见解必定比教师高明，应当充分把握与利用这种时机与资源。

早在 20 世纪 80 年代，中国工业科技管理大连培训中心曾相继请来一些著名的美国教授讲授这类课程，如哈佛商学院的 J. 巴鲁奇、达特蒙大学的 J. B. 奎因、哥伦比亚大学的 J. 纽曼等，都是大量或全部采用案例教学。这在课程初期，引起了学员们的困惑、不满与抵制，因为他们习惯于系统讲授的灌注式“结构教学”方式，课堂上教师长篇大论，定义明确，条理清晰。这次慕名而来，一心想记几大本笔记，满载而归，岂料遇到的是这种闻所未闻的案例教学法，不免大失所望。他们每每会问：“花如此高价聘请你们这些名教授来，你们不讲，倒要我们讲，那又何必聘请你们来？”然而随着学习深入，逐渐习惯并体验出其中滋味，竟然也渐入佳境，豁然开朗。在课程结束时，多数人反映这类课程回味无穷，收获极大。

这种“典型”或“纯”案例教学课的组织方式与过程是，教师预先布置下次课或下周要学习的案例，学生利用课余时间预习和准备，包括反复阅读案例，进行个人与小组集体分析，拟写分析提纲，做好发言准备，然后到课堂上进行全班讨论。课后可能还要撰写并定时呈交书面分析报告。

不难看出，这种学习方式是按教学的基本目的要求设计的，通过提供大量模拟现实的管理情境，使学员通过自学与互学，养成并提高其管理能力。这里突出的是“自学与互学”的作用，而不是教师的作用，因为这种能力要通过自己努力与体验才能获得。那么教师的作用体现在何处呢?

首先，整个案例课程的设计：明确教学目的，甄选案例。就像体育健儿的教练员一样，要根据运动员的特点和训练目的，拟定训练要求，选择训练方法，编制训练计划与进度表，等等。案例课的教师，也要为自己的学生进行类似的活动，承担同样的责任。

其次，一环扣一环地设计课堂讨论问题，正如一位导演那样。案例的课堂讨论虽然以学生为主体，基本上由学生自己来掌握进度与方向，但这并不等于完全放任自流，它实际上一直处于教师紧密的然而却是无形而巧妙的监控与指导之下。教师就像那未出现在舞台或银幕之上，却无所不在的导演那样，发挥着影响力。

再次，全班同学的课堂讨论是案例教学中课堂活动的主要形式，也是整个案例教学过程中的关键与中心环节。在课堂讨论的过程中，教师将起到触媒剂和备用信息库的作用。因为案例讨论是学生在集体中相互交流的过程，具体地说，便是陈述与辩护自己的观点，评论、发展、支持、批评他人的观点，点醒、启发别人，等等，教师将充当桥梁，促进、鼓励与引导这种交流，起穿针引线的作用。在某些情况下，教师可以向讨论中的学生适当补充一些必要的信息，充作“顾问”和“活动参考资料库”，但这不是教师的主要作用。

在案例课堂上的教师绝不会扮演以下角色：①演讲者。案例课的教师在课堂上往往少露面、少讲话，他们只开路搭桥，穿针引线。②评论家。教师绝不会频繁地、急急忙忙地对学员的见解和活动横加指责和干涉，不会吹毛求疵，只会适当地诱导和提醒。③仲裁者。当学生之间产生争论时，不要请老师来评判是非，充当裁判员。教师的见解未见得总是正确的、全面的，不会以“权威”自居。教师若下断语，实际就终止了讨论。总之，教师在课堂讨论中，既不会过多干预，又不会撒手不管，而是起积极的辅助作用。

最后，教师还要在课后评阅案例分析报告。

可以说，案例教学中课堂活动的主要形式是全班学生集体讨论，在这个过程中，教师处于辅助的地位，但这并不意味着教师是一名无所作为、可有可无的旁观者，恰恰相反，教师发挥着无可替代的重要作用，扮演着难度更大的重要角色，进一步来说，教师所应承担的具体角色主要有以下五种：

案例讨论——主持人；

归纳总结——发言人；

群体互动——导演者；

思想碰撞——触媒剂（催化剂）；

背景材料——信息库。

一般来说，在案例教学的过程中，教师会先后扮演这五种角色，通过课前准备任务的布置，提出要求，给出明确的指导语，对学生表现及时反馈，打破冷场，及时引回正题，做好讨论的收尾，以掌握课堂发言及其他方式等保证课堂教学的有效沟通。根据个人教学风格和所教课程的不同，可能会有所侧重。

案例学习具有实践性、针对性、启发性和互动性等优点，而这些优点的实现必须以学生为主角，使学生把案例学习当成自己的事，以积极主动的心态和行为参与到案例学习和讨论之中；教师则考虑学生需要什么，针对学生的要求来拟定教学计划、选择案例、组织实施，而且不同的学生构成会产生不同的学习效果。因此，尊重学生的主角定位，是案例学习能够真正发挥作用和价值的前提。根据这样的定位，我们才可以来探讨如何实施案例教学、如何组织课堂讨论、如何发挥学生和教师的互动作用。

第 5 章

管理案例学习的多种形式

5.1 管理案例的类别

5.1.1 简单分类方法

管理案例可以从不同的角度去分类。比较直观的是从篇幅角度进行分类：短篇（小型）案例，通常指 1~2 页或 1 500 字以下的；中篇（中型）案例，2~10 页，2 000~15 000 字的；长篇（大型）案例，10 页以上，超过 15 000 字。从专业领域来分，可以分为专业性案例（如生产管理的、财务的、市场的、组织行为的等）与综合性案例。从研究对象来分，可从个人夫妻店或小型手工作坊分至跨国性大公司乃至整个行业。按照使用目的来分，可以分为教学案例、面试案例、比赛案例、商业案例、研究型案例等。

按学习功能来区分是目前比较常用的划分方法，可以分为描述型案例（descriptive case）与决策型案例（decision case）。前者是介绍某一管理事件的全过程，有现成的方案或计划，要求学生对之评审，指出它的长处和优势，也点出它的疏漏与不足，两者都要陈述理由，并最好以所学理论作为论证依据。这种案例可以描述发现与处理问题的全过程，对学生开拓知识面、验证与加深理解管理理论非常有效。在案例中，往往都是只写到方案拟定好为止，不叙执行结果，更不加总结与评价，而给学生留有思考的余地。这是案例既不同于新闻报道，也不同于工作经验总结与介绍、交流材料之处；也是“案例”的叫法优于“实例”“事例”的原因之一。

后者则在情况描述中隐含着问题，要求学生把这些问题发掘出来，分清主次，探究原因，拟定对策，最后做出决定。这无疑有利于培养学生全面的决策能力，体现了案例教学的基本要求。因此，这种案例无疑是最典型的，是管理案例的主流与躯干。然而，这两类案例很难截然划分，因为纯粹的描述很少见，描述中往往隐含问题；反之，问题也离不开描述。

5.1.2　案例难度三维立方体模型

不仅这两种案例的划分不可能泾渭分明，各种划分方法也经常交织在一起。对于老师来说，在为特定教学目的选择案例的时候，往往只考虑两个因素：一个是学生的构成，一个是案例的难度。而案例的难度则可通过三维立方体模型来识别归类。

案例难度三维立方体模型是加拿大管理案例教学专家林德斯与厄斯金共同发明的。他们认为，一篇案例在学习中对学生来说的难易程度，可以沿着三个维度去评测和分析，每个维度可简便地按难度自小到大的顺序，分为 1、2、3 三个档次，1 表示较易，2 表示难易适中，3 表示偏难。据此可绘成一个有三个维度的立体模型，即案例难度三维立方体模型（图 5.1）。

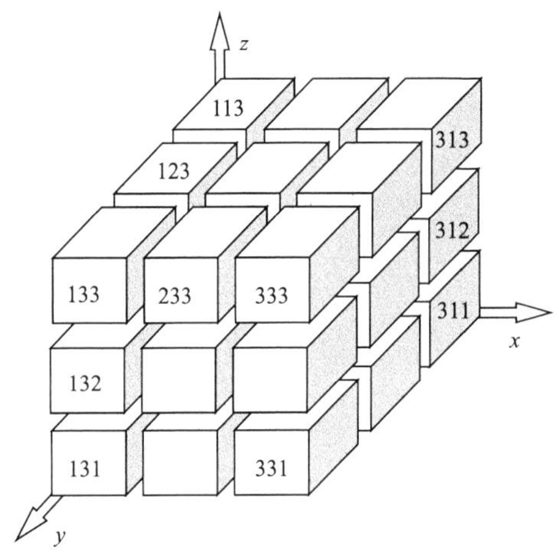

图 5.1　案例难度三维立方体模型

案例难度三维立方体模型三根轴中，横轴 x 代表“分析思维”维度，纵轴 y 代表“概念方法”维度，z 轴代表“信息表达”维度。

*x*1——案例不但说明了情境，也点出了存在的问题和解决的方案与过程。在案例分析时只需对所介绍的方案进行评价，指出其高明与不足之处，查找此法之外是否存在其他方法，并与此做法进行优劣势比较。分析思维方面属偏易。

*x*2——介绍了情境，也点明了问题，但未曾解决，要求分析者出谋划策，列出几个备选方案，比较利弊后，进行决策。分析思维方面属中等难度。

*x*3——只介绍了情况，既未交代问题在哪里，更未涉及解决方案。这便要求先诊断出是什么问题，再对症下药，做出“处方”。显然对分析思维方面的要求甚高，难度较大。

*y*1——解决案例中的问题所需要的方法是简明易懂的、基础性的、尝试性的，概念或学科都属于同一学科或职能领域，较单纯、易掌握，一般无须帮助便能应付，难度偏低。

*y*2——所涉及概念或需用的方法至少有一部分是复合的，不全属于同一学科或职能范围的，常常需要在小组中共同讨论才能弄懂或掌握，于是在概念方法方面的难度升级了。

*y*3——概念深奥复杂，综合度高，多门学科或职能领域的概念纠缠在一起，所涉及的方法也相对高深，以高层次跨学科为背景，小组形式往往难以应对，要请老师提供批注补充才能弄清楚，难度属于高等。

*z*1——案例提供的信息量少，但完整且集中，阐述得直截了当，条理分明，清楚明确。这样的案例，信息一目了然，在信息表达维度上的难度属于低等。

*z*2——信息量增至中等，陈述得较凌乱、分散，少量信息不直接给出，需根据其他信息推算求得，个别较重要信息甚至缺漏，决策时需做出假设或推测，在信息表达维度上难度属于中等。

*z*3——信息多而杂，陈述得无条理，相关信息分散在不同段落中，有些信息是间接的，还混有一些无关的，甚至是错误的信息，而一些关键信息又缺漏了。为了获得分析所必需的信息，必须做大量梳理、辨别、推导、澄清、补充、归纳、考证、订正、筛选、判断、推测等工作。在信息表达维度上属于最难的层次，但恰恰是最接近实际管理决策的环境。

以这三个坐标轴为基础而构成的案例难度三维立方体中包含有 27 种可能的难度组合状态，其中“111”组合在三个维度上都属最容易的，是综合难度最低的档次，“333”组合在三方面都属最难，是综合难度最高的档次，在实际教学中极少使用。真正使用的难度组合实际只有 25 种，可分为三种不同的综合难度等级，每级包括多种不同的难度组合：

低度综合难度的组合有：121、211、112 等；

中度综合难度的组合有：221、212、122、222、311 等；

高度综合难度的组合有：123、321、231、322 等。

虽然三个维度上各档次间的划分已经有了明确的标准作为依据，但是实际判断时主观性很大。因为事实上难度的演变方式是连续过渡的、无级的。这个三维立方体模型将案例难度在三个维度上都划分为三个档级，显得少了一些。但等级划分过细，操作上又很难准确划分，失去了实际意义。因此，这个模型作为一个工具已经可以对案例难度进行比较好的区分，可以帮助师生在划分案例类型、选择案例时更好地统筹考虑各方面的要求。

案例难度高不等同于案例编写的质量高，案例质量不能凭难度来评测，应视案例的使用目的和效用而定。大学一年级的新生，刚离开高中校园不久，既无实际管理经验，知识面又较窄浅，分析综合难度大的案例，会令他们瞠目不知如何应对，也就谈不上提升能力。对新生可以先使用综合难度低的案例予以启蒙，引领入门后，渐增难度。而富有管理经验的 MBA 或者高级经理则可以分析讨论综合难度高的案例，这些人阅历丰富，面对复杂的管理情境毫无惧色，各持己见，集思广益，互为补充。不同难度的案例各有价值，关键看如何根据学生或自身的需要进行恰当的分类和选择。

5.1.3　综合分类方法

根据三维立方体模型，将案例的篇幅、性质、功能、适用范围与使用对象结合起来考察，可把案例归为四类。

（1）微案例（micro-cases）。这种案例短小精悍，开门见山，是最适合用于课堂教学使用的案例形式，正文部分最多不超过 3 500 字，言简意赅，很少或没有“废话”（多余信息）。待解决问题的有关事实陈述得层次分明，交代得一清二楚。这种案例有可能会有一种“最佳”解法与“标准”答案，使用目的是希望学生利用所学过的某种（某些）工具或模型来推导出这种解法。它是用来帮助学生加深对刚讲过的某一概念的理解，或学会应用并熟练前不久教过的一种公式。例如，“运营管理”课程中库存模型中的“经济订货批量”与“再订货点”的确定等。对这种案例，要先确定与它有关的概念和模型，翻出教科书或笔记来复习，然后再细读案例，从中找出必要的具体事实和数据，然后再来解，这种案例，实质上就是我们常见的文字作业题。微案例的另一种形式就是不一定非要用定量分析手段，但分析手段总是单一专业性的，这类案例主要用于较低年级学生的基础性与专业性课程中，也可以适当用于面试。

这种案例经久不衰，在长篇案例层出不穷的情况下，微案例仍然大行其道，备受老师和学生们的欢迎，其原因就是对课堂环境的高度适应性。甚至在“全国百篇优秀管理案例”评选中，也从第九届开始增加了“微案例专项”。

（2）短篇小品型案例（short sketch cases）。顾名思义，这类案例与前一类案例同样精炼紧凑而且有条有理。但其篇幅倒不一定限于短篇，也可能是中篇，最长不超过 5 页，即约 5 000 字以内。它一般没有什么“唯一正确答案”，也就谈不上“最佳解决方案”。不过，布置此作业的老师心目中，多半还是有某种（些）概念，希望学生找出来并加以联系和应用于分析与讨论中。所以，拿到这类作业，先莫急于下手分析解决，而应先把刚学过的管理理论与概念回顾一下，找出老师最可能让学生联系的理论与概念，再结合案例内容，尽量利用那些理论和概念来拟订方案或建议。这类案例的主要用武之地是作为面试案例，也可以用于较低年级的导论课和专业课中。在高年级课程中，老师本着“由易渐难”原则，在前一、两节案例课中，也可能先布置少量这类案例，或者在讲课过程中利用这类案例作为例证等工具。

（3）综合决策型案例（comprehensive decision cases）。这类案例篇幅较长，从 5、6 页至 20 页，最长可达 20 000 字以上，但典型篇幅为 10 页左右，约 10 000 字。这类案例总是综合性的、跨学科的，反映了某一管理情境真实而全面的情况，将有关信息几乎都包括在内，而且往往杂有多余无关信息。基本的问题与机会都没有表现得很清楚，需要学生自己下功夫找出问题，理出头绪，分清主次，即“梳出辫子”，然后利用找出的机会，拟定各种备选方案，权衡决策。由于哈佛大学采用这种案例最早、最多，还有人将其称为“哈佛型案例”。

这类案例当然不存在什么“标准答案”与“最佳方法”。由于案例涉及多方面管理知识领域，每个人看问题的角度不同，当然可凭自己的经验与已有知识乃至常识去处理它；但是，老师布置的每一个案例必有其既定的教学目的，若联系它的教学目的，有意识地试着选用已学过的有关理论、概念、方法与工具去处理它，学习效果显然要更好些。

它们是典型意义上的案例，是教学中管理案例的主体，本书各章节都是针对此类案例的，若不特别指明，“案例”一词便专指这一类型的案例。这类案例主要用于高年级综合性课程、专业硕士班和MBA课程中，还可用于案例分析比赛。

（4）探索开拓型案例（exploring pioneering cases）。这类案例向读者描述的是一个尚待开发的未知领域，无论企业界还是学术界，对这个领域几乎都没做过系统研究，它所隐含的问题与机会纯属未知，有关的概念甚至适用的探索方法都还未能确定，展示出一片崭新的处女地，如关于探索超导材料商业化开发的案例。不但学生对此一无所知，就连老师也甚茫然，师生共同肩负着开拓与探索的使命。处理这种案例，当然还是要以现有的知识为基础和出发点，但不能单纯地运用这些知识，应当延伸拓展它们，还要力图用全新的方法去处理案例中的信息与数据。这种案例只用于硕士班高年级、博士班及某些EMBA（executive master of business administration，高级管理人员工商管理硕士）班。

5.2 一般教学案例的构成

对于管理学科的学生来说，接触最多的还是教学案例，案例正文是教学案例的主体，拿在手里就是薄薄的几页纸，这几页纸是对案例所涉及主题事件及情境的描述。完整的教学案例应包括正文和使用说明，学生是看不到使用说明的，只有老师能够看到，其内容包括教学目的与用途、启发思考题、分析思路、理论依据及分析、案例后续相关信息、关键要点、建议课堂计划等；正文的结构通常包括标题、摘要、引言、背景介绍、主题内容、结尾、附件（图表或附录）、注释等要素，每篇案例根据具体情况不同会适当增减要素。下文就案例正文的各个组成部分进行详细说明。

5.2.1 标题

案例的标题是一篇案例向读者展示的第一个要素，恰当的题目能够很好地提示案例内容、揭示核心问题、吸引读者的阅读兴趣，成为案例使用者筛选案例的第一个判断因素，因此，案例的标题是非常重要的部分。正如“标题之于文章，犹如眼睛之于人”，是最受注意的。比较好的案例题目，大都具备切题、含蓄、不落俗套、新颖的特点。或喜、或悲、或落俗、或立新，题目是最能传神会意的。

具体来看，案例的标题大致有以下几种类型：

（1）素描型。此类标题用简单陈述性语词命题，毫不掺杂任何感情色彩，只点事——人物、地点、时间、事件等，不及质——事件的性质、影响等，使人无法从标题上窥见想要知道的事件及作者的倾向，如《美国人民捷运航空公司》《第五冶金设计院》《青岛朗讯公司：实施 IT 服务管理》等。这类中性的标题很能体现案例真实、客观的特点，因此使用很普遍。

（2）问题提示型。此类标题是在客观、不露感情色彩的基础上，对事件的性质、发展的地点、时间等稍作提示，便于读者从标题上了解事件的梗概，如《固定工资还是佣金制》《ANC 电子有限公司的人力资源流失》等。此类标题由于问题明确，容易引起读者的兴趣并找到讨论焦点，比较适于在教学案例中使用。

（3）画龙点睛型。此类标题是抓住案例材料中最要紧、最本质的东西，或是在理论上一语道破，切题、醒目，能够标新立异，增强感染力，极易引起读者的关注，并诱导读者的思路朝着既定的方向延伸，如《华荣公司的管理措施为什么没有取得预期效果》《SH 华中公司物流配送优化之路》等。

5.2.2　摘要

摘要是对案例主要内容的概括，便于读者了解案例的主题及领域。与学术论文的摘要不同，由于案例要求真实与客观，案例的摘要不能强调案例分析的结论和该案例的意义，更多的是对案例内容的概括性白描。按照规范与惯例，摘要后面需要给出 2~5 个关键词。

5.2.3　引言

引言就是案例的开场白，是一篇案例开宗明义，点明主题、关键内容、主要人物以及时间、地点等的关键部分。它就像龙的龙首一样，非常重要，开场白写好了，即起到了画龙点睛的作用。

在这方面，国外提倡的是“开门点题”的格式，即第一句话就要以简要语句概括说明主要人物与主要问题。因为这种“一语中的”的引言（开场白），能使读者抓住要领，在进一步阅读时有了一个印象深刻的“参照点”。也有学者认为，案例的引言可以适当含蓄，这样一开始就能吸引学生的注意力。不论哪种开场方式，有一点是共通的，那就是好的案例一定能够自己推销自己，吸引读者读下去。继开场白后，便应当介绍主要背景情况，使读者在深入之后的主要问题的细节描写之前，对环境先有概貌认识。

引言还有一个重要的作用应当引起编写者的注意，那就是对学生或读者学习的导入作用。引言引出案例中的决策人，这实际是在向学生或读者交代他们将要承担的角色；

通过明确特定的机构，向学生提示他们在分析过程中是否具有相关的经验；通过提出所面临的决策问题，帮助学生进入分析状态。引言也是“开头语”，要尽量简练，一般用一段文字即可。

5.2.4 背景介绍

这部分主要是介绍所涉及组织的基本情况及背景信息，为读者提供比较适当的案例讨论和分析的背景资料。比较通行的写法是将该组织方方面面的情况层层展开，如历史变迁、组织结构、人力资源、产品或经营状况、社会环境及前景等。具体交代哪些方面的情况，视案例的目的和教学的需要而定。一般来说，教学案例由于要供课堂讨论之需，篇幅不宜过长，可以只交代与讨论点相关的背景资料；而商业案例由于作为平台型案例之需，供进一步研究之用，要给读者提供相对完整的背景资料。背景资料应当剪裁适度，恰到好处，过少将给使用者带来分析与决策时的困难，过多则会颠倒主次，引偏方向。

5.2.5 主题内容

主题内容是案例正文的主体部分，主要是对真实的管理情境、管理事件、管理问题等案例的核心内容进行细致、周到的介绍和描述。在正文部分，除了将有关情况交代清楚以外，很重要的一点是注意情节的生动性描写，制造一些发展高潮，以加深读者的印象，引起他们的浓厚兴趣。在案例正文部分，无论怎样安排资料、使用信息，都应当达到这样的目的：案例描述的情节能使人进入“角色”——某事件决策者的角色；进入“现场”——案例提供的特写情境；面临“问题”——描述介绍，深层隐含，做决策分析。这样的案例就可以使学习者从中掌握足够的知识，并提高学习者的能力。

5.2.6 结尾

结尾是对正文的精辟总结，结尾的方式根据需要应该有所不同，大致可以分为三种。第一种是戛然而止、“无疾而终”，令人有意犹未尽之感。这是因为案例本来就未曾做完，是留给分析者去续写的；第二种是“镜头淡出”式结尾，案例照例不写结果，不附评论，但可适当交代事件的后续影响，在情节处理上相对平缓，便于理解；第三种是启发式结尾，即用一个启发题来结尾，这种结尾特别适合于管理学的初学者及不熟悉案例分析的读者。

5.2.7　附件（图表或附录）

除了案例引言、正文、结尾这些部分外，还有一些信息不能直接加到案例中去，这时就需要作为案例的附件放在案例全部正文之后。这些附件主要包括以下内容：

（1）图表。案例常附有一些图表，它们以简练而直观的形式，说明需大段文字才能说明甚至不能说明的内容。最常见的图表是各种财务报表、组织结构系统图、市场占有额图等，以及以曲线、直方图等常见或独特形式出现而专门设计的各种图表。在必要的情况下，图表可插置到正文有关处，但为使版面整洁，较多见的是把图表放在专页或篇尾。不过，这会给读者阅读正文时参阅某些图表带来不便。一定要注意，图表是正文有机整体的一部分，所有的图表都应编号，设标题，加必要的说明；而正文中与图表相联系处，则应用括号注明“请参阅附图×”。

（2）附录。案例中会遇到一些需要另外说明的信息，而且内容较多、较长，不宜插附于正文之中，可以作为附录，放在案例正文部分之后，以备分析者必要时参考。例如，案例中的主题涉及一些产品，有些产品不是通常熟知的，需要专门的技术性介绍。这时就需要一个附录来发挥作用。另外，附录务求精选，不是十分必要就不要列入。

5.2.8　注释

有了以上介绍的标题、引言、正文、结尾、附件等案例的构成主体，还不能算作一个标准的、完整的案例，还必须根据案例的信息完成一些必要的注释，才可算作完整的可供使用的案例。这些注释主要如下。

（1）篇首注释。它一般放置在案例首页的最下方，以横线与正文隔开；也有将其中一部分以小号字体印在首页左侧的；极个别的附于主篇末页下方。篇首注释通常包括四个方面的内容：①编写者的简要情况。姓名、学衔，有时还注明单位，如“本案例由××××大学××××学院的×××撰写”。如果还有指导者，也需注明，如“本案例由×××在×××指导下撰写”。②版权情况。此处应注明版权所有者，如多方共有版权应注明每方享有的具体权利。有时还有出版、印刷情况等需要在此处注明。③掩饰处理情况。通常在此处注明单位名称及个人姓名都已经掩饰过，已非本名。还常见注明“本案例中部分（或全部）数据已经掩饰处理”，有时还简述理由，如“应企业要求”等。④编写目的说明。编写目的说明往往是对案例的用途加以规范，也可以看作对案例版权的进一步强调。例如，在教学案例中，许多案例都注有一句话，说明“本案例仅供课堂讨论之用，并无意暗示或说明某种管理情况是否有效”等之意。

（2）脚注。脚注是对正文中某些技术问题、公式、历史情况等的注释，常以小号字附于有关内容同页的下端，以横线与正文断开。脚注内容往往是较枝节、较技术性的，或某些读者可能难以了解的。若写入正文，又嫌过于琐细拖沓，不得已才以脚注形式附上。脚注应尽量少用，以免影响对正文一气呵成的阅读。脚注更不宜过长，如果是必需而较长的注释材料可以列到篇尾的“附录”中去。

总而言之，以上关于案例正文的结构说明并不是僵化的教条，只是为了对案例正文的结构有一个符合逻辑和规范的说明，也便于各大学（商学院）之间进行案例的交流。而且，有些篇幅较小的案例往往就是几个段落所构成的故事，也不需要严格按照这个格式来完成。还有一些有特色的案例在结构上也有其特点，甚至信息表述的方式也不是常规的。因此，这里所介绍的案例正文结构更多的是强调案例在逻辑上的合理性。

下面通过一个例子来帮助读者形象地了解一般教学案例的构成。

GDC 公司内部的文化冲突①

摘要：本案例描述了一位荷兰裔的美国总经理初到中国，由于与中国员工的观念、看法不同，沟通不顺畅而引发的一系列冲突，表现了在具有多种文化的企业组织中的文化冲突。

关键词：跨文化管理；文化冲突；管理沟通

一、引言

六月的滨城阳光明媚，海风徐徐，空气中都夹杂着慵懒的味道，让人远离了喧嚣，忘却了烦恼。然而，如此良辰美景却无法打动 GDC 公司的现任总经理瑞德先生。此刻的瑞德先生紧锁着眉头，正在思考着一件让他十分头痛的事。

二、背景信息

GDC 公司由美国 GDFP 集团投资兴建，是一家以生产资本输出形式进入中国市场的外商独资企业，即由美方出资出管理者，雇用中国本土的员工进行生产劳动。GDC 公司在 1984 年进入中国，以生产、加工及出口有机、无机可食用种子、坚果、干果为主营业务，一贯以高质量的产品博得客户的普遍赞誉。

GDC 公司在创建的早期曾经实行中层以上的管理者全部由美国人担任的管理制度，但之后为了节省成本，也为更好地适应中国市场，将一些中层的管理岗位改为由中国人担任，尤其是采购、质检和销售这样的关键部门更是聘请了一批有经验、有能力、熟悉中国市场的本土人士来担任，只有作为高层的总经理由美国总部直接任命美国人来担任。GDC 公司的前任总经理刚刚到任回国，而现任总经理就是瑞德，一位荷兰裔的美国人，高大、俊朗，性格率真、自负，然而又谨小慎微。瑞德在 GDFP 集团已有五年的本土工作经验，从最初一个小小的部门经理做起，勤劳、认真，很讲究工作方法，带领的部门业绩节节攀升，也因此受到集团管理层的青睐。这次来中国工作以前，瑞德也曾来中国开会或公出过两三次，但长住中国还是第一次。瑞德明白，GDFP 集团向来重视中国市

① 本案例由大连理工大学管理与经济学部的乔坤、马晓蕾撰写，作者拥有著作权中的署名权、修改权、改编权。本案例授权中国管理案例共享中心使用。中国管理案例共享中心享有复制权、修改权、发表权、发行权、信息网络传播权、改编权、汇编权和翻译权。由于企业保密的要求，在本案例中对有关名称、数据等做了必要的掩饰性处理。本案例只供课堂讨论之用，并无意暗示或说明某种管理行为是否有效。

场的发展，如果此次能够在中国取得优秀的业绩，以后回到美国必然会得到职位上的晋升。想到这里，瑞德刹那间感到心里热乎乎的，不仅有满满的信心，还有一份无比坚定的决心在迅速膨胀，使得自己浑身都充满了力量。

而此时地处中国的 GDC 公司经过几十年的发展与演变，组织结构层次也达到了非常成熟且清晰的程度，大致可以分为三层。高层是总经理，中层是采购部、生产部、质检部、物流部、销售部、财务部、人力资源部和 IT 部共八个部的部长，基层是各部门的员工。其中采购部、质检部和销售部称得上是企业的核心部门，其现任部长分别是安部长、徐部长和夏部长，这三个人有着相似的文化背景——都在中国北方出生及成长，接受过传统而正规的中国教育，都是大学本科毕业生，都在 GDC 公司工作了五年以上，见证了公司的成长，为公司的发展做出了很大的贡献。作为公司几个关键部门的领军人物，他们拥有自己独特的工作作风和方法，带领各自的部门取得了优秀的业绩，也带出了一支支优秀的团队，成为企业中“顶梁柱”式的人物。可以说，GDC 公司销售额的一半以上来自这三个人的努力。相似的文化背景加之较长时间的共事，使得三个人很有默契，工作之余也形成了好朋友的关系，他们都偏爱在部门内部、部门之间不定期地开展一些联欢活动，用以增进员工感情，增强团队的凝聚力。当然，按照传统，这些费用都是由公司来出的。

三、风波乍起

初到中国，瑞德没有首先找各部门的领导谈话，了解公司及员工的情况，而是与基层员工直接对话，了解他们的工作内容与工作状况，了解他们的特长与爱好，以及他们对公司、对领导、对同事的看法。瑞德认为，一个高效的领导应当尽可能地了解每一位员工的情况，了解他们的特点，并据此给每个人分配适应个人特点的工作，以发挥他们的长处，规避他们的短处，这才是提高工作效率并维持员工工作快乐感的有效方法。通过短暂的谈话与平时的观察，瑞德很为中国员工的奉献精神所感动，他认为，中国的员工乐于牺牲自己的休闲时间，对加班没有太多的怨言；他们克己奉公，会完成领导交代的所有任务，即使有些任务并不是自己的分内工作，他们也都会尽可能出色地完成；员工间的关系很多都如同好朋友一样，甚至会在一起讨论一些很私人的话题。这些都是与美国员工大不相同的地方，这些新发现让瑞德兴奋不已。

而关于这次谈话的内容，为了保护员工的隐私，瑞德没有将从员工处了解到的任何信息告诉他们的直属领导，甚至在面对各部门的部长时，瑞德提都不提直接同基层员工谈话的事，当然这其中也包括采购部、质检部和销售部的三位部长。这让各位部长感到很郁闷，倒不是因为没有信心，担心员工说自己的坏处，而是一种被忽视的感觉让他们无法释怀。这种感觉使得在 GDC 工作了多年的部长们对这位初来乍到的美国总经理有了一种抵触的情绪。但是，没有人将这种抵触情绪直接向总经理表现出来，瑞德对此浑然不知。

在此之后的工作中，部长们的失落感并没有随着时间的流逝逐渐淡化，却因为一些事情的发生越发强烈起来。仅以销售部为例，瑞德在同员工的个别谈话中注意到了销售部的小王，小王年纪轻轻，很有闯劲，毕业于大连外国语大学英语系。由于英语水平高，很得瑞德的赏识，瑞德经常直接给小王指派任务，尤其是国际业务和对重点客户的工作，更是点名要小王去做。一次，小王正跟随夏部长在外面同客户谈判，这是夏部长绞尽脑汁才争取到的一位本土客户。谈判正进行到关键阶段时，小王突然接到总经理的电话，要他马上赶回公司处理一单同样很重要的对外贸易业务；同时，总经理向夏部长表示，他可以再调一名其他的员工来接手小王手头的工作，因为“这样的本土客户的工作谁都可以做，而对外贸易只有小王能做，我们就要人尽其才”。这让夏部长很恼火，小王也很为难，不知该走还是不该走，而夏部长费尽心血争取到的客户也认为自己没有从GDC公司得到应有的重视而感到十分不愉快。

四、风波再起

荷兰人的血统里都具有注重家庭生活的特质，瑞德也不例外。瑞德认为，对家人的关怀是人性最基本的美德，一个人如果连自己的家人都不关心、不爱护，那么他还会爱护谁呢？因此，当瑞德发现中国员工乐于牺牲自己的休闲时间而去加班的时候，感到很感动，同时也惊讶和不解。而一件事情的发生，使这种矛盾顿时激化。质检部的徐部长是一个很有事业心的人，在 GDC 工作这么多年，工作也算得上是得心应手，业绩好，同事关系也好，因此徐部长一直很珍惜这份工作，愿意为公司牺牲和付出。瑞德来到GDC公司的第二个月，刚好赶上徐部长的妻子生了小孩，徐部长仍以工作为主，只在家休息了两天就回到公司工作，公司里的同事们都很敬佩徐部长这种忘我工作的精神，偏偏瑞德除外。在徐部长回到公司的当天早上，瑞德竟然当着很多同事的面严肃地用不流利的汉语表达道：“你为什么在这儿？我对你感到遗憾，你居然不关心你的妻子和刚刚出生的孩子，很难想象你是一个怎样的人，这太可怕了！”几句话说得徐部长是“丈二和尚摸不着头脑”，本想向上得到总经理的青睐，向下起到表率的作用，哪想不但没得到总经理的好评，还被如此奚落一番，再怎么说自己也是个部门的领导啊，这样一来，以后还怎么在同事面前、下属面前抬起头来呢？这让徐部长很长一段时间都不知如何工作，原本十分自信的徐部长自信心受到打击。

与徐部长的事件比起来，瑞德与此同时的另一个举措造成了更大范围的影响。经过对GDC公司内外部情况一段时间的考察，瑞德提出了一个指导思想——就是要在保证产品质量的前提下，降低生产管理成本。对于降低生产管理成本，瑞德非常重视，他很认同中国“建设节约型社会”的理念，制定了一系列控制成本的规章制度，并严格执行，他认为这符合“节约型社会”的要义，中国员工一定会认可。例如，采购和销售人员的电话费，以前都是实报实销，而现在瑞德要求采购和销售人员每月提交话费清单，公司只报销其中与业务直接相关的通话及信息费用；以前公司有员工不定期聚餐或开展其他联欢活动的不成文规定，而聚餐及活动的费用都由公司出，而现在瑞德全盘颠覆了这个传统，他要求员工聚餐活动全部自掏腰包，并提倡AA制，他本人也包括在内，公司不出一分钱。事实上，瑞德也很少参加员工的聚餐活动，他更乐意在休息时间做自己喜欢做的事，即便偶尔参加员工的活动，他也绝不会买单请大家吃饭，而是同员工一样，严格执行 AA 制。这样的规定虽然说不出来什么偏颇之处，但也总让员工心里很不舒服。几次下来，有一些员工开始变得不再乐意参加集体活动，很多人觉得自己以前舒舒服服、开开心心的日子一去不复返了，而这个新来的美国总经理也实在让人难以亲近又难以捉摸，企业在他的带领下真不知道会向哪个方向发展下去。企业归属感在不知不觉间下降了。

这样的状态持续了将近半年的时间，原本在既定轨道上有序运转的 GDC 公司因为瑞德这一系列举措变得不再安静：一部分员工在摸索新的工作方法，适应新的环境；一部分员工因为习惯了过去的工作方式，不愿改变，而对企业怨声载道，对企业的前景不再抱有信心；还有一部分员工甚至已经开始在暗地里关注其他企业的招聘信息，做好了“跳槽”的准备。在生产部那里，也出现了某些员工在下班时偷偷将几包干果塞在口袋里带走的现象；更为严重的是，有些员工开始不再爱惜，甚至破坏生产用的各种机器，使得机器的磨损、损坏速度较之以前大大加快。如此“乱世”当中，很多人的眼睛自然要盯住公司里这几个“顶梁柱”式的人物：安部长、徐部长和夏部长——早就有同行业的其他企业想来挖人才，只是一直没有机会，而此时 GDC 的气氛却不得不让人蠢蠢欲动。部长的状态无形中影响了他们的下属，特别是那些平时特别受部长器重的员工，而这些人往往也是一个部门中业绩突出的关键员工。甚至已经有人私下里向部长表示过：“如果您跳槽，我第一个跟着您走！”似乎人们都已经在这不安的气氛中做好了准备，只为等待一个时机，而这个时机很快就到来了。

五、石破天惊

瑞德认为，按照西方现代管理理论，当今企业间的竞争归根结底是人才的竞争，而本企业在此方面的优势并不突出。瑞德认为，在这样激烈的市场竞争条件下，如果 GDC 公司能够吸引大批高质量“新鲜血液”的加盟，必将有力推动公司大踏步地发展，因此瑞德决定不惜一切招贤纳新。对此，瑞德打出了“高薪牌”并配以相关福利，在采购、质检和销售这样的关键岗位上，瑞德甚至将底薪提到了每月 2 500~3 000 元。这一举措在短时间内很有效果，为公司招揽了大批人才，但令瑞德始料未及的是，它同时也深深刺痛了公司的老部长和老员工。因为在 GDC 公司，老员工的底薪只有每月 2 000 元左右，而部长的底薪每月也只有 3 000 元左右。大家都觉得，自己为公司辛辛苦苦工作这么多年，就算没有功劳也有苦劳，工资水平居然都赶不上一个新进员工；加之原本所享有的一些最简单的福利，如员工聚餐，也被剥夺了，着实让人觉得心寒，让人觉得自己为企业付出这么多，企业所回报的却是少之又少的温暖，这让很多人心理极端不平衡。

压抑已久的不满终于爆发了，一个星期之内，徐部长、夏部长及一些基层员工纷纷提出辞职，这让瑞德十分震惊，十分沮丧，也感到措手不及。瑞德也表示，会以提高福利待遇为条件来挽留这些部长及员工，但人们似乎去意已决，都不为所动。瑞德意识到，如果这些人同时离职，公司将会陷入什么样的状态？用“瘫痪”来形容都不为过。

终于，在安部长也拿着辞呈走进总经理办公室的时候，瑞德无力地坐在自己高靠背的真皮转椅上，身后是一面通透的玻璃墙，阳光肆意地洒在这间曾经给他无限希望的办公室里，却更映衬出瑞德此刻无助的身影。想想半年多以前，初任GDC公司总经理的瑞德最喜欢的就是自己这间宽敞明亮，铺着厚厚的毛绒地毯的办公室。那时的瑞德时常坐在自己舒适的转椅上，一边呷着咖啡，透过玻璃墙眺望着远方，一边盘算着如何处理公司的各种事务，那真是他最享受的一段时光了。然而，仅仅几个月的时间，情况竟发生了翻天覆地的变化，瑞德再无心享受这大把的阳光，即使坐在松软的转椅上竟然也有如坐针毡的感觉。面对比自己大不了几岁的安部长，瑞德用一种十分沮丧的腔调，满腹委屈又疑惑地问："为什么？大家为什么这么做？我关心每一位员工，按照每个人自身的特点给他们分工；我引导我的员工爱护自己的家人；我提倡中国人一贯引以为傲的勤俭节约；我高薪招聘人才，促进公司发展，不也是为全体员工谋福利吗？到底是哪里出了问题？"看着平时一向自负的瑞德先生变成此时一筹莫展的样子，安部长竟然也一时语塞，不知道如何跟他解释。安部长承认西方管理思想的优势，也能够理解瑞德的好心和用心良苦，只是在西方管理思想和GDC公司的中国员工之间，瑞德好像忽略了一个什么问题，一个很重要的问题……半天，安部长只轻轻吐出了四个字："这是中国……"

作为一个管理沟通领域的教学案例，该案例的结构是比较标准规范的。下面将从案例正文的各个结构要素角度对这篇案例进行分析。

（1）标题："GDC 公司内部的文化冲突"是问题提示型标题，揭示了案例发生的背景企业，以及案例的主题内容，亦即要讨论的核心管理问题。

（2）摘要：清楚地说明了案例的主题和所面临的问题，并简单提示问题本质，简洁有力。

（3）引言：用场景描写将读者迅速带入特定的情境，引起读者兴趣；并交代案例的关键人物"瑞德"，实际上也是读者要扮演的角色。通过引言的简短交代，读者就已经明了这篇案例将通篇都要求读者站在"瑞德"的立场上思考和解决问题。这个开头非常直接、简单，引人入胜。

（4）背景介绍：该案例从宏观背景入手对GDC公司的发展情况加以介绍，其中公司的组织结构和人物背景被作为主要内容详加介绍，这主要是为接下来的人物之间的文化冲突交代背景并做铺垫。

（5）主题内容：这个案例的主题是管理沟通，因此，案例的主要内容都是围绕"沟通"展开的。案例通过几个事件的描写和叙述，将沟通问题串成串，并一步步深入、激化矛盾，最终将矛盾推向高潮。案例对每个事件的描写详细，事件与事件之间排列有序。

（6）结尾：该案例运用了一种启发式的结尾，与高潮部分浑然一体，令读者在为GDC公司扼腕叹息的同时自然开始思索其中奥妙，进入总经理的角色思考问题。

（7）附件：该案例没有附件，如想进一步详细地介绍行业及公司背景、经营情况、人物去向等信息，可以附加一些有力的说明材料，如报表、简历等。

（8）注释：首页注释规范、完整，正文中未涉及脚注的问题，案例使用说明中涉及的脚注处理得也比较恰当。

综上分析，该案例正文在结构上完全符合案例正文应该具有的要素，并且具有良好的规范性。

5.3　管理案例的其他形式

5.3.1　企业实践

前面已经讲过，让学生到企业里去真实地工作是管理教育提升学生能力最有效的方法之一，但这种方法之所以没有被广泛地使用，是因为每个学生只能到为数不多的企业里去实习，在为数不多的岗位上工作，所接触的只有个别独特的具体情况，能取得直接经验的领域较小，所获未免有失片面。但如果用系统观的角度来看，将这为数不多的企业实践作为整个在校学习体系中的一环，那么企业实践也可以作为一次案例体验，而且是一种特殊的案例和特殊的案例分析。

企业实践包括两种形式：一是情境体验与构建型企业实践，二是情境强化型企业实践。情境体验与构建型企业实践是学生通过访谈和观察，获得对情境的体验并最终完成情境的构建，掌握相关的企业实践信息。情境强化型企业实践是指依托与企业合作为学生提供实习机会，使学生在已经完成知识学习的基础上进入企业进行实践，以真实的工作岗位为背景，通过处理实际工作中遇到的问题加深对所学知识的理解。无论是情境体验与构建型企业实践，还是情境强化型企业实践，学生都能够亲自进入企业，听到机器的轰鸣声、观察工人在流水线上作业，呼吸弥漫着汽油味道的空气，从而使得企业走出课本变得鲜活起来，所以企业实践是案例各种使用形式中情境强度最高的学习模式。

在情境体验与构建型企业实践中，学生直接进入企业，不仅能够真真切切地感受到企业的真实环境，而且能通过对管理者和员工的访谈，以及自己的观察，获取感兴趣的企业历史实践信息和当时的背景信息。在这个过程中，学生获得了对情境的体验，并且在自己思考和调研小组讨论的基础上最终完成对情境的构建。同时，在这一过程中，通过思考和讨论，学生也对企业实践及其背后的机理有了一定的理解，即对既有知识体系进行了重构，获得了新知识。

在情境强化型企业实践中，学生获得进入企业实习的机会。与情境体验与构建型企业实践以听取企业历史实践和背景信息不同，在情境强化型企业实践中，学生处于现实情境中，将面临真实的管理问题。通过识别工作过程中遇到的实际管理问题并运用曾经在课堂上学习过的管理知识对问题进行分析和解决，能够加深对知识的理解，强化知识的学习效果。此外，在工作中通过亲历企业家和企业管理者的决策和行动过程，也能加强学生对所学知识的理解。

5.3.2 企业家进课堂

邀请企业家到课堂来也是增加案例趣味的一种方法，在案例分析大赛中常常使用，包括两种形式：一是情境体验与构建型企业家进课堂，二是案例解析型企业家进课堂。

在情境体验与构建型企业家进课堂模式中，企业家与学生以面对面的形式进行互动交流。学生听取企业家对企业实践经验的介绍、提出感兴趣的问题并获得解答，从而逐渐获得情境的体验并构建起情境。案例解析型企业家进课堂是由哈佛商学院最早推出的。哈佛商学院在案例教学的最后一个环节经常会邀请案例企业的企业家进入课堂，为大家介绍现实中的企业决策和执行情况，并与学生进行现场互动交流。和情境体验与构建型企业家进课堂类似，通过听取企业家的汇报，学生能够逐渐获得情境的体验并构建起情境。

企业家们来自不同领域，他们在课堂中所扮演的角色也有所不同。在情境体验与构建型企业家进课堂模式中，企业家所在行业可能与案例中涉及的企业属于同一行业，或者企业家与案例中的企业管理者具有相似的管理地位。这类“客人”在课堂中的作用是向学生们解释企业行为、某些类型的决策、具体的制度或者人物所属管理者阶层所特有的一些想法。

在案例解析型企业家进课堂模式中，常邀请的企业家是案例所描述企业的经理。这样的企业家，特别是当他们是案例中的关键人物时，会极大地引起学生们的兴趣。通常情况下，要请这样的“客人”先坐到教室的后面，听取学生们对案例的讨论，然后再对讨论做出评论，并请他们在余下的课堂时间里回答学生们提出的问题。处理得当的话，企业家进课堂可以使学生们从常规的案例教学中解脱出来，并大大强化案例的真实性。

在情境体验与构建型企业家进课堂中，通过企业家对企业实践和相关背景信息的介绍，结合个人的思考，学生不仅能够形成体会而且还能完成对情境的构建。此外，在这个过程中，还能形成对企业实践的理解，企业家的决策和行为具有示范效应，因此能使学生获得新知识。

在案例解析型企业家进课堂过程中，在完成对案例决策问题的思考、讨论和点评的基础上，通过听取企业家介绍现实中的企业决策和执行情况，学生能够在已经完成相关知识学习的基础上，进一步结合企业的具体实践加深对知识的理解，强化知识的学习效果。

5.3.3 角色扮演

角色扮演是在教学中由学生扮演企业中不同角色的人物，如总经理、营销总监、生产总监、财务总监等，并通过扮演感受该角色的经历，加强学生对所扮演角色的个人关注点、问题、行为和参与等方面的感受。以教师设定的初始状态为起点，通过学生的扮演构建情境并形成对情境的体验。

学生们必须认同案例中的角色，自己进入角色，主动思考，“入戏”，才能组织起生动的讨论，问题也变得富于个性。但是如果太认真，将活动当作角色扮演练习的话，就会失去 50%的意境，因为这时的活动变成了一次贴上标签的、假扮的行为科学游戏。

角色扮演的形式有很多种，可以是预先正式计划好的，也可以是即兴的。如果案例适合于角色扮演，并且选派的学生角色也合理，那么这一活动会有助于将案例人格化，激发起学生浓厚的兴趣。

有一种比较典型的角色扮演是针对一种情境编了两个案例，一个让小组处于买方的地位，另一个则是卖方，有意让双方发生争执。买方有自己的要求，而卖方由于条件限制而无法满足买方的要求。为了活跃辩论的气氛，在双方谈判进行到一半时，以电话的方式向双方传达一个信息，此信息很明显地改变了双方在谈判中的地位。例如，买方公司原本以为他们还有另一个供选择的供应商，可以在几小时内购买到设备，只是价格高一些。然而谈判中这家供应商来电话说：“顺便提一下，我们发现库存中设备型号不对，我们这儿没有您所需要的设备。”这样，对买方来说，最直接的货源供应商只剩下与之谈判的卖方了。这样的案例很生动，学生们在谈判中，都深深地介入其中。

角色扮演也可以分组进行，并安排谈判会议，在劳资关系方面使用的分组角色扮演案例就是这样组织的。一些小组站在工会一边，另一些小组担当管理人员的角色，将班级分为三个完全独立的利益小组，每个小组都可以在“市政厅会议”上阐述自己的观点。

有效的角色扮演需要学生们愿意参与其中，并严肃认真地对待他们所扮演的角色，让学生们自愿加入角色扮演比硬性摊派效果要好一些。在涉及人际关系的课程当中，角色扮演活动较为常见，当然在其他领域也有其发挥作用的潜力，如在面试中，这种角色扮演的案例也经常被使用。

在角色扮演中，学生根据教师设定的初始条件进行角色扮演并在这个过程中对焦点问题进行分析和解决。一个参与者的决策将引发其他参与者决策的变化。这些参与者的决策即构成学习的情境。在构建情境的同时，参与者还会形成对情境的认知。在动态情境中通过对决策问题的分析和思考，角色扮演者将逐步加深对决策问题及其背后机理的理解，进而掌握相关知识。

5.3.4　模拟教学

模拟教学是一种特殊类型的角色扮演，其最主要的特点在于应用计算机技术为学生创造一个虚拟的企业竞争平台。学生自愿或通过指派组成多个团队，每一个团队相当于一家虚拟企业，每名学生扮演不同角色的高管。各团队之间展开竞争，通过经营虚拟企业的过程，体验经营企业的“酸甜苦辣”，以教师设定的初始状态为起点，在竞争中构建并体验情境。情境是团队竞争行为和结果循环往复的结果。

例如，教师可以将初始状态设为一家建筑公司购买了新设备，那么这家公司的经理显然会遇到一个难题，就是计划的制订。参加模拟教学的学生可以以小组为单位，用案例中的数据，结合行业特点、一般方法性的知识、一些新信息等，制订生产计划，展开经营活动。各组之间相互竞争，相互作用。

在模拟教学中，通常情况下教师设置一个竞争的初始状态，学生以小组的形式参与竞争，各组之间的行为及其结果构成了新时点上的情境。因此，学生在参与模拟竞争的过程中，既在对情境理解的基础上构建新的情境，同时也形成对新情境的认知，两个环节循环往复。通过独立思考和小组讨论，以课堂上学习过的知识为基础，学生对竞争形势进行分析并做出决策。这一过程能够有效地加深学生对所学知识的理解，强化知识的学习效果。

5.3.5 视频案例

随着科学技术的进步，特别是计算机技术的发展，多媒体课件在课堂教学中的优势日益凸显。视频案例是指以视频为手段，围绕需要讲解的问题构建具有针对性的教学情境，通过一些视频资料（包括视频、音频、动画、网页、图片等）将教学情境立体化，据此来启发学生、引导学生加深理解以完成教学工作的方式。

心理学家特雷齐勒通过心理学实验表明：人对于信息的获取 83%来自视觉，11%来自听觉，6%来自其他。也就是说人类获取的大部分信息来自视觉和听觉，足见视频资料对于学习的重要性。实验研究还证实，人们一般只能记住自己阅读内容的 10%，听到内容的 20%，看到内容的 30%，同时听到和看到内容的 50%，交流过程中自己所说内容的 70%。视频案例正是利用信息技术，将动画、声音、图片等一并显现出来，这种刺激各种感官的方式要比一般的听讲更有效。

用具有真实情境的视频资料去引导和启发学生，使学生在学习过程中对问题的理解从直观到抽象，从感性到理性，从而形成分析问题、解决问题的思维方式，这一教学方式的应用使得课堂教学活动变得活泼、生动有趣、富有启发性和真实性，可以活跃学生的思维，激发学生的学习兴趣。

还有一些案例，如果不用视听材料或者某一特别的视听手段来呈现部分甚至所有的数据，分析起来就会很困难。例如，对于非财务人员来说，财务课本身就是一个障碍，在工程师、药剂师、物理学家们学习财务管理课程时，他们往往在上课前就毫无信心，因此也就难以营造好的气氛。如果这时应用一个带有剧情的短片，剧情内容都来自我们用的课本及案例，包含此企业财务会计中的许多方面，讲述会计进入公司工作时的情境，大家观看完短片后，再由学生们对内容进行说明与讨论，最后由老师总结评论，效果则会好很多。它为非专业出身的学生们营造了一种轻松讨论的氛围。

视频案例可以生动地向学生们展示人物和设备，除了现场参观外，其他方法很难达到此种效果。一般来说，视频案例不宜超过 20 分钟，如果时间过长则学生的注意力容易分散，反而不利于课堂组织。

如果拍摄视频的难度过大，可以考虑使用其他视觉辅助手段，如公司产品样品、图片、报纸或杂志剪辑，以及 PPT 等视觉辅助材料，这些都具有增强案例真实性和课堂讨论效果的作用。

将一家公司的样品或类似产品拿到课堂上来传阅，这是一种极为简单而有效的证实案例真实性的方法。同样，如果拿不到样品，可以用图片来代替。教师也可鼓励学生将报纸及杂质剪辑带到课堂上来，贴在告示板上，为课堂上讨论的企业和问题提供新的信息。当然，这些东西不能左右课堂，但至少可以使课堂气氛活跃。

当然，对于视频案例这种使用形式，也存在着一些不同的声音，他们认为：视频这种可观可听的形式限制了人类的想象力，最典型的代表就是电影与小说的关系。同样的故事，我们读小说时仅凭字里行间的描述可以发挥无穷无尽的想象，构建出许许多多的可能，而在看电影时却只能被呈现出来的景象限定，没有发挥想象的空间。这导致很多小说被拍成电影以后并不叫座。对于不熟悉企业情况的学生来说，限定住他们的想象并不一定是好事。由此看来，视频案例的学习效果也只能因人而异了。

5.3.6 案例写作延伸

由案例分析向案例写作延伸是让学生参与到实际的案例编写中来，是案例学习中的一项革新，改变了案例教学的步骤。

在开始阶段，引导讨论的人（教师或组长）发给每人一份关于事件的简短描述，或者一份某公司中发生在至少两人之间的真实事件的叙述。例如，在人际关系案例中，教师可以向学生提供一个事件，如：“你刚巧见到一名工人，他由于与车间主任产生矛盾，甩手不干了，你该怎么办？”事件可能涉及对高层管理者强烈的不满情绪或挑战。然后由学生来确定解决这一问题所需要的背景材料，他们向引导讨论的人发问，并记下这些事实材料。当把这些背景材料组合到一起时，就可对案例进行分析并就行动方案做出决策。这一方法可训练学生收集事实材料的能力，而这正是决策所必备的素质之一。它可用于全班讨论，也可在学习小组中进行，班里的其他人观摩，并随后提出问题或批评。

5.3.7 练习、观察法、活动卡片及现场考察

（1）练习。与案例相关的练习法中，最简单的一种也许是安排学生运用某种数量分析法对案例中的数据加以分析。例如，给学生布置的任务可能是，“用案例中给出的过去的销售数据，依据五种不同的预测法预测下一年度的销售量。”

（2）观察法。观察法是让班里的几名学生在全班面前讨论案例，训练学生对问题的敏感性。事先不必对案例进行准备，整个过程几乎都是即兴发挥的。

（3）活动卡片。这种方法比较适合于人际关系或涉及不同人物间对话的案例使用。具体做法：将一系列硬纸片串在一起，翻动前一页时可看到下一页的内容，将案例

中两人之间的对话，如销售员与客户、车间主任与工人之间的对话，写到这些纸片上；每张纸片上依次写下对话，各方一句或两句，每次只讨论一张纸片上的内容，在下一页对方真正的答话被翻开之前，推测可能的答复，这样轮番进行。

（4）现场考察。现场考察几乎总是最受学生欢迎的一种方式，但应认真对待：事先列出在参观时应注意的问题，对他们有什么要求，等等。在到工厂做现场调查前，做好周密的计划安排，将班级分成小组，六人一组为宜。如果可能，最好每组都有一位指导者带队，这样才能保证所有学生都能听到解说，并有机会提出一些贴切的问题。参观后进行某种类型的测试，或写文章，以巩固印象，达到参观的预期效果。

如果所参观的企业与课堂中所描述的企业是同一行业，存在类似问题的话，现场考察会大大强化案例教学效果。不是将企业家请进课堂，而是让学生作为访问者进入企业，这样的案例使用形式一般适合于生产或作业管理领域。事实上，在许多领域，这种方法都可以开阔学生的视野，强化他们在课堂上学到的东西。在参观时，学生还可以与各部门经理交流，就管理的职能领域提出问题，了解一些有关职业规范和现代管理人员所面临的棘手问题的知识。

案例的多种使用形式可变换讨论的节拍，若总用某一种一成不变的学习方法，那再好的案例也创造不出好的气氛，不同的案例使用方法可进一步扩展学生的知识面。

第 6 章

常用的管理案例分析工具

典型的管理案例有两个特点：一是案例中所提供的信息杂乱而冗余，却恰恰缺失真正需要的信息，这加重了分析的困难；二是它的综合性、跨专业性或多职能性决定了分析它所需的概念和工具分散在不同的课程中，有财务会计的、有市场营销学的、有运筹学与生产管理的、有组织行为学的等。每个人都可以根据自己的知识背景、看问题的视角选择自己认为合适的分析工具。固然，由于案例具体情况的不同，可以选择的分析工具多种多样，即使面对同样的案例，都可以选择不同的分析工具；为了最大效度地发挥自己的“十八般武艺”，甚至可以自己“开发”与“研制”出新型的独特的“兵器”，只要该工具适用，分析起来得心应手，就可以了。

但是，从以往的案例学习经验来看，有一些理论工具是容易被大多数人在许多案例的分析过程中选用的，属于常用的管理案例分析工具。为了给案例分析者提供方便，本书把一些常用的、适用性最广的理论及分析工具汇集并罗列出来，启发学生对已学过的理论工具做一个全面的总结性的回顾。这里汇集的理论工具当然远非全面和无所不包，它只列出了一些当今时代背景下，整体理论发展水平下常用的理论工具，只能起到手册性的作用，要做更深入详尽的了解，还要去查阅专门书籍。

6.1 波特五力模型

波特五力模型是迈克尔・波特（Michael Porter）于 20 世纪 80 年代初提出的。波特认为行业中存在着决定竞争规模和程度的五种力量，这五种力量综合起来影响着产业的吸引力以及现有企业的竞争战略决策。五种力量分别为现有行业竞争者的竞争能力、新进入者威胁、替代品生产的威胁、供应商讨价还价的能力、购买者讨价还价的能力。行业中竞争越弱，行业的整体利润就越高；同样地，一个公司在整个行业中有很强的战略和市场地位，能够很好地抵御以上五个风险力，该公司可以获得的利润就能够超过行业的平均水平。当需要了解一个新的行业或者市场，并明确研究对象在这个行业中的地位时，都可以使用波特五力模型，如图 6.1 所示。

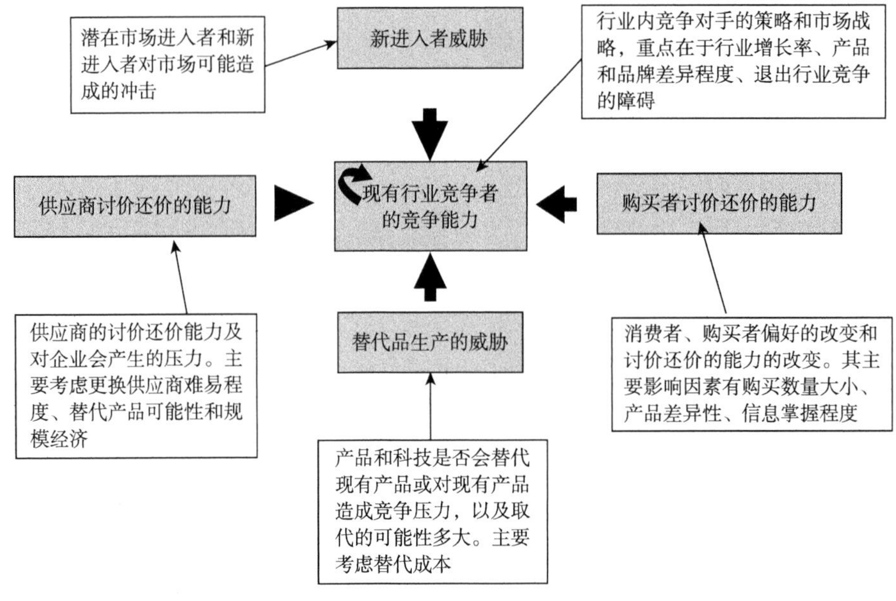

图 6.1　波特五力模型

波特五力模型在战略分析模型工具中可能是最著名、应用最广泛的，其主要作用是分析公司行业竞争能力和行业地位。当然波特五力模型也有一个局限性：该模型是静态分析，很少考虑行业内的动态变化，如行业内的政策等政治因素的变化等。因此，该模型一般只是辅助对行业进行战略分析，适当结合其他的工具才能得出更为全面的分析结论。

6.2　SWOT[①]分析

SWOT 分析法（也称 TOWS 分析法、道斯矩阵）即态势分析法，20 世纪 80 年代初由美国旧金山大学的管理学教授韦里克提出，经常被用于企业战略制定、竞争对手分析等场合，是解决面临挑战情况下企业战略发展问题最典型的模型，如图 6.2 所示。

运用 SWOT 分析法可以分析的问题包括：企业有什么优势可以用来实施战略？（What strengths does the firm have to build a strategy upon?）企业有什么劣势可能阻碍战略发展？（Which weaknesses preclude certain strategic moves?）企业目前可以获得的机会有哪些？（What are the primary opportunities the firm can pursue?）企业目标面临的威胁有哪些？（Which threats need most careful management?）

① SWOT：优势（strengths）、劣势（weaknesses）、机会（opportunities）、威胁（threats）。

strengths　优势 1. 技术、知识、经验 2. 组织的资源和竞争能力 3. 市场优势 4. 具有竞争性的资产组合	weaknesses　劣势 1. 使公司有劣势的稀缺资源 2. 负债或者无法供给的能力
opportunities　机会 1. 具有潜力的增长点 2. 可以建立的比较优势	threats　威胁 各种可能会破坏现存商业——人力资源、技术、新产品、法规政策和人口统计的因素

图 6.2　SWOT 分析

完成 SWOT 分析之后需要解决：怎样将优势运用到机会里面？（How can the company leverage strengths to capitalize on the opportunities?）怎样才能够克服威胁？（How can the threats identified be overcome?）企业应该怎样改善其劣势？（What does the company need to do to overcome its weaknesses?）企业怎样才可以克服已经确定的威胁？（How can the company overcome the identified threats?）

SWOT 分析虽然应用范围甚广，但它是一个非常主观的模型，每一个分析者做出的结果都不尽相同，仅仅比较适合对企业进行较粗略的分析。

6.3　PEST 分析模型

PEST 分析是从政治（politics）、经济（economic）、社会（society）、技术（technology）四个方面，基于公司战略的眼光来分析企业外部宏观环境的一种方法。公司战略的制定离不开宏观环境，而 PEST 分析能从各个方面比较好地把握宏观环境的现状及变化的趋势，有利于企业对生存发展的机会加以利用，对环境可能带来的威胁及早发现避开，如图 6.3 所示。

要想提高商品的销量，少不了要做产品分析，只有了解用户的需求，知道用户要什么，才能根据这些数据更好地进行产品优化和活动推广。说到分析方法，可能有些人第一个想到的就是 SWOT 分析，这种分析方法主要是能帮助企业找出自身优势，整合资源，从而形成企业的战略规划，如果想要更深入地了解产品分析，最好还是用 PEST 分析。

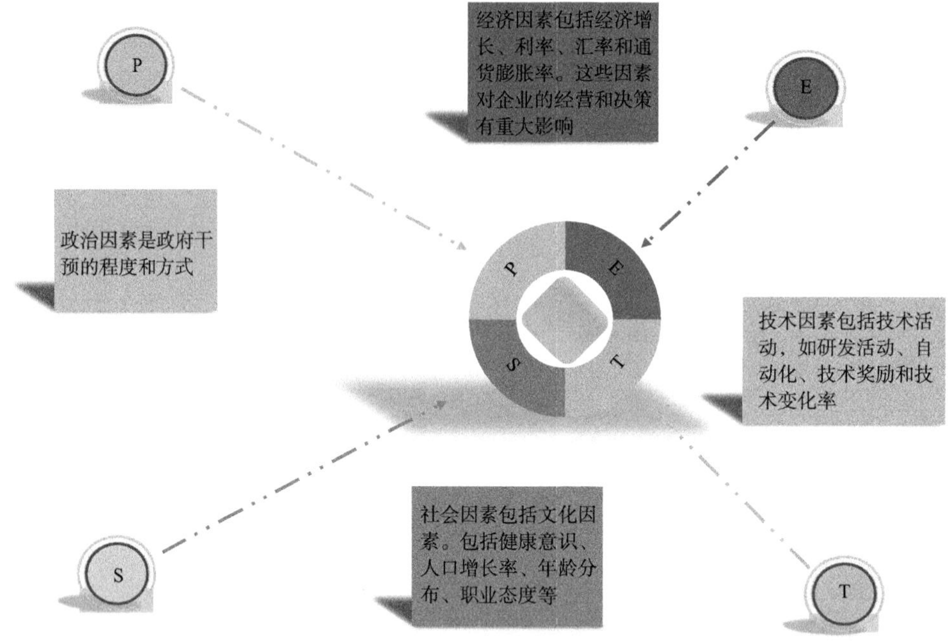

图 6.3 PEST 分析模型

PEST 分析的内容包括：

（1）政治环境，指一个国家或地区的政治制度、体制、方针政策、法律法规等方面。这些因素常常影响着企业的经营行为，尤其是对企业长期的投资行为有较大影响。

（2）经济环境，指企业在制定战略过程中须考虑的国内外经济条件、宏观经济政策、经济发展水平等。

（3）社会环境，主要指组织所在社会中成员的民族特征、文化传统、价值观念、宗教信仰、教育水平及风俗习惯等。

（4）技术环境，指企业业务所涉及国家和地区的技术水平、技术政策、新产品开发能力及技术发展的动态等。

PEST 分析举例如图 6.4 所示。

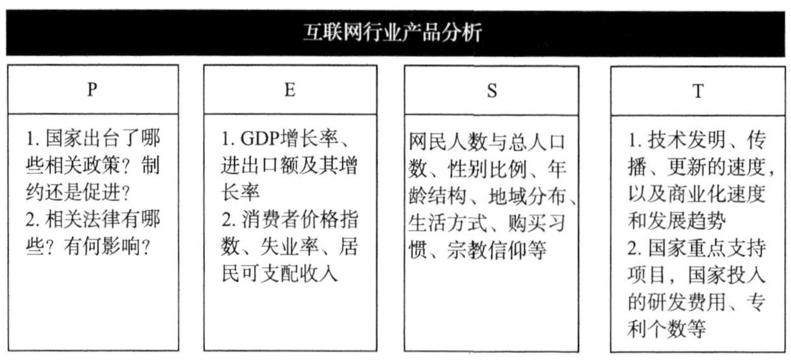

互联网行业产品分析

P	E	S	T
1. 国家出台了哪些相关政策？制约还是促进？ 2. 相关法律有哪些？有何影响？	1. GDP增长率、进出口额及其增长率 2. 消费者价格指数、失业率、居民可支配收入	网民人数与总人口数、性别比例、年龄结构、地域分布、生活方式、购买习惯、宗教信仰等	1. 技术发明、传播、更新的速度，以及商业化速度和发展趋势 2. 国家重点支持项目，国家投入的研发费用、专利个数等

图 6.4 PEST 分析举例

6.4 Timmons 创业模型

Timmons 创业模型由美国百森商学院杰弗里·蒂蒙斯（Timmons）提出。他认为，成功的创业活动必须对机会、创业团队和资源三者进行最适当的匹配，并且还要随着事业的发展而不断进行动态平衡。创业过程由机会启动，在创业团队建立以后，就应该设法获得创业所必需的资源，这样才能顺利实施创业计划。

Timmons 认为，商业机会是创业过程的核心要素，创业的核心是发现和开发机会，并利用机会实施创业。因此，识别与评估市场机会是创业过程的起点，也是创业过程中的一个关键阶段。资源是创业过程不可或缺的支撑要素，为了合理利用和控制资源，创业者往往要制定设计精巧、用资谨慎的创业战略，这种战略对创业具有极其重要的意义。而创业团队则是实现创业这个目标的关键组织要素。

Timmons 认为，创业者或创业团队必须具备善于学习、从容应对逆境的品质，具有高超的创造、领导和沟通能力，但更重要的是具有柔性和韧性，能够适应市场环境的变化。

在 Timmons 模型中，机会、创业团队和资源这三个创业核心要素构成一个倒立三角形，创业团队位于这个倒立三角形的顶部（图 6.5）。在创业初始阶段，商业机会较大，而资源较为稀缺，于是三角形向左边倾斜；随着新创企业的发展，可支配的资源不断增多，而商业机会则可能会变得相对有限，从而导致另一种不均衡。创业者必须不断寻求更大的商业机会，并合理使用和整合资源，以保证企业平衡发展。机会、资源和创业团队三者必须不断动态调整，以最终实现动态均衡。这就是新创企业的发展过程。

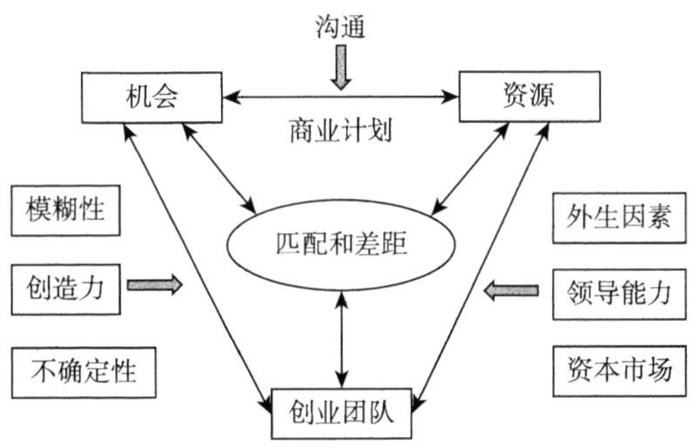

图 6.5 Timmons 创业模型

Timmons 认为，在创业过程中，由于机会模糊、市场不确定、资本市场风险及外部环境变化等因素经常影响创业活动，创业过程充满了风险，因此，创业者必须依靠自己的领导、创造和沟通能力来发现和解决问题，掌握关键要素，及时调整机会、资源、创业团队三者的组合搭配，以保证新创企业顺利发展。

Timmons 创业理论中，创业过程模型理论是目前公认的创业管理理论，其他理论都是在此基础上的补充、完善与量化。

6.5 基本财务报表

6.5.1 资产负债表

资产负债表是反映公司某一特定日期（月末、年末）全部资产、负债和所有者权益情况的会计报表。它的基本结构是“资产=负债+所有者权益”。不论公司处于怎样的状态，这个会计平衡式永远是恒等的。左边反映的是公司所拥有的资源；右边反映的是公司的不同权利人对这些资源的要求。债权人可以对公司的全部资源有要求权，公司以全部资产对不同债权人承担偿付责任，偿付完全部的负债之后，余下的才是所有者权益，即公司的资产净额。

我们通过资产负债表的资料，可以看出公司资产的分布状态、负债和所有者权益的构成情况，据以评价公司资金营运、财务结构是否正常、合理；分析公司的流动性或变现能力，以及长、短期债务数量及偿债能力，评价公司承担风险的能力；利用该表提供的资料还有助于计算公司的获利能力，评价公司的经营绩效。

在分析资产负债表要素时应首先注意到资产要素分析，具体包括：

（1）流动资产分析。分析公司的现金、各种存款、短期投资、各种应收应付款项、存货等。流动资产比往年提高，说明公司的支付能力与变现能力增强。

（2）长期投资分析。分析一年期以上的投资，如公司控股、实施多元化经营等。长期投资的增加，表明公司的成长前景看好。

（3）固定资产分析。这是对实物形态资产进行的分析。资产负债表所列的各项固定资产数字，仅表示在持续经营的条件下，各固定资产尚未折旧、折耗的金额并预期于未来各期间陆续收回，因此，我们应该特别注意，折旧、损耗是否合理将直接影响到资产负债表、损益表和其他各种报表的准确性。很明显，少提折旧就会增加当期利润。而多提折旧则会减少当期利润，有些公司常常就此埋下伏笔。

（4）无形资产分析。主要分析商标权、著作权、土地使用权、非专利技术、商誉、专利权等。商誉及其他无确指的无形资产一般不予列账，除非商誉是购入或合并时形成的。取得无形资产后，应登记入账并在规定期限内摊销完毕。

其次，要对负债要素进行分析，包括两个方面：

（1）流动负债分析。各项流动负债应按实际发生额记账，分析的关键在于要避免遗漏，所有的负债均应在资产负债表中反映出来。

（2）长期负债分析。包括长期借款、应付债券、长期应付款项等。由于长期负债的形态不同，因此，应注意分析、了解公司债权人的情况。

最后，股东权益分析，包括股本、资本公积、盈余公积和未分配利润四个方面。分析股东权益，主要是了解股东权益中投入资本的不同形态及股权结构，了解股东权益中各要素的优先清偿顺序等。看资产负债表时，要与损益表结合起来，主要涉及资本金利润和存货周转率，前者是反映营利能力的指标，后者是反映营运能力的指标。

6.5.2　损益表

损益表依据“收入-费用=利润”来编制，主要反映一定时期内公司的营业收入减去营业支出之后的净收益。通过损益表，我们一般可以对上市公司的经营业绩、管理的成功程度做出评估，从而评价投资者的投资价值和报酬。损益表包括两个方面：一是反映公司的收入及费用，说明公司在一定时期内的利润或亏损数额，据以分析公司的经济效益及营利能力，评价公司的管理业绩；二是反映公司财务成果的来源，说明公司的各种利润来源在利润总额中占的比例，以及这些来源之间的相互关系。对损益表进行分析，主要从两方面入手：

（1）收入项目分析。公司通过销售产品、提供劳务取得各项营业收入，也可以将资源提供给他人使用，获取租金与利息等营业外收入。收入的增加，则意味着公司资产的增加或负债的减少。

记入收入账的包括当期收讫的现金收入、应收票据或应收账款，以实际收到的金额或账面价值入账。

（2）费用项目分析。费用是收入的扣除，费用的确认、扣除正确与否直接关系到公司的盈利。所以分析费用项目时，应首先注意费用包含的内容是否适当，确认费用应贯彻权责发生制原则、历史成本原则、划分收益性支出与资本性支出的原则等。其次，要对成本费用的结构与变动趋势进行分析，分析各项费用占营业收入百分比，分析费用结构是否合理，对不合理的费用要查明原因。同时对费用的各个项目进行分析，看看各个项目的增减变动趋势，以此判定公司的管理水平和财务状况，预测公司的发展前景。

看损益表时要与上市公司的财务情况说明书联系起来。它主要说明公司的生产经营状况；利润实现和分配情况；应收账款和存货周转情况；各项财产物资变动情况；税金的缴纳情况；预计下一会计期间对公司财务状况变动有重大影响的事项。财务情况说明书为财务分析提供了了解、评价公司财务状况的详细资料。

6.5.3　现金流量表

现金流量表是反映上市公司现金流入与流出信息的报表。这里的现金不仅指公司在财务会计部门保险柜里的现钞，还包括银行存款、短期证券投资、其他货币资金。现金流量表可以告诉我们公司经营活动、投资活动和筹资活动所产生的现金收支活动，以及现金流量净增加额，从而有助于我们分析公司的变现能力和支付能力，进而把握公司的生存能力、发展能力和适应市场变化的能力。

上市公司的现金流量具体可以分为以下五个方面：

（1）来自经营活动的现金流量：反映公司为开展正常业务而引起的现金流入量、流出量和净流量，如商品销售收入、出口退税等增加现金流入量，购买原材料、支付税款和人员工资增加现金流出量，等等。

（2）来自投资活动的现金流量：反映公司取得和处置证券投资、固定资产和无形资产等活动所引起的现金收支活动及结果，如变卖厂房取得现金收入，购入股票和债券等对外投资引起现金流出，等等。

（3）来自筹资活动的现金流量：是指公司在筹集资金过程中所引起的现金收支活动及结果，如吸收股本、分配股利、发行债券、取得借款和归还借款等。

（4）非常项目产生的现金流量：是指非正常经济活动引起的现金流量，如接受捐赠或捐赠他人，罚款现金收支，等等。

（5）不涉及现金收支的投资与筹资活动：这是一类对股民非常重要的信息，虽然这些活动并不会引起本期的现金收支，但对未来的现金流量可能会产生极为重大的影响。这类活动主要反映在补充资料一栏里，如以对外投资偿还债务，以固定资产对外投资，等等。

对现金流量表主要从三个方面进行分析：

（1）现金净流量与短期偿债能力的变化。如果本期现金净流量增加，表明公司短期偿债能力增强，财务状况得到改善；反之，则表明公司财务状况比较困难。当然，并不是现金净流量越大越好，如果公司的现金净流量过大，表明公司未能有效利用这部分资金，其实是一种资源浪费。

（2）现金流入量的结构与公司的长期稳定。经营活动是公司的主营业务，这种活动提供的现金流量，可以不断用于投资，再生出新的现金来，来自主营业务的现金流量越多，表明公司发展的稳定性越强。公司的投资活动是为闲置资金寻找投资场所，筹资活动则是为经营活动筹集资金，这两种活动所发生的现金流量，都是辅助性的，服务于主营业务的。这一部分的现金流量过大，表明公司财务缺乏稳定性。

（3）投资活动与筹资活动产生的现金流量与公司的未来发展。在分析投资活动时，一定要注意分析是对内投资还是对外投资。对内投资的现金流出量增加，意味着固定资产、无形资产等的增加，说明公司正在扩张，这样的公司成长性较好；如果对内投资的现金流入量大幅增加，意味着公司正常的经营活动没有能够充分吸纳现有的资金，资金的利用效率有待提高；对外投资的现金流入量大幅增加，意味着公司现有的资金不能满足经营需要，从外部引入了资金；如果对外投资的现金流出量大幅增加，说明公司正在通过非主营业务活动来获取利润。

6.6　商业模式

6.6.1　商业模式的含义与构成要素

商业模式是对未明确的市场需求或者未被利用的资源、能力、机会进行创造性的重新组合，传递更明确的市场需求的可能性（Schumpeter and Nichol，1934；Kirzner，1978），尽管它第一次出现在 20 世纪 50 年代，但直到 20 世纪 90 年代才开始被广泛使用和传播，时至今日已经成为近年来管理学领域研究的热点问题，并频繁出现在战略管理、营销管理、创新管理等学科领域的权威学术期刊之中。研究者们从不同的视角对商业模式给出了不同的界定，其中比较权威的定义包括：Hamel（2000）认为商业模式就是做生意的方式；Shafer 等（2005）指出商业模式表达了一个企业如何在价值网络中创造价值和获取价值的潜在逻辑和战略选择；Zott 和 Amit（2010）把商业模式定义为通过利用商业机会创造价值，是由相互依赖的活动所组成，这些活动使企业与合作者共同创造价值和分享价值；Casadesus-Masanell 和 Ricart（2010）主张商业模式是企业的逻辑、企业运营的方式，它是企业为利益相关者创造价值的方式；Teece（2010）则认为商业模式清晰地表达了商业逻辑，提供了数据及其他证据，展示了如何创造业务和传递价值给用户。

研究者们对商业模式的构成要素也进行了大量的研究，并得出了不同的商业模式构成要素模型，到目前为止比较有代表性的包括四要素模型、六要素模型和九要素模型。其中，Johnson 等（2008）认为商业模式由顾客价值主张、盈利模式、关键资源和关键流程四个相互锁定的要素构成，并且提出了商业模式的四要素模型（图 6.6）。顾客价值主张包括目标顾客、要完成的任务和提供物三个子要素，旨在描述企业如何帮助顾客完成重要的任务；盈利模式包括收益模式、成本结构、利润模式、资源利用周转速度、提供物五个子要素，旨在描述企业如何为自身创造价值；关键资源是企业向目标细分市场传递价值主张的必备要素，包括人员、技术、产品、设备、信息、渠道、品牌、合作伙伴联盟；关键流程是企业成功运营和管理的元素，包括设计、开发、资源筹措、制造、营销、雇佣与培训等流程，以及规则规范、绩效指标等，也是保证企业能够重复运营业务和管理活动并增加销售收入的关键。在他们看来，商业模式的威力在于不同要素之间的复杂互动，成功的商业模式都离不开四要素的协调、互补和互动。

魏炜等（2009）认为商业模式是企业与其利益相关者的交易结构，一个完整的商业模式包括六个要素：定位、业务系统、盈利模式、关键资源能力、现金流结构和企业价

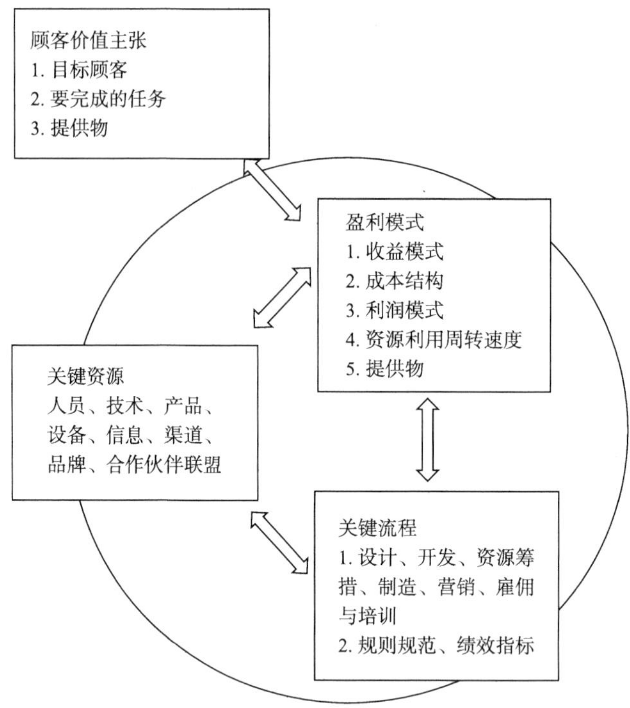

图 6.6 商业模式的四要素模型

值（图 6.7）。其中，定位是企业满足客户需求的方式；业务系统是企业选择哪些行为主体作为其内部或外部的利益相关者，它由构型、关系和角色三部分组成；盈利模式是以利益相关者划分的收入结构、成本结构及相应的收入方式；关键资源能力是支撑上述交易结构背后的资源和能力，是企业运营能力有别于竞争对手并得以持续发展的背后支撑力量；现金流结构是以利益相关者划分的企业现金流入结构和流出结构及相应的现金流的状态；企业价值是商业模式的落脚点，评判商业模式的最终标准就是企业价值的高低，对于上市公司而言，直接表现为股票市值。

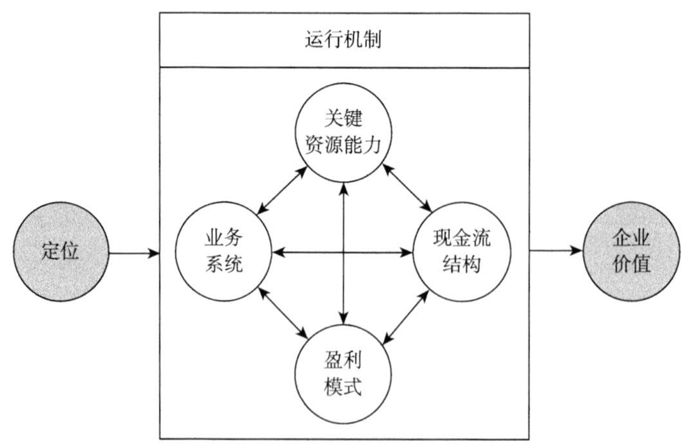

图 6.7 商业模式的六要素模型

Osterwalder 和 Pigneur（2010）提出的商业模式画布理论指出，商业模式描述了企业如何创造价值、传递价值和获取价值的基本原理。商业模式是一种包含了一系列要素及其关系的概念性工具，用以阐明某个特定实体的商业逻辑，它描述了公司所能为客户提供的价值及公司的内部结构、合作伙伴网络和关系资本等用以实现（创造、营销和交付）这一价值并产生可持续、可营利性收入的要素。而商业模式画布则是提供一种新的形式和方法，因其直观性和简单性，更有利于描述、分析和设计企业的商业模式。它包括九个要素，即客户细分、价值主张、渠道通路、客户关系、收入来源、核心资源、关键业务、重要合作和成本结构。这九个要素涵盖了商业的四个主要方面，即客户、提供物（产品/服务）、基础设施和营利能力，这九种要素和四个主要方面的具体含义参见图 16.4。该框架所包含的要素最为全面，基本涵盖了前述的四要素和六要素模型中所提及的内容，同时它作为一种直观的图式，可以让我们方便地描述和使用商业模式，因此我们在后续的案例讨论中将主要采用这种九要素模型进行分析。

6.6.2　商业模式创新的动因

商业模式创新就是对整个经营系统的重新构造，是对企业核心价值逻辑、深层假设的颠覆，是对企业的重新定义和对行业游戏规则的重构。现有的研究表明，商业模式创新会同时受到内部因素和外部因素的驱动。在企业的外部因素方面，Demil 和 Lecocq（2010）总结出主要有以下四个方面的因素驱动商业模式创新：①技术创新，技术创新创造了把技术推向市场的要求以及满足消费者潜在需求的机会，技术的特点还会影响后续商业模式创新及商业模式；②市场机会，顾客界面是商业模式创新中不可缺少的一环，顾客的消费习惯和需求水平影响着企业不断地革新自身的商业模式，企业需要思考如何将自己创造的价值传递到客户的手上，更要思考如何针对客户创造出需求；③情境因素，环境的不确定性、政策的模糊性、市场设施的不完备、竞争环境的变化、整体经济环境的变化与商业模式原型发生冲突，为了实现企业的可持续发展，在市场上继续存活，企业必须进行商业模式创新来应对可能的不一致冲突；④价值网络，上游供应商、互补者的商业模式可以使企业从价值网络中获得经验、互补资产等不同资源，当互补资产的价值主张发生变化，企业自身的价值创造模式和价值主张也会随之改变。另外，当企业竞争对手的商业模式发生改变时，企业会对竞争对手的成功商业模式进行学习和模仿。

在企业的内部，Cavalcante（2011）认为主要有以下四类因素会对企业的商业模式创新产生影响：①领导认知，企业领导者对外部环境的认知可以影响组织对外部威胁的解读，以及组织针对外部威胁做出的敏锐的反应，直接决定着企业是否会针对外部环境的变化加速做出商业模式创新的决策；②资源能力，企业新的资源、资产、能力能够帮助企业拓展交易的边界和资本，从而为企业的商业模式创新提供可能，企业资源的灵活性及整合能力，又决定了企业是否能够在发展商业模式原型的同时进行商业模式创新；

③组织活动，企业的组织结构调整能否帮助企业增强战略灵活性，决定了企业能否及时对外部冲击做出反应，而组织学习可以影响企业对于外部环境的认知，企业通过组织学习借鉴吸收成功商业模式的经验，从而实现自身的商业模式创新；④盈利模式，企业商业模式原型中盈利模式的变化驱动着商业模式创新，一旦原有商业模式的盈利模式边际利润下滑，乃至不足以支撑企业持续的现金流，企业会更新其利润模型，从而实现商业模式创新。

6.6.3 商业模式创新的途径

Zott 和 Amit（2015）认为商业模式通过交易内容、交易结构和交易治理等三个要素的设计来开发商机并实现价值创造，改变这三个要素中的一个或者多个，就会改变商业模式，即进行商业模式的创新。相应地，他们认为商业模式创新的途径主要包括：①内容创新，交易内容是指运营系统包括哪些环节，内容创新则是指通过增加新颖的环节或活动而进行的创新，如前向或后向一体化；②结构创新，交易结构描述了活动之间的联系以及活动对于业务的重要性，结构创新是通过利用新颖的方式把活动联结起来而进行的创新，如由产品为主、服务为辅改为服务为主、产品为辅；③治理创新，交易治理是指对不同参与主体之间关系的治理，治理创新是变革商业活动中多个部分之间的关系，如改变利益相关者在商业模式中的角色。他们认为商业模式的创新可能是细微的，甚至这些创新还没有潜力破坏一个产业，但这些创新仍能对创新者产生重要的收益。

魏炜和朱武祥（2010）认为商业模式创新有以下五个方向：①从固定成本结构到可变成本结构，企业可以通过合作把原本企业需要大规模投入的固定成本变成可变成本，从而节约成本，提高增长率，降低运营风险，这种方式多见于租赁和加盟；②从重资产到轻资产，企业着重于构建企业产品设计、品牌建设、营销渠道、客户管理等方面的软实力资产，而把自己不具备优势或难以管理的业务环节及其运营尽可能交给合作伙伴，减少自身的投资和管理成本；③盈利来源多样化，企业的营利模式可以转向专业化经营、多样化盈利，随着企业销售规模扩大，不断开辟新的收益来源，如麦当劳的房地产开发和店面租金回报占据利润总额的90%；④利益相关者角色的多元化，每个利益相关者都是一个复杂个体，具有各种不同属性，企业应该充分挖掘每个利益相关者各种属性之间的关系，并在商业模式重构时适当演绎，如华为与各地电信管理局、政府成立的合资公司；⑤从刚硬到柔软，企业可以通过信息流去撬动产品流、服务流和现金流的交易，通过信息系统去整合所有业务活动，最终通过对信息流的掌控去管理整个业务流程，实现信息系统下的软一体化，并完成全部交易活动。

王雪冬和董大海（2013）认为商业模式创新是以顾客为源头和出发点，采取主动性市场导向，在市场模式、运营模式、营收模式和生态模式等多个商业模式关键环节进行系统性创新，最终实现顾客价值的跳跃式增长、创造出新市场或重构已有产业结构、改变竞争规则和性质，并使企业获得超额利润和快速成长的过程。他们提出的“1 个中心、3 个价值、4 个方面”的商业模式创新模型如图 6.8 所示，他们强调商业模式创新应该围绕顾客这个中心来构建，并注重达成顾客价值、伙伴价值和企业价值三方面的价值。具体的商业模式创新途径主要有以下四种：①市场模式创新，即通过洞察顾客价值和凝练价值主张发现新的市场机会；②运营模式创新，即通过整合资源和做出精品来创造与交付新的顾客价值；③营收模式创新，即通过重新设计收入模式、成本构成与利润模式来获取企业价值；④生态模式创新，即通过共生共赢、良性生长、领导生态来分享共创价值。

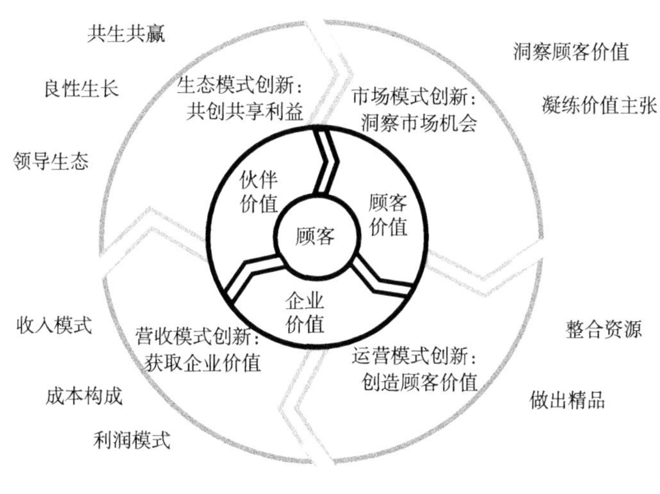

图 6.8　商业模式创新途径

6.7　企业生命周期理论

生命周期理论最早由弗农（Raymond Vernon）于 1966 年提出。企业生命周期是企业的发展与成长的动态轨迹，包括发展、成长、成熟、衰退几个阶段。企业生命周期理论的研究目的就在于试图为处于不同生命周期阶段的企业找到能够与其特点相适应，并能不断促进其发展延续的特定组织结构形式，使得企业可以从内部管理方面找到一个相对较优的模式来保持企业的发展能力，在每个生命周期阶段内充分发挥特色优势，进而延长企业的生命周期，帮助企业实现自身的可持续发展。

针对所处周期选择适当战略，针对不同的周期应采取不同的战略，从而使企业的总体战略更具前瞻性、目标性和可操作性。依照企业偏离战略起点的程度，可将企业的总体战略划分为如下三种：发展型、稳定型和紧缩型。

（1）发展型战略，又称进攻型战略。使企业在战略基础水平上向更高一级的目标发展。宜选择在企业生命周期变化阶段的上升期和高峰期实施该战略，时间为六年。

（2）稳定型战略，又称防御型战略。使企业在战略期内所期望达到的经营状况基本保持在战略起点的范围和水平。宜选择在企业生命周期变化阶段的平稳期实施该战略，时间为三年。

（3）紧缩型战略，又称退却型战略。它是指企业从战略基础水平往后收缩和撤退，且偏离战略起点较大的战略。采取紧缩型战略宜选择在企业生命周期变化阶段的低潮期，时间为三年。

以上三种战略中，可以说所有的企业最不希望采用紧缩型战略，因为这与其愿望背道而驰。许多企业即使在时机不成熟的条件下，宁愿采用发展型战略也不愿采用紧缩型战略。其实从战略角度考虑，有时候战略上的退却比进攻更有成效。企业要生存并获得发展，必须把这两种战略摆在同等重要的位置上。

企业生命周期曲线是非常理想的，实际上很多企业在发展过程中，由于种种原因与正常曲线分离而掉下来。它们是在一个战略转折点上出了问题。一个企业的走向转为下降或上升，出现较大变化的这个转折点非常重要。从生命周期曲线上看到这样的点非常多，特别是在两个阶段交替的时刻。每个阶段临界状态的转化叫战略转折，战略转折点也叫危机点，包括危险和机会。如果能战胜这一点，突破这个极限，企业就能继续发展，否则就会走下坡路。因此，企业的战略管理，不能仅仅思考在一个平台上量的增长，必须不断构筑新的平台，不能总是留恋过去的框架，沿袭过去成功的一套过时的方法。只有生命周期阶段的突破者，才能化“蛹”为“蝶”，只有这样不断地蜕变，才能实现正增长的持续。

中小企业经营者极容易走入一个误区，认为只要做大做强，企业就能生存发展。在这种经营思想指导下，采取发展型战略进行盲目扩张。在企业生命周期的高峰期会取得一定成果，一旦进入低潮期就适得其反，后果不堪设想。而低潮期是周期循环力量衰竭的产物，是必然的发展趋势。企业战略只有选择最佳的时机，才能取得成功。周期战略的应用目的正在于此。

6.8 价值链

哈佛大学商学院教授迈克尔·波特于 1985 年提出了价值链的概念。波特认为，“每一个企业都是在设计、生产、销售、发送和辅助其产品的过程中进行种种活动的集合体，所有这些活动可以用一个价值链来表明”。企业的价值创造是通过一系列活动构成的，这些活动可分为基本活动和辅助活动两类。基本活动包括项目咨询、项目设计等；而辅助活动则包括技术开发、人力资源管理和企业基础设施等。这些互不相同但又相互关联的生产经营活动，构成了一个创造价值的动态过程，即价值链，如图 6.9 所示。

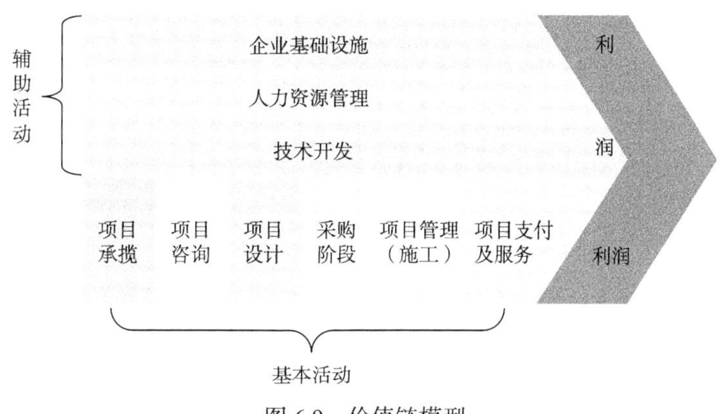

图 6.9　价值链模型

任何一个企业都是其产品在设计、生产、销售、交货和售后服务方面所进行的各项活动的聚合体。企业要生存和发展，必须为企业的股东和其他利益集团包括员工、顾客、供货商以及所在地区和相关行业等创造价值。每一项经营管理活动就是这一价值链条上的一个环节。价值链的各环节之间相互关联，相互影响。一个环节经营管理的好坏可以影响到其他环节的成本和效益。例如，如果多花一点成本采购高质量的原材料，生产过程中就可以减少工序，少出次品，缩短加工时间。如果把“企业”这个“黑匣子”打开，我们可以把企业创造价值的过程分解为一系列互不相同但又相互关联的经济活动，或者称之为“增值活动”，其总和即构成企业的“价值链”。

虽然价值链的每一环节都与其他环节相关，但是一个环节能在多大程度上影响其他环节的价值活动，与其在价值链条上的位置有很大的关系。根据产品实体在价值链各环节的流转程序，企业的价值活动可以被分为“上游环节”和“下游环节”两大类。在企业的基本价值活动中，材料供应、产品开发、生产运行可以被称为“上游环节”；成品储运、市场营销和售后服务可以被称为“下游环节”。上游环节经济活动的中心是产品，与产品的技术特性紧密相关；下游环节的中心是顾客，成败优劣主要取决于顾客特点。不管是生产性还是服务性行业，企业的基本活动都可以用价值链来表示，但是不同的行业价值的具体构成并不完全相同，同一环节在各行业中的重要性也不同。例如，在农产品行业，由于产品本身相对简单，竞争主要表现为价格竞争，一般较少需要广告营销，对售后服务的要求也不是特别强烈，与之相应，价值链的下游环节对企业经营的整体效应的影响相对次要；而在许多工业机械行业及其他技术性要求较高的行业，售后服务往往是竞争成败的关键。

“价值链”理论的基本观点是，在一个企业众多的“价值活动”中，并不是每一个环节都创造价值。企业所创造的价值，实际上来自企业价值链上的某些特定的价值活动；这些真正创造价值的经营活动，就是企业价值链的“战略环节”。企业在竞争中的优势，尤其是能够长期保持的优势，说到底，是企业在价值链某些特定的战略价值环节上的优势。而行业的垄断优势来自该行业的某些特定环节的垄断优势，抓住了这些关键环节，也就抓住了整个价值链。这些决定企业经营成败和效益的战略环节可以是产品开发、工艺设计，也可以是市场营销、信息技术，或者认识管理等，视不同的行业而异。在高档时装业，这种战略环节一般是设计能力；在餐饮业，这种战略环节主要是餐馆地点的选择。虽然如前所述不同行业有不同的价值链，同一环节在各行业的作用也不相同，但是，对于具有较大规模的企业，如跨国公司，则可以通过价值链上的关键环节也就是核心能力在相关行业中进行扩散和移植，从而提高企业尤其是跨国公司的竞争优势。跨国公司在国际营销活动中拥有全球跨行业营销的范围经济效应。这种范围经济效应是跨国公司通过最佳广度（范围）地使用通用型要素和资源而获得的。这种通用型要素可以是通用的生产设备、管理经验、营销技能和研究开发能力。由于在价值链的每一个环节几乎都能发现通用型要素的存在，那么，当两个行业的价值链上的关键环节也就是核心能力需要相同的通用型要素时，跨国公司就将自己在一个行业中的核心能力扩散到另一个相关行业，使得范围经济效应转化为范围经济优势。因此，跨国公司在一个行业的营销沟通活动中获得的先进知识、经验和技能，可以不需要很大的追加投资就能转移到其他相关行业。

价值链在经济活动中是无处不在的，上下游关联的企业与企业之间存在行业价值链，企业内部各业务单元的联系构成了企业的价值链，企业内部各业务单元之间也存在着价值链联结。价值链上的每一项价值活动都会对企业最终能够实现多大的价值造成影响。价值链对收益、国际分工及经营战略具有重大作用。

波特的“价值链”理论揭示，企业与企业的竞争，不只是某个环节的竞争，而是整个价值链的竞争，而整个价值链的综合竞争力决定企业的竞争力。用波特的话来说：“消费者心目中的价值由一连串企业内部物质与技术上的具体活动与利润所构成，当你和其他企业竞争时，其实是内部多项活动在进行竞争，而不是某一项活动的竞争。”

6.9 常用金融分析工具

在案例分析中，企业的财务表现是一个绕不过去的因素。对企业财务表现的衡量，通常可以从利益率、流动率、杠杆作用比率、周转率和股东回报率几个方面着眼，其计算公式及具体含义如表 6.1~表 6.5 所示。

表 6.1 利益率

比率	公式	含义
总资产回报	税后利润/总资产 （税后利润+利息）/总资产	基于公司总投资的净回报或基于债权人和股东投资的回报
股东资产净值回报（或净资产回报）	税后利润/股东资产净值	公司利用股东投资的效率
普通股净值回报	（税后利润−优先股票红利）/股东资产净值总和	对于普通股股东的净回报
操作的利润（或销售回报）	未计税和利息的利润/销售额	公司来源于常规操作的利益率
净利润盈余（或销售净回报）	税后利润/销售额	公司净利润在总销售额中的比例

表 6.2　流动率

比率	公式	含义
当前比率	当前资产/当前债务	公司偿付其当前债务的能力
速动比率（或酸性测试比率）	（当前资产–存货）/当前债务	公司不依赖销售存货而偿还短期债务的能力
存货在净运转资金中的比例	存货/（当前资产–当前债务）	公司运转资金被存货约束的范围

表 6.3　杠杆作用比率

比率	公式	含义
债务比资产	总债务/总资产	总债务占总资产的比率
债务比资产净值	总债务/股东资产净值总和	债务与股东投资之比
长期债务比资产净值	长期债务/股东资产净值总和	公司利用的杠杆原理
一定时期内获得的利息（或担保率）	税前不扣利息的利润 /利息总和	公司偿付所有利息款的能力
固定费用担保率	（税前不扣利息的利润+贷款）/（利息总和+贷款）	公司偿付所有固定费用 （包括贷款）的能力

表 6.4　周转率

比率	公式	含义
存货周期	销售额/已卖出商品中的存货	公司利用存货的效率
固定资产周期	销售额/固定资产	公司利用设备的效率
总资产周转	销售额/总资产	公司利用总资产的效率
应收账款周期	年度可靠销售额/应收账款	清算账目时收到应收账款的次数
平均征收周期	应收账款/平均每日销售额	公司在卖出商品后获得账款所需的平均时间

表 6.5　股东回报率

比率	公式	含义
普通股股票红利	每年平均每股的红利	普通股股东红利形式的回报率
	当前市场每股的价位	
价位收入率	当前市场每股价位	公司市场洞察力的体现。一般来说，快速发展或低风险的公司有高的价位收入率
	每股税后收入	
红利支出率	每年平均每股的红利	红利支出在利润中所占百分比的体现
	每股税后收入	
每股现金流动率	（税后利润+贬值）	可被公司利用的每股现金的总量
	已发行的普通股股票数量	

小贴士：常用的战略管理网站

Alta Vista　http://www.altavista.digital.com

Excite　http://www.excitc.com

InfoSeek http://www.infoseek.com
Lycos http://www.lycos.com
WebCrawler http://www.webcrawler.com

专业协会：

Academy of Management（管理学会，http://www.aom.pace.edu）：出版《管理学会杂志》（*Academy of Management Journal*）、《管理学会评论》（*Academy of Management Review*）和《管理学会决策》（*Academy of Management Executive*）三种经常发表关于管理研究、理论和实践的文章的刊物。管理学会是最大的管理研究和教育的专业协会，它拥有一个大的商业政策和战略划分部门。

Strategic Management Society（战略管理协会，http://www.smsweb.org）：出版《战略管理杂志》（*Strategic Management Journal*），是战略管理领域的顶级学术杂志。

政府资源：

Census Bureau（人口统计局，http://www.census.gov）：提供关于社会、人口统计学和经济学方面有用的链接和信息。

Federal Trade Commission（联邦贸易委员会，http://www.ftc.gov）：包含了对寻找商业条例精确信息的企业有用的关于反托拉斯和保护消费者权益的法律的讨论。

Free EDGAR（http://www.freeedgar.com）：提供无偿、完全开放的途径获取存档于安全与交易委员会（Securities and Exchange Commission，SEC）的实时公司数据。

Better Business Bureau（http://www.bbb.org）：为消费者和企业提供丰富而有益的刊物、信息和其他资源，帮助做出市场决策。

刊物网站：

Business Week（《商业周刊》，http://www.businessweek.com）：允许通过行业或话题对《商业周刊》杂志的文章进行搜索，如“战略”。

Forbes（《福布斯》，http://www.forbes.com）：提供《财富（福布斯）》中商业文章和数据的搜索。

Fortune（《财富》，http://www.fortune.com）：允许搜索《财富》及其他大量的关于管理话题的文章。

Financial Times（《金融时代》，http://www.ft.com）：提供查找《金融时代》中文章、数据和调查的捷径。

Wall Street Journal（《华尔街日报》，http://www.wsj.com）：《华尔街日报》互动版提供了一系列极好的连续的管理文章和消息。

工业比率：

Dun & Bradstreet，Industry Norms and Key Business Ratios（邓白氏工业标准和主要商业比率）

Robert Morris Associates Annual Statement Studies（Robert Morris 合作人年度发言研究）

Troy Almanac of Business and Industrial Financial Ratios（Troy 商业与工业金融比率年鉴）

工业预测：

International Trade Administration，U.S. Industrial Outlook（国际贸易管理、美国工业展望）

Predicasts Forecasts（Predicasts 预测）

等级与级别：

Annual Report on American Industry in Forbs（《福布斯》美洲工业年报）

Business Rankings and Salaries（商业等级与工资）

Corporate and Industry Research Reports（CIRR）（有限公司与工业研究报告）

Dun's Business Rankings（Dun 商业等级）

Moody's Industrial Review（穆迪产业评论）

Rating Guide to Franchises（国定特权标准指南）

Standard & Poor's Industry Report Service（标准普尔工业报告服务）

Value Line Investment Survey（价值链投资调查）

Ward's Business Directory（Ward 商业目录）

统计数据：

American Statistics Index（ASI）（美洲统计索引）美国商业部人口统计局

Economic Census Publications（经济调查刊物）美国商业部人口统计局

Statistical Abstract of the United States（美国统计摘要）美国商业部经济分析局

Survey of Current Business（当今商业调查）美国财政部内部收入服务处

Statistics of Income：Corporation Income Tax Returns（收入统计：公司收入税回报）

Statistical Reference Index（SRI）（统计参考目录）

第 3 部分　管理案例学习过程

第 7 章

管理案例分析的原则与学习步骤

7.1 管理案例分析的原则

前面已经讲过管理案例学习的意义和机理，为了顺应机理实现意义，我们在学习过程中必须遵循以下几条原则。

1）接受现实

接受现实有三个层面的含义：一是从现实出发进行决策，二是接受决策过程的现实性，三是接受决策结果的现实性。

所有的案例都来源于企业真实的管理实践，是对真实情境的描述和再现，现实中不存在完整的案例，也没有任何一个案例可以提供进行分析、提出建议所需要的全部信息。同样，在真实的管理情境中，管理者也不会有进行决策所需要的全部信息：有些信息可能是不可得的，或需要太多金钱或时间方能得到的。因此，在进行案例分析时，要做管理者每日之所做——对未知事物做合理的假设，明确地陈述这一假设，并以此做出恰当的分析与决策，要实际。例如，在进行预计财务分析时，要做出合理的假设和恰当的表述，之后说明建议对公司的财务状况将产生何种影响。要避免说“我没有足够的信息”，因为总是可以通过网上查询和图书馆研究对案例中的信息加以补充。这是从现实出发进行决策。

决策的制定、实施与评价通常由集体而不是个人做出，因此，老师可能会将学生分为三人或四人一组来进行案例分析。管理决策团队成员，无论是课堂中的还是真实管理情境中的，均会在如下方面存在分歧：对风险的厌恶程度、对短期效益和长期效益的偏好、对社会责任的态度及对国际化的看法等。世界上没有尽善尽美的人，自然也不存在完美无缺的战略制定者。对他人的观点要持开放、包容的态度，要做一个好的倾听者和贡献者。这是接受决策过程的现实性。

既然决策的前提和过程都不是完美的，那么提出的方案自然也不可能尽善尽美。案例分析没有唯一答案，也没有绝对的最佳答案，想要一种十全十美的方案，那就是一种不现实的预期，只会徒增烦恼。对于案例学习来说，在这个过程中只要有所收获就是一次完美的经历，不必执着于方案的孰优孰劣。这是接受决策结果的现实性。

2）符合逻辑地归纳与分析

案例分析是管理学科的学生反复练习、提升能力的实验，能力与生活、工作紧密相连，这就要求我们的分析要从实际出发，不可天马行空，妄加臆断，符合逻辑是案例分析的最基本原则。

逻辑就是指由一个或多个已知的命题，推演而得出另一个新命题的思维推理过程。所得出的新命题称为推理的结论，据以得出结论的已知命题称为推理的前提，前提和结论之间的联系方式构成了推理形式。推理的合乎逻辑性是指由已知的前提推出未知结论的整个过程，必须符合逻辑规律与逻辑规则，这些规律和规则制约着前提和结论之间的推导关系，只有遵守这些规则，才能保证前提和结论之间具有必然的、可靠的逻辑联系。

常见的逻辑思维包括：①归纳与演绎；②分析与综合；③抽象与概括；④比较思维法；⑤因果思维；⑥递推法；⑦逆向思维。在案例分析中，符合逻辑的具体要求体现在：首先，找出案例中所描述的现象与现象之间的关系，哪些现象是同等级别的问题，哪些现象源于相同的根源性问题，哪些现象之间具有递推关系；其次，寻找问题的起因，将零散的片段统筹起来思考，从具体到抽象，从现象挖掘本质，上升到理论高度；再次，在提出解决方案时，所提的方案要基于之前的分析结论，能够解决现存的问题，整个分析过程一脉相承，体系完整，不能前言不搭后语；最后，如果该方案是基于一个理论提出来的，那么还需要从抽象到具体地去阐释该理论在本案例中的具体实施方案。

总之，在案例分析中，不仅每一个具体的细节要符合逻辑，整个案例分析方案也要融会贯通，一气呵成，系统科学。

3）理论与实际相结合

理论是人们将从实践中获得的认识和经验加以概括和总结，形成的某一领域的知识体系。科学的理论是从客观实际中抽象出来，又在客观实际中得到了证明，正确地反映了客观事物的本质及规律，是事物的共性。而客观事物是千差万别的，有着生动的、丰富的个性。科学的理论对实践具有指导作用：它透过事物的现象，抓住了事物的本质和内在的必然联系，反映了事物发展规律，使我们能够综观全局，高瞻远瞩，预见事物的发展趋势，确定事物前进的方向，从而指导人们的实践。理论还能提供科学的方法，提高人们的认识能力，为人们探求真理提供科学的认识工具。科学的理论是人们在实践中不可缺少的。没有理论指导的实践是盲目的实践，只能依靠个人有限的经验和常识进行决策和实践。因此，必须运用理论，对具体情况进行具体分析，把理论和活生生的具体事物有机地结合起来，做到理论和实践的具体统一、共性和个性的统一。

管理学理论同样是由无数的管理实践者和研究者们从企业管理实际出发，不断地观察、分析、总结、概括、尝试、修正，逐渐形成的一门综合性的交叉学科，是系统研究管理活动的基本规律和一般方法的科学，是为了适应现代社会化大生产的需要产生的。任何理论都是在一定的历史条件下产生的，客观事物在变化、发展，实践也要发展，理论也必须要随着实践的发展而发展，才能符合变化了的客观情况，做到理论和实践的历史性统一。

时代的发展使得管理理论要么也在发展进步，要么被时代淘汰，而能够被保留下来并广为传播的那部分管理理论必然成为经典，其科学性有目共睹。案例是管理理论与实践的桥梁，案例分析可以帮助我们理解管理理论、验证管理理论，甚至发展管理理论，如引入新的变量，或提出新的适用情境等。虽然形成科学的管理思维，做出符合逻辑的决策是我们做大量的案例分析练习最终要达到的目的和最基本的要求，但是理论的运用无疑是帮助我们快速形成科学的管理思维和决策逻辑的利器，所以，我们应当在案例分析中注意理论与实际相结合，应当有目的地训练自己掌握甚至精通管理理论。如果我们的案例分析完全抛弃了理论，那么必然要犯前人犯过的错误，走很多弯路，整体的进步步伐大大放缓。所以，我们还是要重视理论的指导作用，在案例分析的过程中多从理论视角考虑问题，这也是学校教育中始终重视理论讲授的原因。

同时，从教学角度来看，在课程中安排大量的管理案例分析实验，以及以案例分析的形式进行结课考试，其直接目的也都是检验学生对理论的掌握与理解程度，对理论的考察仍是课程学习的重点。

案例分析的最重要之处不在于做出了何种战略决策，而在于如何支持这一决策，又如何实施这一决策。对于案例，不存在唯一的最佳解决方法，也不存在唯一的正确答案。重要的在于要给建议以充足的论证。在真实的管理情境中，在资源得以配置和消耗之前，管理者一般并不能判断其决策是否正确。而在这之后，变更决策又往往为时已晚。这一严峻的事实使得在进行案例分析时认真地将实践建议与理论相结合尤为必要。

4）创新性

对创新性的要求是在前三个原则基础上提出来的更高层次的要求，通常会成为一个决策方案的点睛之笔和案例比赛中的撒手锏。

如果我们的案例分析始终只是在重复前人的成果，而没有个人创新性的贡献，那么案例分析的价值将大打折扣。前人的成果为我们提供了“巨人的肩膀”，我们只有站在巨人的肩膀上，创造出新的价值，才会为管理理论和实践做出贡献，个人也会大有所获。可以说，是创造性思维活力的大小决定了案例分析的成功程度，在案例分析的过程中，只有发挥出创新性才会体现出价值性。

不一定要推荐公司已计划实施或实际正在实施的行动方案，尽管这些方案会使企业收入和盈利得到改善。案例分析的目标在于要兼顾现实并考虑与企业相关的所有事实和信息，提出各种可行的策略，对它们进行选择，并坚持建议。将自己置身于当时决策者进行决策的场景中，基于当时可以得到的信息，设想如何去做。用图形、表格、比率和分析等方式支持自己的立场，而不仅仅是展示图书馆的资料。通过全面分析局势、进行管理评价和提出方案，可使自己成为一名合格的管理决策者，要有独创性。要将自己的建议与公司的计划或做法进行比较。

案例分析的创新性一般体现在实施方案中，当然如果善于从不同的视角来观察、思考问题，那么在梳理问题的方式上也可以有所创新。无论创新之处体现在哪里，都是有价值的，而这种创造性思维产生的动力，永远只能是分析者自己的主观努力。

那么，我们应该具备怎样的主观条件才能更好地激发起这种创造性思维呢？首先，要有强烈的求知欲望，热爱管理，对资源调配的效率、人的情感决定因素、组织的运行规律诸如此类的问题有探求究竟的喜好，有解决问题的意向。其次，努力培养对案例分析的浓厚兴趣，了解通过案例分析学习管理理论的机理，要相信案例分析，认同在案例分析的过程中确实能有所收获，能有所提高，全情地投入案例分析中。再次，要有一定的知识储备，联想是促使创造性思维活动的直接动因，联想不是想入非非，而是在一定知识储备基础上的抽象和概括，是简缩思维操作过程的重要手段，而储备知识是引申出符合逻辑，具备一定科学性的新想法的重要条件。最后，要有宝贵的毅力和勇气。毅力和勇气是不少科学家的宝贵素质，案例分析也需要有毅力和勇气：有毅力在海量的信息中逐一筛查，找出关键所在，应对别人的质疑；有勇气在众人面前提出自己的想法，或质疑他人的方案。提出一个问题比解决一个问题更重要，勤思与善思是问题产生的催化剂。

善思是创造性思维的技巧，一般有检查提问法、逆向思维法、分解思考法、类比法和大胆发散法等几种。

5）可操作性

可操作性是指经过对案例中事件的分析，最终提出的解决方案要具备能够推行实施的客观条件，对企业有实际的指导作用。因为案例的素材来源于现实，分析的过程是基于时代背景的管理理论，全程都与真实情境和管理实践密不可分，这就要求分析者提出的解决方案在当下能够真正地实行，有现实意义。

而学生们在做案例分析时往往容易忽略这一点，忽略了这一点，案例分析就变成了彻头彻尾的“纸上谈兵”。例如，提出一套需要花费大量金钱才能够布局出来的方案，所需费用大大超过了企业的承受能力；或者与国家政策背道而驰，从源头上就无法立项。这样的方案脱离了实际，对企业家而言毫无价值。一套决策方案，对远景描绘得再美好，如果走不出眼前的困境，那么一切就都是海市蜃楼。远水解不了近渴，不具备可操作性的方案就是无根之水，走不长远。

要避免提出超过企业能力的行动方案，要现实。没有一家公司可以实施使企业受益的所有战略。要估算实施建议需要多少资金。要决定是靠借贷，还是发行股票进行融资，或是两种方式结合使用。要确保建议可行。在提出方案时，不要忽略一切不利于建议的论点和信息。相反地，应指出若干可供选择方案的优缺点。应力戒肆意夸张、墨守成规、带有偏见或过于戏剧化。要努力证明论证的合理性和客观性。

不要仅仅做出诸如“公司应当采取市场渗透战略”这样笼统的论断，要具体，要说明做什么，为什么做，何时做，如何做，在何处做，以及由谁做这样的问题。绝大多数案例分析中最主要的缺点便是不够具体。例如，在内部审计报告中应当说“公司的流动比率从 2016 年的 2.2 下降到 2017 年的 1.3”，而不是“公司的财务状况不佳”。应当具体地说：“公司应当考虑关闭三家工厂，辞退 280 名雇员，撤销化学分部，进而在 2017 年节省 2 020 万美元的开支。”而不是仅仅从一张表格中得出公司应采取防御战略的结论。要采用比率、百分比、数字和金额进行评估。企业管理者不喜欢模糊与笼统。

7.2 管理案例学习步骤

案例学习的整个过程可以划分为四个阶段。具体如下。

7.2.1 个人准备：阅读案例、个人分析

这是学生熟悉案例，进入“角色”独立思考问题的阶段。作为一名主动型学习者，准备工作对于能否有效地运用案例学习方法至关重要。如果没有仔细的研究和分析，主动型学习者便会缺少一种必要的洞察力，也就不能完全地参与到关于企业环境和合适的行动的讨论中。在这个阶段里，学生以独立个体的方式进行案例学习，即独立阅读和分析案例。

如果对案例学习方法经验不足，可能需要改变学习习惯。一门以讲座为主的课程并不需要对每节课都精心准备。在这种课程中可以按照个人时间表来自由完成要求的课堂笔记。然而，一个特定的案例在上课前需要不断地和仔细地准备。没有这些准备，在课堂讨论中将一无所获。所以，仔细阅读和思考案例事实，理性分析，提出对案例的不同解决方法是必要的。通过学习，不同解决方法在核心问题的逐步明确中得以逻辑性地推导。表 7.1 是个人阅读和分析的一系列步骤，可以帮助熟悉案例、分析问题，进而提出解决方案以增加一个企业提高竞争力和取得高额回报的可能性。

表 7.1 案例分析过程

步骤	具体内容
步骤一： 熟悉案例	a. 总体上——确定时间、地点、人物、事件、方式（案例的重要事实） b. 具体的——明确具体的场所、当事人、活动和当时的情况 c. 认定取得的资料的可信度
步骤二： 认识症状	a. 列出所有问题预期或要求不一致的指标（包括已声明有“问题”的） b. 确保这些症状不会发展成为问题（症状应该是帮助辨别问题的）
步骤三： 确定目标	a. 辨别目标公众的批评（如个人、团体、工作小组等） b. 列出所有存在或能合理推断出的目标公众的要求
步骤四： 进行分析	a. 选择出有用的理念、模型和理论 b. 在具体环境中运用这些概念性的工具 c. 随着新信息的反馈，重复这一步骤中的 a 及 b
步骤五： 做出诊断	a. 鉴别困境（目标不一致） b. 鉴别问题（目标和表现的不符合） c. 按时间、重要性等方面给困难和问题分出主次

续表

步骤	具体内容
步骤六： 做行动计划	a. 指出选择解决方法的标准，并分出主次 b. 找出或创造可行的解决方法 c. 检查可能的实施结果 d. 选择一个行动方案 e. 设计一个完成任务的计划或时间表 f. 制订一个行动未完成时的应变计划

资料来源：Lundberg 和 Enz（1993）

在这个阶段，学生需要做好如下工作：明确自己的角色，并根据角色阅读和熟悉案例提供的每一个情节和相关资料，进行必要的理论准备，在综合分析的基础上形成自己独到的见解。这是一个基础环节，是学生消化解析案例所提供信息的过程，是调动自己以往相关经验的过程，需要做充分的准备。这个基础打不牢，就可能使整个学习过程流于形式。因此，在实际案例课程中，老师往往会将这个环节向前延伸，即在进行课堂教学之前就将案例发给学生，请学生提前阅读。根据需要，有时甚至可能在课前一周就将案例发给学生令其进行阅读。

7.2.2 个体合作：小组讨论、达成共识

这是学生自主进行案例学习的阶段，学习方式以小组内个体合作为主，小组内部的成员之间通过主动充分的交流来进行案例学习。

学生在个人充分准备的基础上，参与小组讨论。讨论中，组内成员各抒己见，充分表达各自的想法和意见，陈述自己的理由和依据，说明自己的决策和方案。并就不同的方案进行分析比较，集思广益，达成共识。在这个阶段，小组成员之间的合作意识非常重要，没有合作意识，参与程度就会受到很大影响。各小组通过讨论努力达成较为统一的方案；不能达成统一方案时，也不必一定勉强一致，可将各种意见和方案同时保留。这个阶段是采取小组形式，促进学生个体合作，集中小组成员智慧的阶段，必须充分展开，避免匆匆而过、草草收场。

7.2.3 群体分享：课堂发言、全班交流

学生在这个阶段以群体分享的形式来进行案例学习，不同的老师在实际应用中会采用不同的方式：有的要求学生用专门的分析流程来检验一个组织；有的则提供较少的固定模式，而期望学生能培养自己独有的一套分析方法；还有一些老师认为应该采用适度的固定框架来分析企业的环境并提出合理的建议。但是，不论老师决定采用哪种方式，这个阶段都仍需要充分主动地学习。

这个阶段通常由老师主持，在有些情况下，也可由学生主持。首先由各小组选出代

表在全班发言，同组其他学生做补充，其他小组可以提问，也可以做评判发言。同第二个环节一样，在这个阶段，学生都要积极主动地参与，出现不同意见和观点的相互争论，特别是在各组学生承担不同角色时，争论的程度可能会更加激烈，老师会根据情况对学生进行引导。除以上所述的发言形式外，根据案例的具体内容，还可以采用专题发言、自由漫谈等方式进行全班交流。全班交流是案例学习的高潮，是学生积极参与、全情投入的最好表现，是形成学习成果的重要环节，也是全班学生经验与知识共享的过程，需要做好充分的准备。

7.2.4　教师引领：总结归纳、内化提升

这个阶段要在老师的引领下进行案例学习，积极主动地思考。这个阶段，通常先由老师对课堂学习的全过程进行归纳、评估，对各组或全班形成共识的某些方案进行概括。对一些有答案的案例，可以把案例的真实处理情况或结局交代给学生，但这种交代不是简单地说明一个结果，而是重在讲清楚理由，帮助学生以案论理。

老师的总结往往引而不发，留给学生进一步思考，调动学生主动思考的参与意识，帮助学生内化提升：学生可以思考从案例中学到了什么，得到了哪些有价值的启示，是否通过案例学习掌握了处理问题的新思路、新方法，今后如何加以应用，还可以进一步分析其可能性和局限性。到了这一步，学生已将所学的知识部分转化为自己的东西，完成理论与实际的结合。这也是学生通过案例学习所能够获得的最有价值的成效。

以上四个环节是一个环环相扣、循序渐进、不断深入的过程，是一种以过程为导向的分析模式。在分析案例并需要演示分析成果时，这种模式很有价值。在课堂环境中使用这样一种框架，能够提供宝贵的经验，这些经验有利于在以后的管理工作中顺利地完成上级布置的任务。

每一个环节中，学生学习的方式不同，但都有一个共同的精髓，就是积极主动地去学习，参与到学习活动中，投入地进行案例学习。这种积极、参与、投入体现在参与意识、准备状态、主体性发挥程度等方面，有三个方面的特征：一是主体性，案例学习的过程就是学生对教师所提供的案例和学习内容的认识过程。学生通过自身的活动，对获得的信息进行编辑、加工，得到新的知识信息，只有通过主体活动才能在案例学习中获得发展；二是能动性，即学生有明确的学习目的，并以此制约学习的方向、进程及对结果的解释，而且表现出很强的思维能力，特别是创造性思维及实际解决问题的能力，有独到的见解，敢于冒险，不断超越自我，反映出很强的创造性；三是全面性，指学生主动参与案例学习的整个过程。

以积极的态度贯穿始终，将四个环节完整有机地结合起来，才能实现高效率案例学习的目的，实现案例学习应该具有的多种功能：增进对企业实际情况的了解，深入理解管理理论与方法；在切合实际的管理情境中培养分析和解决实际问题的能力；在自由讨论的气氛及环境中启发创新思维和行动，置身于真实世界的管理实践中，切身面对管理问题的复杂性。

7.3 案例分析的热身体验

后文将就案例分析的每一个学习步骤展开详细讲解，在展开讲解之前，为了让读者对案例学习的过程有一个感性的认识，熟悉和适应案例讨论的氛围，我们暂且抛开复杂的管理问题不谈，从一个有趣的决策事件开始，先进行一个热身训练。

寒带冬季野外生存练习

一架地方航线的双引擎轻型民航飞机，载着 12 名旅客，于元月 16 日早上 8 点 02 分，从省城机场起飞，目的地是位于中俄边境的一座城市。机组由正、副驾驶员组成。飞行 34 分钟后，发现航线前方有浓云、大雪及强切变风，必须绕行躲避。又续飞 27 分钟后，通信设备发生故障与地面基地失去联络，气候仍不见好转，能见度很差。驾驶员发现已经迷航，但已无法返航，只好继续北飞，并降低高度。11 点 14 分，机组宣布燃料将尽，只好迫降，并指导大家正确掌握应急着陆时的动作要求，鼓励大家镇静。临窗下望，是莽莽雪原，正驾驶员宣布已选择下前方一个带状小湖做迫降点，他说估计附近最近的居民点在着陆点西北方 35 千米处。11 点 32 分，飞机在小湖水面上硬着陆，湖面冰层撞裂，正、副驾驶员不幸当场身亡，飞机在 63 秒钟后沉入湖底。幸好 12 名旅客无一伤亡，并及时安全跨上湖岸，衣着都未被打湿，基本保持干燥。

惊魂未定的 12 位幸存者发现所在之处是一片丘陵，散布有一丛丛灌木，很少见乔木。地面全覆盖着白雪，高处雪及踝部，低洼处雪深齐膝，且多长条状小湖或小河，水面冻结成冰。当时有薄云遮日，有时转阴。有人早上从广播中听到天气预报说这一带今日气温最高−25℃，晚间有北风五级左右，最低−40℃。他们穿的全是北方城市的一般防寒服，没料到要在野外过夜。

这 12 名旅客在离开飞机时，都各自顺手从飞机中带下来一件物品，它们是：

（1）一团粗毛线；

（2）一只打火机，但已经没油了；

（3）一支装满子弹的手枪；

（4）一垛报纸；

（5）半张已破裂的航行地图；

（6）一个装有衬衫、内衣裤的箱子；

（7）一柄手斧；

（8）一块 6×6 平方米的厚帆布；

（9）一大盒巧克力糖；

（10）一个磁罗盘；

（11）一大听猪油罐头；

（12）一瓶 60°烧酒。

个人决策：全班每人各自独立思考，不得互相讨论和交头接耳。请考虑上述 12 件物品对处于上述条件下生存的重要性，并按重要性递减方向列出它们的顺序。此项任务需在 10~15 分钟内完成。要能在需要时说出所列顺序的理由。

小组决策：在由 3~5 人组成的小组中进行讨论，就上述 12 件物品重要性递减所列的合理顺序争取达成共识。要充分说理，不轻易妥协，但又要客观冷静，在放弃己见时，要记下在哪一点上，为什么这样做。不要去打听其他组的结果，也别指望老师这时会告诉你正确的排序。每组要指派专人记下小组讨论出的最后顺序。只有在不得已时才采用表决法。这项活动要在 40~45 分钟内完成。

权威答案：各组都得出小组顺序后，教师宣布总参军训处寒带生存训练专家所列顺序。不论各位学生有无异议，都必须接受此顺序做计分标准。然后老师转达专家所列顺序的理由。

计分：将个人对 12 件物品中每一件所列的顺序，与专家所列相应物品的顺序相减，但所获差值只取绝对值，不计符号，再将 12 件物品的各自差值求和，即个人决策质量分。因为若个人所列顺序与专家完全一致，各项差值及总差值和均为零，属完全正确，质量最高。反之，总差值和越大，距标准越远，质量越差。然后依同法算出小组决策的质量。

分析：每组各自列出每位成员个人决策分及小组决策分，并求出全组平均分，注意观察这些质量分之间的关系与顺序、个人分与小组分之间的关系，追查小组中决策质量最高和最低的人是怎样说服或屈从于质量较差的人的。

第 8 章

管理案例的个人准备

老师可能会要求学生为课堂讨论准备案例。为课堂讨论准备案例意味着需要在课前阅读案例，并就案例中企业的外部机会与威胁、内部优势与弱点、面临的问题进行恰当的分析，做出笔记，并准备好在课堂上提出并论证某些具体建议。

8.1 管理案例的阅读

8.1.1 案例阅读的目的

一个有效的案例学习的第一步就是要求熟悉案例的事实特点和当事企业的情况。首先，应对当事企业的总体情况有一个了解，如时间、地点、人物、事件、方式等，熟悉到对主要的差别和细小的不同都能做出判断。

对环境的熟悉要求调查不同的层次，包括团体、商业集体、公司、社区，还有整个社会中人与人之间的互动关系。认识各层次内部及相互间的关系有助于更深入地认识具体案例的环境。

在一个确定的范围内来评估信息也是很重要的。从不同渠道来的和被不同方面证实的消息可以被认为是事实。一个人对特定情况感性判断的信息可以作为一个推论，而从尚未证实的情况中得来的信息归于猜测一类。此外，不是从可靠渠道得来的信息以及个人和团体讨论所得的信息只能作为假设。显然，案例分析者和组织决策者愿意通过推论、猜测及假设来获得事实。

在阅读一个案例的过程中，个人感觉、判断和意见将逐渐形成。还有一点也很重要，明确自己对案例的看法，并对收集到的“事实”的准确性做出估计，以保证工作的客观性。

认识症状是一个有效的案例阅读的第二步。症状是事情未达到预期效果的迹象。一般可能倾向于改正症状而不是寻找真正的问题。真正的问题是组织、企业部门和个人情况得到改善前必须要求解决的环境或形势。在案例分析之初辨别并列出症状，有助于避免把症状当作问题的倾向。分析的重点应该是那些造成问题的根本原因，而不是问题的表现。所以，必须记住症状只是问题的表象，后续的工作将使发现导致问题的根本原因变得容易，而这个根本原因则一定要在案例介绍中提及。

一个有效案例阅读的第三步要求确定案例中主要的组织、部门及个人的目标。适当地，还应该了解每个公司的意图和使命。一般来说，这些决定方向的论断（如目标、战略意图和战略使命）是从组织、部门或案例中的高层管理组中的核心人物的言语中得到的，这些也可以从公共文件中得到（如年报）。

成功地完成这一步骤并不容易。然而，这一步骤的结果对于有效的案例学习十分必要。因为了解组织、部门或个人的目标、意图和使命能帮助明了案例的主要问题并评估这些问题的可行解决办法。当然，公司的意图和使命并不总是公开发表或以规范的书面格式写出，当需要了解这方面的信息时，可以从其他可获得的数据及信息中推断出公司的目标。

8.1.2　案例阅读的技巧

前面已提及管理案例的类型大体可分为四类，对于第一及第二类案例，也就是“微案例”与“短篇小品型”案例，因为它们都与某些具体的管理概念和工具有联系，是用来验证与熟练这些概念与工具的运用的，所以初步浏览过案例后，最好先辨识一下案例与最近课堂上讲过的哪些内容有关，先找出教材与笔记中有关章节温习一下，然后再细读案例，摘出有关情况与数据，参照找出概念与公式，找出解法。对于第三类案例，即“综合决策型”案例，因为是综合性的，要使用多学科、跨职能的方法去分析，阅读方式自然有所不同，这里主要介绍的就是这类案例应如何学习与分析。至于第四类案例，即“探索开拓型”案例，则需要博览参考文献，搜集有关最新进展的信息。可见，案例阅读的第一项任务，就是辨认与确定所学案例是哪一种类型，类型不同，阅读的方式和对所需分析技巧的要求也会不同。

阅读的目的不仅是了解和懂得案例的内容和所提供的情况，而且要以尽可能高的效率做到这一点。高效率，不是说临近课堂讨论时，才临阵磨枪、匆匆翻阅、囫囵吞枣。不花功夫是无法理解、分析和消化案例的，大多数案例至少要读两次，若要分析深透，两次也不够。所以，在开始之前，心里要预先订下一个简单步骤，要准备至少读两遍。

记住这一要求，便可预做时间安排了。一般来说，一个大型综合案例，约需 2 小时精读一遍，外文案例时间当然要更长些。如果同时有几门课程全有案例分析作业，用专门时间（如一整天或两个下午等）集中阅读，效果较好。有经验的学生总是安排在每周五、周六和周日，先把下周要学习的案例预读一遍，以便能有充足时间深思，有备无患；万一下周出了紧急情况，无法再读，但由于至少已经知道梗概，不至于进课堂时脑内空空、仓皇应战。

8.1.3 案例阅读的步骤

每个人都会发现一种最适合自己的阅读方法，本书仅介绍一种已被许多人的实践证实是行之有效的阅读步骤。

刚拿到案例时，并不急于一段段细读，而分两步：先粗读知其概貌，再精读究其细节。第一次的粗度是浏览式的，要掌握诀窍：先细看第1、2页，其中往往交代了背景情况及主要人物所面临的关键问题与机会。如果没有，就只好从开始读下去，直到找到背景介绍。找到后，要反复看，不可浮光掠影，要透彻了解到能用自己的语言描述出来为止。

了解了背景后，便快速浏览正文中余下的部分。注意小标题，先看看每一节的第一段的前几句，不必齐头并进、下同样的功夫，因为粗读的目的是做到心中有谱。

很快翻完正文，就要迅速翻阅正文后所附图表。先注意是什么类型的图表：有资产负债表和损益表吗？有组织结构图吗？有主要人物简历吗？表中是否已列出了一些现成的“财务经营比”？搞清这些可以节省不少分析时间，否则如果盲目地“傻读”，做了许多分析，最后才发现附图其实已提供了这些分析，岂不白花费了宝贵时间与力气？

一般来说，案例的图表分为两大类。一类是多数案例共有的，如一般财务报表、组织结构图等；另一类则是某些案例所特有的。对于前者，要注意有什么不同于一般的特殊之处，如财务报表里有一笔没有见过的特殊账目，就要标出来留待之后细加探究。如果能在这些常被人忽略的“同中之异”处有所发现，在全班讨论时就多半能语惊四座了。

对正文与附图有了大体了解，就可以从容地从头到尾再细读一遍。一般不必划重点线，因为太费时，所以不如记点眉批和夹注。但眉批和夹注不要重复案例中的内容，而应点出一些自己的观察结果、发现、体会与心得，包括自己认为与下一步分析有关的概念，为之后的分析起到提示作用。如果是外文案例，做点摘译当然是很有好处的。一边读正文，一边要对照有关附图，找出两者的关联。对于技术性或组织方面的复杂描述不要不求甚解，一定要搞清楚。要把事实和观点分开，还要分清人物说的和他们实际做的，看两者是否一致；不但要注意他们说过和做过什么，还要注意他们有什么没有说和没有做的以及为什么这样。千万别对文中人物所说的看法和结论都照单全收，信以为真，而要问一问：“真的是这样吗？”正文全看完，还要再细看附图，搞清其中每个主要组成部分。

全班讨论前夕，最好再把案例重读一遍，温习一下。不过步骤可不完全同于上次。虽然还是先看背景情况，但接着先别读正文而是先看图表，而且要倒着看，即先从最后一幅看起，搞清每一细节，特别留心反常的图或项目。这样做的原因是因为初读时，往往越读越累、越厌烦，也就越马虎，结果虎头蛇尾，对后面的理解不如前面的深入透彻。尤其时间紧迫时，倒读更为保险。

8.2 管理案例的个人分析

8.2.1 案例分析的基本角度

案例分析应注意从两个基本角度出发：①当事者的角度：案例分析虽属“代理式学习”（通过观察别人的行为和后果来学习），但不能站在局外旁观者的角度，“客观”地去分析与评论，必须“进入角色”，站到案例中主要角色的立场上去观察与思考，设身处地地去体验，才能忧其所忧，急其所急，与主角共命运。这样才有真实感、压力感与紧迫感，才能真正达到预期的学习目的。②管理者的角度：一些高级管理课程开设的目的就是帮助学生掌握从专业（职能）工作者转变为高层管理者所必需的能力，即从企业全局出发，综合而协调地运用多职能技术的能力。因此，这种课程所选用的案例当然是综合性案例，要求学员从全面的、综合的角度去分析与决策。

8.2.2 案例分析的基本能力

案例分析的基本能力包括两种，一种是逻辑思维能力，另一种是表达能力，这两种能力互相关联、互相依靠。逻辑思维能力就是指对案例做出深刻而有意义的分析，包括找出案例所描述的情境中存在的问题与机会，找出各问题间的主次轻重关系及问题产生的原因，拟定各种有针对性的备选行动方案，提供它们各自的支持性论据，进行权衡对比后，从中做出选择，制定最后决策，作为建议供集体讨论。另外，易为人所忽视但很重要的，便是以清晰而有条理的表述方式展现自己的分析过程和结果。没有这方面的技巧，分析质量纵使再高，也很难反映在讨论所获的成绩里。

8.2.3 案例分析的一般过程

究竟采用哪种分析方法与类型，分析到何种深度，在很大程度上取决于分析者在案例中打算扮演的角色和对整个课程的理解、投入程度。本书仅介绍一种适用性很广、既简单又有效的一般分析过程，它包括五个主要步骤：

（1）确定案例在整个课程中的地位，找出案例中的关键问题；

（2）确定是否还有与已找出的关键问题有关但未予布置的重要问题；

（3）选定适合分析案例的一般分析方法；

（4）明确分析的系统与主次关系，并找出构成自己分析逻辑的依据；

（5）确定所要采取的分析类型和拟扮演的角色。

下面将对这些步骤逐一进行较细致的探讨。

（1）关键问题的确定：有些老师喜欢在布置案例作业时，随之附上若干启发思考题。多数学生总是一开始就按所布置的思考题去分析，实际上变成逐题作答，答完了，分析就算做好了。作为学习案例分析的入门途径，此法未尝不可一试，但不宜成为长久和唯一的办法。老师出思考题，确实往往能构成一个相当不错的分析提纲或一条思路，但那是老师的，不是自己的，不是经过自己独立思考拟定的分析系统。按题作答不可能是一份综合性的分析，多半只是一道道孤立的问题回答。

最好是在初次浏览过案例，开始再次精读前，先向自己提三个基本问题，并仔细反复地思索它们：①案例的关键问题，亦即主要矛盾是什么？②为什么老师在此时此刻布置这一案例？它是什么类型的案例？它在整个课程中处于什么地位？它跟课程中已讲过的哪些内容有关？它的教学目的是什么？③除了已布置的思考题外，此案例还有没有别的重要问题？若有，是哪些？

这些问题的答案往往并不那么明显，不妨在小组里跟同学们讨论一下。这三个问题要相互联系起来考虑，不要孤立地去想。最好要一直盯住这三个基本问题不放，记在心里，不断地去试图回答它们，哪怕已经开始课堂讨论了。一旦想通了此案例的基本目的与关键问题，分析自然纲举目张、击中要害，要是全班讨论后还没有搞清，可以再去请教老师和同学。

（2）找出未布置的重要问题：这是要真正很好地把握住案例的实质与要点所必须做的一步。凭自己的常识去找就行，但要围绕案例的主题并联系着课程的性质去发掘。

找出这些问题的一个办法，就是试着去设想，假如自己是老师，会向同学们提出些什么问题？有些老师根本不布置思考题，或讨论时脱离思考题，不按思考题的思路和方向去引导，却随着大家的讨论自然发展而揭示出问题，画龙点睛地提示一下，启发大家提出有价值的见解。还要想想，在全班讨论此案例时可能会提出什么问题。总之，要多思，有所准备。想出一两道题预做准备，一旦老师或同学提出类似的问题，你已胸有成竹，便能脱口而出。

（3）案例分析的一般方法：案例的分析方法，当然取决于分析者个人的偏爱与案例的具体情况。这里介绍三种常用的一般分析方法，也就是分析的主要着眼点应落在哪？应着重考察和探索哪些方面？分析时的思路应是怎样的？这三种方法，不能说其中哪种就一定高明些，应根据实际情况适当选用，或者合并使用。

系统法：就是把所分析的组织看成处于不断地把各种投入因素转化成产出因素的过程中的一个系统，了解该系统各组成部分和它们在转化过程中的相互关系，就能更深刻地理解有关的行动和更清楚地看出问题。有时，用图来表明整个系统很有用，因为图能帮助了解系统的有关过程以及案例中各种任务在系统中的地位与相互作用。“流程图”就是系统法常用的形式之一。投入—产出转化过程一般可分为若干基本类型：连续流程型、大规模生产型（或叫装配型）、批量生产型与项目生产型等。生产流程的类型与特点和组织中的各种职能都有关联。

行为法：分析着眼于组织中各种人员的行为与人际关系。注视人的行为，是因为组织本身的存在，它的“思考”与“行动”，都离不开具体的人，都要由其成员们的行为来体现；把投入变为产出，也是通过人来实现的。人的感知、认识、信念、态度、个性等各种心理因素，人在群体中的表现，人与人之间的交往、沟通、冲突与协调，组织中的人与外界环境的关系，他们的价值观、行为规范与社交结构，有关的组织因素与技术因素，都是行为法所关注的。行为法较易于与系统法结合使用。

决策法：这不仅限于“决策树”或“决策论”，而是指应用任何一种规范化、程式化的模型或工具，来评价并确定各种备选方案。并且，仅仅知道有多种备选方案是不够的，还要看各方案间的相互关系，以及在某一方案实现前，可能会发生什么事件以及此事件出现的概率如何。

（4）明确分析的系统与主次，找出支持性依据：“明系统，分主次”，就是通常说的“梳辫子”，即把案例提供的大量而杂乱的信息，归纳出条理与顺序，搞清它们之间的关系是主从还是并列，叠加还是平行，等等。在此基础上，分出轻重缓急。

这是个人对案例进行分析的重要一步：对形势做出系统性的理解。案例有时没有被彻底地分析，这种情况可能是紧张的时间安排或案例本身的复杂和困难造成的。有时要面对时间不足的压力，有时可能认为，理解案例的情况可以不必系统分析所有事实。但是，经验表明，要想找到一个能有效解决问题的方案，对案例的熟悉是必要的，但是只熟悉是不够的。事实上，一个不彻底的分析经常造成对症状的强调而不是对问题及其起因的关注。要有效地分析一个案例，应该质疑过于简单和快速得到的答案。

系统的分析可以帮助认识形势，明确什么是可行的，什么是不可行的。通过系统的分析，建立在公司历史背景基础之上的关键联系和潜在因果关系都可以变得清晰。这样，可以从表象中区分出因果联系，将现实情况与要实现的目标进行比对，辨别和明确问题的本质。在这一步骤中，有必要找出困境，困境就是目标与已知事实间不符合的情形。当评估一个组织、部门或者个人的表现时，可以鉴别他们是未达到还是超过了要求（联系既定目标）。当然，只有一个问题的情况是不多见的。相应地，应该意识到所研究的案例有可能本质上会是复杂的。有效的诊断还要求明确区分有长期影响的问题和需要及时解决的问题。明白这些问题能帮助在有限资源和条件约束的情况下，排出解决问题和困境的优先次序。

同时，由于案例分析的质量取决于合适的分析工具，所以采用能够评估和解决特定情况的概念、模型和理论就很重要。当在考察事实和表象时，一个有效的理论可能就会出现。当然，对模型概念的熟悉在对形势的分析中也很重要。成功的分析者和管理者会不断将他们自己认为有用的工具运用到案例分析中。

在此基础上，提出的任何观点或建议，都要有充分的论据来支持。它们可以是案例中提供的信息，也可以是其他可靠来源得来的事实，还可以是自己的经历。但仅是案例中的信息就往往过量、过详，若一一予以详细考虑，会耗费大量精力与时间，所以要筛选出重要的事实和有关的数据。最好先问一下，采用了选中的分析方法分析某个特定的问题，究竟需要哪些事实与数据？然后再回过头去寻找它们，这可以省下不少时间。此外，并不是所需的每个事实都能找到，有经验的分析者们总是问：若此案例中未能提供这些材料，我该做出什么样的假设？换句话说，他们总是做好了就某一方面情况做出恰当的、创造性的假设的准备。在分析中，新手们总以为凡是假设都不现实、不可靠，殊不知在现实生活中，信息总难完备、精确，在时间与经费都不足的情况下要取得所需的全部信息，就需要用假设、估计与判断去补充。既然是决策，就不可能有完全的把握，总是有一定风险的。

个人分析的最后一步是做解决方案。解决方案是确定合适的可行行动的过程。在这一步骤中，先要选择评估特定方案所用的准则。可以从分析中得到这些准则，它们通常与当事组织的内外部形势相联系。而且，更重要的是将这些准则排出优先顺序，从而保证对可行方案的行动过程进行理性和有效的评估。一般来说，管理者会选择那些最能满足评估准则的解决方案。同时，就算当前的方案失败，也应还留有余地给其他备选方案，这是对决策者而言有价值的最佳方案。一旦选择了最佳方案，还应该明确制订出一个实行计划。制订行动计划是对方案可行性的检验。然后，应该对所有与方案推行有关的事情进行仔细考虑。

最后还应提醒一点：如果能通过一些定量分析来支持自己的立场，便能大大加强自己分析与建议的说服力。有些人总是自觉或不自觉地讨厌和抵制“摆弄数字”，然而，如果能创造性地运用一些简单的定量分析技术来支持自己的观点，也是学生在案例学习中所能学到的宝贵技巧，这种技巧一旦变成了习惯或反射性行为，就能使自己成为一个出类拔萃的管理人才。

（5）案例分析的类型及其深度与广度：案例分析的类型，可以说是五花八门、不胜枚举，每一种都对应一定的分析深度与广度（或称分析水平）。不能认为在任何情况下都力求分析得越全面、越深入才越好。有时分析者还有别的要紧事要做，时间和精力方面都受到制约。所以，究竟取何种类型的分析为宜，这取决于具体的战略与战术。这里举出五种最常见的分析类型。

综合型分析：对案例中所有的关键问题都进行深入分析，列举有力的定性与定量论据，提出重要的解决方案和建议。

专题型分析：不是全线出击，而是只着重分析某一个或几个专门的问题。异军突起，攻其一点，重点突破，所选的当然应是自己最内行、最富经验、掌握情况最多、最有把握的，可以充分扬长避短的问题。这样就可以比其他同学分析得深刻、细致、详尽、透彻，提出独到的创见。讨论中只说这一面，也能收到一鸣惊人、令人刮目相看的效果。

先锋型分析：着重分析自己认为老师可能首先提出的问题。这似乎也可算是一种专题分析，但也有所不同。开始时往往容易冷场，要有人带头“破冰”，放响第一炮。这种分析，因为是第一个，所以常有引方向、搭架子、铺摊子的作用，即先把主要的问题和备选方案大体上摊出来，供大家进一步深入剖析、补充、讨论，这点做好了，显然功不可没。所以，这种一马当先、飞骑闯阵式的分析，重点是认准突破口，首先发难，先声夺人，不要求一定要详尽。当然，这个“不要求一定要详尽”也要具体视第一个问题的要求与老师的个人特点而定。

游击型分析：对所布置的问题，或某一较明显的题目，做一次简短的、蜻蜓点水式或曰“打了就跑”式的分析。这种分析多半是一般性的、表面的、肤浅的。这种游击型分析基本是学生因故毫无准备、仓促上阵时采用，是一种“以攻为守”“求存”性的战术，目的是摆脱困境，只望收“瞬间曝光”之效。

信息型分析：这种分析的形式很多，但都是以提供从案例本身之外的其他来源获得的有关信息为主，如从期刊、技术文献、企业公布的年报表乃至个人或亲友的经历中得来的信息。这种分析的作用是“后勤性”的，但对于为某一特定问题做深入分析却是很可贵的，因为它可以为分析与决策提供额外的丰富信息与依据。

8.2.4　将分析转化为表达的有效形式

分析做完，不等于准备工作已完全就绪，还差很重要的一步，就是把自己的分析变成便于表达的形式。案例学习的成果表达有很多种形式，根据目的和要求的不同，表达的形式也有所不同。本书在后面的章节将会具体阐述在分析报告、写论文、考试和比赛中，分别应该如何表达学习成果，此处将专门就课堂上的讨论——也就是口头表达的有效形式进行说明。

许多学生案例分析做得颇为出色，可惜不能流畅表达。这其实是一种专门的技巧，即讲演与说服他人的能力，这种能力培养出来了，也会使我们在以后的工作中受用终生。

关于这方面的一般要点，如必须开门见山、言简意赅，切忌拖泥带水、不得要领，等等，这里不予赘述，只提出三点供参考：

（1）要设法把想说的内容形象化、直观化。例如，能不能把发言要点用提纲方式简明而系统地列出来？能不能用“决策树”或“方案权衡四分图”来表明各主要备选方案的利弊，使比较与取舍一目了然？能否列表说明各方案的强弱长短？学生可以为课堂讨论预制挂图或 PPT，这可以大大提高讨论的质量和效率。学生可以自己边讲边放，也可以请同组同学代放，自己专心发言。

（2）可以把自己的分析同班上过去分析某一案例时大家都共有的某种经历联系起来，以利用联想与对比方便大家接受与理解。

（3）不必事先把想讲的一切细节全写下来，那不但没必要，徒费精力，而且到时候反不易找到要点。还是列一个提纲为好，保持灵活，不把思想约束在一条窄巷里，否则如果老师或同学临时提出一个简单问题请你澄清，便会使你茫然不知所措。

小贴士：

1. 要想出一连串的“为什么”，要不断地对自己的和他人的假设与观点提出问题。
2. 在准备过程中反复阅读案例以免漏掉细节。
3. 在整个案例分析过程中都要注意发挥创造性。

4. 把案例分析当作正在发生的真实情况来进行思考，不要将案例分析降低为一个机械推理的过程。

5. 案例分析的目标是提高在复杂的和令人混淆的情况中保持清晰思维的能力，不要因为没有一个正确的答案而感到沮丧。

6. 不要混淆现象与原因。不要贸然做出不成熟的结论或给出不成熟的解决方案。要知道信息有可能是相互矛盾的、错误的和容易造成误导的。

7. 将自己置于管理决策者的地位，制订的计划要合理、一贯和有创造性。

8. 增强用数量方法分析问题的信心。这并非高不可攀，需要的只是练习和熟悉。

9. 要自得其乐。在案例分析中，有时会感到压力和沮丧，但应尽力从中得到乐趣。

10. 不要忘记目的是学习。要乐于探讨那些不熟悉的领域。

11. 要全面而现实地考虑决策的多方面影响。决策的后果并不总是显而易见的，它往往会曲折地影响到企业经营中的多个不同方面。

12. 要准备好回答如下基本问题：什么、何时、何处、为什么及如何做。

13. 适应性与灵活性是成功的钥匙。要有创造性和创新性。

14. 可能时用实际数据支持自己的推理与判断。

第 9 章

管理案例的小组讨论

9.1 小组讨论的组织

要对案例分析做出贡献，则需要有独立的思想，以及通过课外与同学的讨论来不断推敲自己的想法。通过这样一个完整的过程，才能考虑并定义与当事公司相关的问题，提出能使公司提高竞争力的行动方案。以学习小组的形式组织起来进行讨论和其他集体学习活动，是案例学习中重要的、不可缺少的一环。这是因为许多复杂案例，没有小组的集体努力，没有组内的相互启发、补充、分工协作、鼓励支持，个人很难分析得好，或者根本就完不成；而且，有些人在全班发言时顾虑甚多，在小组中却非常活跃，能够充分做出贡献并获得锻炼；此外，案例学习小组总是高度自治的，尤其在高年级本科生与硕士、MBA 班中，小组本身的管理能使学生学到很有用的人际关系技巧并提高组织能力。

9.1.1 案例学习小组的建立及构成条件

案例学习小组应由学生自行结组、自愿组合为好，是高度自治的群体。小组建立的方式对它今后的成败是一个重要因素，小组能否成功地发挥应有的作用，取决于下述五个条件。

（1）建组的早期性：这指的是建组的时机问题。有学校曾对上百位管理学科的学生做过调查，结果显示，搞得好的小组多半是建立得较早的，有的甚至在开学之前就建立了。建组早的好处是，对组员的选择范围较宽，组员间多半早就相识，对彼此的能力与态度有所了解，学习活动起步也早些。

（2）规模的适中性：调查表明，最能满足学习要求的小组规模都不大，一般 4~6 人，过大和过小都会出现一些的问题，4~6 人正好取得平衡，兼具大与小的优点而无它们的缺点。小组超过 6 人（调查中发现有的组多达 10 人），首先遇到的问题就是集体活动时间难安排，不易协调。小组活动多半是在业余时间里，人多了就“众口难调”，意见也难统一，为此导致争执与不和的屡见不鲜。

当然，人数多达 7~8 人的组搞得好的也不是没有，但都符合下列条件：一是建组早，彼此了解各自在工作和学习方面的表现；二是时间、地点安排上矛盾不大，可以解决；三是第 7 或第 8 位成员“身怀绝技”，也就是有某方面的特长、专门知识或有利条件；还有的是组员们都知道有 1~2 位同学确实勤奋，但出于某种原因需要特别额外辅导、帮助，却找不到搭档；再就是有个别组员因某种正当理由（如 MBA 的半脱产学习等），事先就说明不可能每会必到，但小组又不希望每次学习的人数少于 5~6 人时，就不妨多接纳 1~2 人。

（3）自觉性与责任感：这是指组员们对小组的负责态度与纪律修养，尤指对预定的集体学习活动不迟到、不缺勤。否则，常有人随便因故不来，或连招呼也不打就任意缺席，小组的积极作用便不能充分发挥了。你可能会问：干脆每组只要 2~3 人，机动灵活，有什么不好？表面看确实没什么不好，避免了大组的那些麻烦，但可能因知识与经验的多样性不足，难收取长补短之效，不能满足优质案例分析的需要。而且与大组相比，分工的好处不能充分显现，每人分配的工作量偏多。

很明显，小组规模的大小应因课程的不同而异：课程较易，对分析的综合性要求较低，且并不强调与重视小组学习形式的利用，则规模较小，2~3 人即可；反之，则至少应有 4 人，但增到 6 人以上就要慎重了。

（4）互容性：如果组员间脾气不相投，个性有对立，话不投机，互容性低，就不会有良好的沟通，易生隔阂。调查中就有学生反映：“尖子生未见得是好组员，要是大家被他趾高气扬、咄咄逼人的优越感镇住了，就不能畅所欲言了。”可惜的是，希望组内气氛轻松随和，就自然容易去选私交较好的朋友入组，以为亲密无间，可利于通气，却忽视了互赖性。

（5）互赖性：指相互间感到各有所长，需要互助互补。调查中有学生说：“我很高兴，组里有两位老熟人。我们早就是朋友了，而且我跟他们工作上也合得来。”却也有人说：“我悔不该参加了由密友们组成的学习小组。我们之间在社交场合已结识很久，相处得一直不错，但从未一起学习、工作过，结果证明不行。遗憾的是，学习没搞好，友谊也受影响了。”可见，是不是要由好友组成学习小组并不一定，关键在于能否在“工作上合得来”。所以，最好是根据课程性质和对个人特长的了解来建组，以确保收到集思广益的效果。

9.1.2 案例学习小组集体活动的管理

根据经验，要建设并维持一个有效能的学习小组，应该在管理方面注意下列事项。

（1）明确对组员的期望与要求。也许自己都了解，可是有人却并不知道作为一个组员究竟应该做些什么。所以必须在小组会上从一开始就毫不含糊地向大家交代清楚这些要求：一是小组开会前，每人必须将案例至少从头到尾读一遍，并准备好适当的个人分析；二是人人尽量做到每会必到，如与其他活动冲突，小组活动应享有优先权；三是要给予每人在小组会上发言的机会，人人都必须有所贡献，不允许任何人垄断发言机会；四是个人做出了有益贡献，应受到组内的尊敬与鼓励，首先让他（们）代表小组在全班发言；五是组内若有人屡屡缺席，到会也不做准备，无所作为，毫无贡献，就不能让他分享集体成果，严重的要采取纪律措施，直到请他退组。这当然是极端情况，不到万不得已不可为之。事关小组分裂的事，一定要慎重。有时小组为了程序方面的琐事（如定开会时间、地点、讨论顺序等）而争吵，或因为性格冲突，话不投机，拂袖而去，甚至为争夺影响与控制权而对立也是有的。但关键要看小组能否出成果，对大家的学习是否有帮助，如果时间花了，却很少或没有收获，那么性格对立等破坏性因素就会乘虚而入。

（2）建立合理的程序与规则。合理，即指有利于出成果。为此，一要选好会址。这是第一个程序问题，看似无关紧要，但实际上对能否多出成果影响甚大。会址除了要尽量照顾大家，人人方便外，最要紧的是清净无干扰，可以围坐和写字，能有一块白板更好。

二要定好开会时间：一经商定，就要定“死”，使之制度化、正规化，这可以节省每次协调开会时间或因变化而临时通知的时间，也不致通知不周而使有人错过了出席机会。不仅要定好开始开会时间，也要定好结束时间，这更为要紧。每一案例讨论两小时，最多三小时就足够了。时间定死了，大家就会注意效率，寒暄、玩笑、闲聊就会少了。会拖时间长了，不但耽误其他事情，而且会使人厌倦、烦躁，纠缠于细节，进展迟缓，久而久之，小组就会离心离德，迟到、早退或借故不来了。

三要开门见山，节省时间。有位学生说：“咱们组定了一条不成文的规则，挺管用。就是我们一致同意，谁扯远了，马上当场点醒，他不得因此发火，认为丢了脸。”

四要早确定小组领导功能的发挥。可以用协商或表决方式公推出组长，以主持会议和分派作业并协调活动；也可以“轮流执政”，使每人有机会表现与锻炼组织领导能力。

五要尽早确定每个案例的分工。这种分工是允许的，甚至是受到鼓励的。多数老师允许同小组的同学在各自的书面报告中使用集体绘制的相同图表（报告分析正文必须自己写，不得雷同）。有的组为了发扬每个人的特长，把分工固定下来，如某某某总是负责财务分析等。但由于案例各不相同，若小组每次能根据案例的具体特点酌情分工，可能会更有利于出成果。那么，由谁来分工呢？多数情况下是授权组长负责。他要先行一步，早把案例看过，拟出分工方案，然后确定谁负责哪一方面，专门化的范围如何，是全部分头独立去做，还是要两位配对去完成，或先独自做到一定程度再搭档合伙，等等。配对安排仅适用于某项任务特别难，或某人在某方面特别弱，需要别人支持的情况，或某些关键方面需要重复校核时才会考虑。

六要在全学期中使每个人都有机会做不同类型的工作，以弥补弱点与不足。人们的长处常与主要兴趣一致，或是本来主修的专业，或是自己的工作经历，等等。通常一开始总是让每人发挥所长，对特别重要而艰巨的案例也要这样，才能取得最佳集体成效。但长此以往，人们的弱点依然故我，难有长进。因此，组长要考虑安排适当机会，使每个人在弱项上得到锻炼。事实上，个人弱项进步了，全组总成绩也会提高。好的组长会巧妙安排不善演算的组员有时也去摆弄一下数字，而让长于财务会计的人适当分析一下敏感的行为与人际关系问题。要记住，纵使别的没学到，至少要学会在弱项上能提得出较好的问题，并注意观察擅长这方面的同学是怎样分析的。

（3）学习小组的改组。有时会发现，出于各种无法控制的原因，小组不能做出富有成效的集体分析，这时可以考虑与另一个较小的组完全或部分合并。后者是指仅在分析特难案例时才合到一起讨论，或因难以每次都找到共同时间，只好在部分案例上合并讨论。可先试验几次，再正式合并。较大的组则可能体验到相反的情况：指挥不灵，配合不良。这时，可以试行把它进一步分解为“亚小组”，以增加灵活性。“亚小组”不是指彻底分解，而是有分有合，即有时分开活动，有时则集中开“全体会议”。

（4）争取实现“精神合作”。从行为学的角度看，小组也像个人那样，要经历若干发展阶段，才会臻于成熟，变成团结紧密、合作良好、效能很高的“工作单元”。但有的小组成长迅速，有的要经历缓慢而痛苦的过程，有的则永远不能成熟。成长迅速的小组，表面看来没下什么功夫，其实远非如此，他们的组员为了发展集体，是做出过个人牺牲的。他们注意倾听同伴的意见和批评，仲裁和调节冲突，互相鼓励和支持，尊重并信任小组领导。组员只有做出了这种努力，才能使小组完成既定的集体学习任务，满足每位组员的个人心理需要，受到集体的接受、温暖、友谊、合作与帮助，成为团结战斗的集体。

案例学习小组的成熟过程，一般包括五个阶段：一是互相认识；二是确定目标与任务；三是冲突与内部竞争；四是有效的工作合作；五是精神上的合作。小组若能具备适当的构成条件，又制定出了合理的工作程序与规范，就易于较快越过发展的前三个阶段而到达第四阶段，并有可能发展到最高境界，即精神上合作的完全成熟阶段。那时，小组的成果就会更多，水平更高，学习兴趣更强烈，组员们也就更有收获、更满意了。

9.2 结构化小组讨论

9.2.1 结构化小组讨论的意义

为了避免小组讨论中容易出现的思路散乱、发言跑题、强势者掌控话语权、组长唱主角、收效欠佳等缺陷，可以考虑采用结构化的讨论方式。相对于传统的小组讨论方式，结构化讨论则是采用“结构化”的方法，把人类思维的不同阶段划开，克服综合性思维的影响，将讨论主题一级一级地分解，将问题细化，逐一讨论，或分派任务，将要求落实到每个人身上，给每个人提出一个具体的待解决的问题，用“建设性”的强制规定保证小组成员积极参与讨论，激发思想，同时保证成员间的平等性，使讨论始终保持正向。

结构化讨论具有放慢思维步伐，透视现象全貌，理清问题要素，聚焦优选方案，集思广益、群策群力，避免片面主观武断，培养民主意识，增强倾听、说服与包容的能力，问题分析更全面、对策更可行等优点。当然，结构化讨论方式也不是毫无缺点的，如这一讨论方式的使用范围存在一定的局限。一般而言，结构化讨论比较适用于理论与实践紧密结合的问题，而纯理论性的问题就不适合采用这一讨论方式。

从结构化讨论的基本要求及其以往的应用经验来看，结构化讨论需要一位主导者，同时配备一名记录员。主导者的职责有五个方面：营造一个宽松、友爱、温馨的讨论环境；引导小组讨论按照既定的程序和规则进行，贯彻讨论提纲，水平思考；确保每位组员的发言权，体现平等尊重；灵活选用合适的讨论工具，让讨论步步深入；激活思维，引发出思想的火花。记录员的职责是根据主导者的引导程序对组员在讨论过程中所提出的观点进行详细记录，以便最后形成小组的统一方案。

9.2.2　结构化小组讨论的基本流程

相对于传统的小组讨论方式，结构化小组讨论有以下五个特点：确定主题，问题细化；分层讨论，机会均等；头脑风暴，各抒己见；一人主导，互动提升；民主表决，达成共识。从结构化讨论方式的实际操作角度而言，可以分为前期准备、具体实施和观点总结及效果分析三个阶段。

（1）前期准备阶段。第一，根据案例的具体要求确定讨论的主题。第二，确定小组讨论的主导者和记录员，即做好人员配备。第三，主导者将讨论问题分成若干层次。一般而言，如果简单地进行分层，可以分为三个层次，即问题描述、问题产生的原因分析和解决路径；如果按照启发思考题来分层次也可以，但注意不要孤立地思考每一道题，要多思考问题与问题之间的关系，将案例作为一个整体来看，从整体出发考虑企业遇到的问题，如这个问题的实质是什么，要解决这个问题需要满足哪些前提条件，要达到这些前提条件需要掌握哪些资源，而这些资源又该如何获得，等等。同时，主导者要根据问题的层次和小组人数详细确定时间分配方案。一般而言，结构化小组讨论的时间设定为 2~3 小时为宜。第四，准备好讨论场地的安排及所需设备，如移动白板、小磁铁、大型写字册等。

（2）具体实施阶段。具体实施阶段可以细化为预热和正式活动两个环节。在预热环节，主导者需要通过各种方式帮助学员进入讨论状态，一是做介绍，二是明确讨论过程中的基本要求和各个具体讨论环节的目标，三是确定单元活动计划。主导者在预热阶段应尽可能多地获取小组讨论成员的基本信息，也可以先提出一些模型、工具和技巧，这可以在很大程度上帮助小组成员组织思维和分析问题。

在正式活动这一环节，主导者可以在预热基础上运用相关辅助工具和技巧，如头脑风暴法、团体列名法、鱼骨刺图法、金鱼缸法、六顶帽子法等，调动学员参与讨论的积极性、主动性和创造性思维，引导学员分析问题，并通过民主程序明确本组成员对讨论所达成方案的一致性认识，确定代表本组在全班汇报的人选。具体而言，可以分为以下两个步骤：一是主导者根据讨论方案，给予每个组员相同的时间和充分表达观点的权利，记录员对学员的观点进行详细记录，主导者对主要的观点及时概括并写在移动白板或者写字册上。在组员充分讨论的基础上，通过民主表决来达成共识，由此进入下一层面的讨论。二是主导者在讨论结束时对所讨论问题的每一个层面上所达成的共识分别进行汇总，要求本组全体成员表决，进而达成本组对所有讨论问题的共识，然后交给小组代表以供其在课堂上代表本组进行陈述。

（3）观点总结及效果分析阶段。小组讨论结束后，特别是在课堂上听取了其他小组的汇报后，不应无动于衷，应及时总结本组本次讨论的成效、经验、不足和教训，汇总各小组的讨论成果，反思为什么有的观点其他小组都想到了而本组却没有想出来。为了固化这种思考，可以通过撰写总结和思想动态的形式，与组内其他成员、其他小组成员甚至是老师进行分享，增加讨论成果的附加价值。同时，小组也可以内部征集组员对于结构化小组讨论的意见和建议，以此来进一步推进结构化讨论方式的改进，提升其实际效果。

小贴士：

1. 鉴于案例分析是一门综合的学问，必要时可以向其他专业的同学求得帮助。

2. 其他同学会在某些专业领域具有优势，这可以弥补自己的不足。因此在小组活动中要提倡合作，适度竞争。

3. 在集体准备案例分析时，小组可分工进行，分别撰写文章的各个部分，并给每个小组成员一份复本。

4. 在每次小组会议结束时，要给每位小组成员分配应在下次会议之前完成的任务。

5. 发挥每位小组成员的优势，在自己所擅长的领域主动承担任务。

6. 为自己和自己的小组制定目标，并为实现这些目标合理分配时间。

7. 要形成鼓励参与小组活动和鼓励互相影响的氛围。不要过于匆忙地评判小组成员。

8. 要乐于工作。在不得不做超过正常份额的工作时，应尽量接受这样的任务以推动小组的工作。

9. 要发现自己分析中的缺陷，要使小组做好口头宣讲时回答问题的准备。在练习中可指定一人扮演挑毛病者的角色。

10. 不要安排过长的小组会议，两小时的会议比较适宜。

11. 要极力使听众听取自己的想法，但讲过后便应听其自然。要注意倾听他人并跟上他人的思路，要跟上小组讨论，当需要与集体一致时要调整自己的思路。不要一再重复自己和他人的观点，除非澄清问题和讲话的进程需要这种重复。

12. 在小组案例准备工作中，不要让成员的个性差别影响合作。当这种情况发生时，必须提倡互相理解与谅解。

13. 小组成员要相互阅读所写的材料，并进行书面评价，这会使小组的案例分析更为全面。

14. 努力了解自己的小组成员。这会使同学之间的交流更为开放，更为充分。

15. 对本组成员的工作应持建设性批评的态度。不要控制小组讨论，要做一个好的倾听者和参与者。

16. 向其他同学的积极态度和成就学习。

第 10 章

管理案例的课堂讨论

课堂案例讨论与讲课有很大的不同。在后者中，学生只需很少的，或根本不需要课前准备。而在案例课堂中，以学生发言为主，老师倾听、提问并引导展开对案例中问题的分析。仅以战略管理课程为例，在课堂上很可能会沿着这样的思路进行讨论："你将做什么？为什么要这样做？何时做及如何做？"学生要准备回答如下问题：

公司面临的最主要的外部机会与威胁是什么？

公司的主要优势和弱点是什么？

你将如何描述企业的财务状况？

公司的现行战略和目标是什么？

公司的竞争者是谁？他们的战略又是什么？

你为该组织建议的目标和战略是什么？解释你的理由。你的建议与公司计划相比又如何？

公司如何才能最好地实施你的建议？设想在实施过程中会出现哪些问题？公司如何才能回避或解决这些问题？

在这一过程中，其他同学或老师也会对某个同学提出的观点的有效性提出质疑。但这些质疑是建设性的，他们的目的是帮助学生提高分析及交流的技巧。老师鼓励学生进行分析和交流，鼓励学生参与制订可行的方案，鼓励学生形成和提出自己具有创造性和原创性的观点，并在与其他同学的反对意见交锋和回应同学及老师的发问中获得极大收益。在一个单独的讨论完成后，学生能得出对这一案例更深入全面的认识，多个案例讨论的经验能使学生增加对团体决策（group decision-making）优势与劣势的认识。

一般情况下，课堂讨论对于学生来说是整个案例学习过程中的"重头戏"。因为自己在个人及小组的分析准备中所做工作的质量要靠课堂讨论时表现出来，学习成绩也将被从在课堂案例讨论的数量和质量两方面进行评估。事实上，课堂讨论的表现也决定了随后书面报告质量的高低，这一点已经被大量实践所证明。

10.1 案例的宣讲

你的老师可能会要求你个人或你的小组准备一个案例分析，并向全班同学进行宣讲。口头宣讲通常按两部分进行评分：宣讲内容和宣讲效果。宣讲内容包括案例分析的质量、数量、正确性和恰当性，其评判标准包括诸如宣讲内容是否符合逻辑，是否包括了主要问题，是否具体而不笼统，是否有错误，以及建议的可行性。宣讲效果的评判标准则包括诸如是否吸引听众，辅助图示材料是否清楚，穿着是否得体，观点陈述是否有说服力，以及语调、目光及姿态是否恰当，等等。只有通过明确的表述说服他人的观点才有价值。下述准则可以帮助学生进行有效的宣讲。

10.1.1 宣讲的准备

宣讲应以自我介绍和简要说明作为开场白。如果是集体宣讲，应安排好每个人的发言顺序和宣讲内容。口头发言在一开始就应能引起听众的兴趣和注意。为此，可以展示相关公司生产的产品，讲一个该公司的小故事，或讲一段本人与该公司或其产品和服务有关的经历，可以自制或找一段视频资料在宣讲开始时播放，还可拜访该公司在当地的分销商并将对业主或管理人员的采访进行录音，也可以用一段轻松而幽默的引言作为宣讲的开始。

要准备好一切宣讲所需要的设施，包括座椅、PPT、投影仪及将要用到的其他东西。至少要提前 15 分钟到达教室以便进行宣讲前的一切准备，尤其要检查讲话稿是否齐全。要保证所有人都能看到影像演示。

10.1.2 控制语调

有效的发言速度应掌握在每分钟讲 100~125 个字。应大声练习宣讲以判断语速是否合适。人们在紧张之时往往语速过快。在发言前和发言中可做深呼吸以降低语速。准备一杯水，不时停下来喝一口，这既可以湿润一下喉咙，又可以使宣讲者有时间整理思路，缓解情绪，放慢速度，或者表示话题的转换。

应有重点地加强某些语句的语气以避免单调。要大声、清楚地宣讲，但不要叫喊。片刻的沉默可使发言显得更有节奏。在每句话结尾要有所停顿，不要用“和”或“嗯”等将所有句子连在一起。

10.1.3 运用体态语言

注意不要抱住胳膊、身靠讲台、将手插在裤兜或放在背后。身体要站直，双脚可前后略为交错。不要背向听众，这不仅是无礼的，而且也不利于声音的传播。要避免使用过多的手势。可偶尔地离开讲台走向听众，但不要走动得过多。绝不要阻碍听众观看影像演示。

在整个宣讲过程中要保持目视听众，这是说服听众最好的方法。再也没有比看到听众点头称赞或微笑更能鼓舞发言者的了。力求在宣讲过程中至少目视每个听众一次，但应更多地注视看上去对自己的宣讲内容感兴趣而不是漠然的听众。在整个讲演过程中要恰当地运用幽默和微笑以保持同听众的交流。千万不要进行一次枯燥无味的宣讲。

10.1.4 利用提要

注意不要念稿，因为这样做只会使听众兴味索然甚至昏昏欲睡。比念稿更糟糕的恐怕是死记硬背。不要试图记住所有的东西，相反，要练习自然地利用提要。要准备一份清晰的提要，以避免因为看不清自己的文字而陷于慌乱。可在提示卡片上写下发言要点。如可能，应将卡片放在讲台或桌子上，以免将其掉到地上或搞乱。带着卡片走动容易分散听众的注意力。

10.1.5 制作 PPT 等演示材料

要确保坐在教室最后排的听众也能看清影像演示。用不同色彩突出重点内容。在 PPT 中要避免使用完整的句子，要使用短语并在宣讲中对问题进行详述。一般来讲，每页影像材料上的文字不要超过 4~6 行。要使用清晰的标题和副标题。对字词要精心，要注意字体的一贯性。演示 PPT 和散发活页是理想的辅助宣讲方法，但注意不要散发过多的活页材料，以免听众用太多的精力阅读材料而不是听讲。

10.1.6 回答问题

回答问题最好集中在宣讲末尾而不是在宣讲过程中。要鼓励提问并乐于花时间回答每个问题。回答问题是很有说服力的，因为它使宣讲者与听众融为一体。如果是进行集体宣讲，应让听众将问题提给具体的宣讲者。在回答过程中，要礼貌、自信和谦恭。回答问题要力求简要。尽管遇到敌意或对抗性的提问，也要避免做出不礼貌的回答。在诸如这类容易出现混乱的场合要保持镇静，这可以体现宣讲者的自信、成熟、沉着和对有关公司及产业的了解。在整个问答过程中要保持站立。

10.2 课堂讨论的角色选择

可扮演的角色很多，个人打算在这次讨论中具体扮演什么角色、发挥什么作用，要恰当地选择确定下来，这与个人整个的课程战略有关，也与个人打算做的分析类型有联系。

10.2.1 “破冰者”

万事开头难，案例讨论也不例外，第一个发言总是需要特别的勇气。因此，能够第一个发言的人，被称为打破坚冰的人——“破冰者”。第一个发言的人并不一定要对案例有很好的分析，他的作用在于让案例讨论在课堂上顺利展开，因此，“破冰者”是需要被鼓励、被引导的。

10.2.2 “专家证人”

案例总是来自具体的管理实践领域和行业，学生中有些人恰恰来自案例所述行业、领域的单位，他们对该行业、领域的情况和特点比较了解，甚至有足够丰富的经验。于是，他们就成为这次案例讨论课上的“专家证人”。在讨论中，他们能把自己的经验和案例中的情境联系起来，把曾有过的实务经验在课堂上提出来与大家分享。他们也常常会根据自己以往的积累和经验，对其他发言者的观点、建议、方案予以“证明”或“证伪”。“专家证人”的存在会在很大程度上提升案例分析与讨论的深度和广度。

10.2.3 “人物代言人”

这是与“专家证人”背景有所相似的一类学生，不同之处在于，他们对案例中某一职位、人物做过深入分析，了解较透彻，掌握资料较丰富，并且在讨论中对人物较为认同，以其代言人自居。这种角色对于案例讨论很有效，不但有利于让案例讨论更加生动具体，而且可以在讨论全过程中不断地再深入。例如，你自愿认同案例中某公司负责生产的副总裁的想法和行为，处处从他的角度发言和辩论，全班学生和教师也就认定你是那个人，但凡要了解生产部门的看法时，就向你请教。

10.2.4 “挑战者”

“挑战者”也称为“质询者”，这类学生比较善于逆向思维，一般情况下自己不做分析，专门针对他人的分析适时地提出关键性问题或疑问。如果“挑战者”所提出的问题能使其他人的分析拓深、拓宽与提高，而不是纠缠于细枝末节、钻牛角尖，则作用不容轻估。

从另一个角度来看，“挑战者”的存在可以让平淡的讨论产生起伏，有利于全班学生的再思考。特别是对于在中国文化背景下生活的群体来说，鼓励“挑战者”将有助于激发学生对案例讨论的兴趣，增加案例讨论的深度。

同时，对于“挑战者”来说，如果能够尽量避免使用“我想”、“我认为”和“我觉得”这类语言来提出自己的意见会更有启发性。多用那些感情色彩不那么浓的词语，如“我的分析显示”，这样更能突出案例分析的逻辑必然性。

10.2.5 “抢险队员”

有些人对案例虽做过认真而深入的分析，但并不着急和盘托出，而是暂时韬晦，引而不发，一旦全班讨论“卡了壳”，在难点上陷住，或出现冷场与僵局，他们才挺身而出，大显身手。这种分析往往发生在权衡各备选方案，需要某种定量分析以做支持之时。

10.2.6 “龙套演员”

案例讨论中，不可能人人都有充分的发言准备，总有一些学生事先没有做好准备，对案例的理解不够深入，没有发言打算，但在参与讨论的过程中，别人的发言触动了他的思维，于是便蹿出来“跑一圈龙套”。这些学生也是案例讨论的重要参与者。

10.2.7 “编篓收口者”

这不是简单地指最后一个发言的人，而是特指那些能把全班提出的各种不同分析归纳到一起，与案例中主要问题联系起来的一类人。若打算扮演这种角色，就必须在讨论过程中始终全神贯注，记下每位同学发言的要点，在讨论结束前，当老师提出“从今天的讨论里我们学到了些什么”这样的问题时，进行归纳总结。要做好这小结性的回答，注意不能单纯重复同学们讲过的话，要有质上的升华，要超出那些拼凑起来的信息并高度概括，才算真正归纳好了全班的收获。

10.3 听的贡献

许多人以为，参加讨论就是自己要很好地发言，这的确很重要，但听别人的发言也同样重要，其原因来源于两方面。

首先，课堂讨论是学习的好机会，而“听”正是在讨论中学习的重要方式。其次，我们需要认识到，在课堂讨论的过程中，并不只有“讲”才是做贡献，“听”也同样是在做贡献，因为课堂讨论的好坏不仅取决于每一个人的努力，也取决于全班的整体表现。整个班级能否管理好自己，掌握好讨论，不离题万里，不仅依靠个人的经验积累，也依靠全班整体分析经验的积累。初学案例的班级常会发生离题现象，原因就在于许多人从未经过强制自己注意听别人发言的训练，只顾想自己打算讲什么和如何讲，而不注意听别人正在讲什么，并对此做出反应。如果能在每次讨论话题要跑偏的时候就发言扶正，引得讨论马上又回到正轨，那才真正可谓是高手。只会讲不见得就能成为案例讨论中的优等生，抢先发言、频频出击、滔滔不绝、口若悬河，还不如关键时刻力挽狂澜、三言两语直击要害。监控好全班讨论的进程，掌握好讨论的方向，从而履行好对提高全班讨论能力的职责，这也是重要贡献。

许多人在讨论刚一开始时，总是走神，不是紧张地翻看案例或笔记，就是默诵发言提纲，或是沉浸在自己的发言准备中，殊不知一开头老师的开场白和当头一问，以及所选定的第一个回答者的发言是最重要的，是定方向、搭架子、铺摊子的，要注意听他说什么，自己是否同意，有什么补充和评论，准备做出反应，如果一味沉浸在自己的发言准备中，就正好错过了这些最重要的内容。

10.4 参与的精神

前面提到有人总想多讲，但对多数人来说，难的却不是怎样克制自己想讲的冲动，而是怎样打破藩篱、消除顾虑，投身到讨论中去。

就像生活本身那样，案例的课堂讨论可能是很有趣的，也可能是很乏味的；可能使人茅塞顿开、心明眼亮，也可能使人心如乱麻、越来越困惑；可能收获寥寥、令人泄气，也可能硕果累累、激动人心。不过归根结底，从一堂案例讨论课中究竟能获得多少收益，还是取决于自己。

案例讨论是公平公正的，既不会偏袒谁，也不会歧视谁。正如谚语所云："种瓜得瓜，种豆得豆。"能否成为案例讨论中的佼佼者，关键的决定性因素在于有没有一股积极参与、主动进取的精神。足球界有句名言："一次良好的进攻就是最佳的防守。"这话对案例讨论完全适用。如果畏缩不前，紧张地等着老师点名发言，那么就会陷入被动，怎么会有收获?

不敢发言，无非是怕出了差错、丢了面子，总想等到万无一失，绝对有把握时再参加讨论，可惜这种机会极为罕见或根本没有，若有七八成把握就说，那发言的机会就很多。积极参与的精神能够使人勇于承担风险，而要做好管理工作是不能不承担风险的，这种精神正是优秀管理者最重要的品质之一。指望每次发言都绝无差错，这是不现实的，无论分析推理或提出建议，总难免有错，试错与纠错正是学习的一种有效方式。人的知识至少有一部分来自教训，老师或同学指出你的某项错误，切勿为了面子而强辩，为了满足自己"一贯正确"的感情需要而拒不承认明摆着的事实，这正是蹩脚管理的特征。要知道，案例讨论中说错了，只要诚恳认识，不算成绩不佳，而无所作为，一句不讲才是真的成绩不佳。

其实，案例讨论中发言不当根本谈不上是什么风险。因为即使讲得不全面、不正确，对于将来的工作、生活、职业生涯与命运，都丝毫无损；倒是分析、决策能力及口头表达与说服能力如果得不到锻炼与提高，却会影响前途与命运。既然如此，又何妨一试呢?

要果断表明自己的立场，并用客观的分析和研究支持自己的立场。努力将管理理论和方法应用于课堂讨论的案例，寻求持之有据的论点和立场。用事实、道理和证据支持自己的观点和判断。不要畏惧反对意见，要乐于向同学们陈述自己的观点。应尊重他人的观点，但当自己可以论证一个更好的方案时，要敢于反对多数人的观点。

案例学习提供了机会去更多地了解自己和"同事"，了解管理和组织中的决策制定过程（工作结果的好坏以及从这一经历中得到的回报，取决于付出了多大努力）。在课堂上讨论企业的前途与命运是令人兴奋和具有挑战性的。要准备面对与自己的立场相反的观点。对于所分析的企业的状况，不同的学生将侧重不同的方面，并提出不同的建议，这正为我们对管理问题进行考察和辩论提供了条件。正如在真实的管理情境中一样，相互检查式的讨论会经常发生，要避免做一个沉默的观察者。

另外，绝不能只从个人得失来考虑，别忘了，每个人都承担着提高全班讨论水平的义务，把整堂讨论课搞得丰富多彩、生动有趣，充满智力挑战，汇聚集体智慧与经验，是每位学生不可推卸的责任。

小贴士：

1. 将案例分析和宣讲看作一件产品，它必须不同于并优于其他同学的案例分析，才能具有竞争力。
2. 要尽早地准备案例分析，使自己在宣讲前拥有充分的时间进行思考和练习。
3. 如果不能向受众传达，再好的想法也无济于事。因此在形成想法的过程中，要考虑到如何取得最佳的表达效果。
4. 对全班同学要保持积极的态度，要以工作的态度而不是应付的态度来对待问题。
5. 要理解老师的取向和期望。
6. 要有幽默感。
7. 要从以往的错误和不足中学习，从其他案例宣讲的不足中吸取教训。

第 4 部分　管理案例学习成果的形式

第 11 章

案例分析报告的撰写

11.1 做好撰写计划与时间安排

在某些时候，老师会要求学生准备特定案例的口头或书面分析。有些老师可能要求只作口头分析就够了，而有些老师则要求撰写书面报告。管理案例的书面分析报告一般是在小组及全班讨论后才完成，是整个案例学习的最后一个环节，是老师在学生结束课堂讨论后，要求学生把自己的分析以简明的书面形式呈交上来供批阅的一份文字材料；当然也有可能是一篇全新的案例，没有经过小组和课堂讨论，作为结课作业提交。

案例分析报告不存在一成不变的结构，因为不同案例的侧重点不同，所分析公司的类型、规模及复杂程度也各不相同。老师可能会要求学生在撰写案例分析报告时侧重于管理过程的某个特定方面，如认定并评价组织的现时任务、目标和战略；或提出并论证对公司的具体建议；或通过对特定产业的竞争成员、产品、销售技术和市场状况的描述进行产业分析。这种书面报告较为简单，一般长度为 3~5 页，外加图表。

老师还可能会要求学生撰写一份综合分析报告。这个作业需要对案例内容进行更深入的研究，可以假设自己是一位咨询家，设想一家公司要求自己对其外部及内部环境进行研究，并对其未来经营提出具体建议。通常，在撰写案例分析报告之前，必须先拟定一个完整的大纲，合理安排案例信息和自己的观点，如何拟出这个大纲就是重点。以战略管理案例为例，综合分析报告可遵循下述基本步骤，它与战略管理过程一致，与分析过程也一致。

步骤 1：认定公司的现时任务、目标和战略。

步骤 2：为组织制定基本任务陈述。

步骤 3：认定组织面对的外部机会与威胁。

步骤 4：构造一个竞争态势矩阵。

步骤 5：构造一个外部因素评价（external factor evaluation，EFE）矩阵。

步骤 6：认定组织的内部优势及弱点。

步骤 7：构造一个内部因素评价（internal factor evaluation，IFE）矩阵。

步骤 8：准备 SWOT、SPACE（strategic position and action evaluation）、BCG（Boston Consultiong Group）、IE（internal-external）和 GRAND 矩阵及适当的 QSPM （quantitative strategic planning matrix）矩阵。说明各种战略的优点及缺点。

步骤 9：提出具体战略和长期目标。说明实施建议所需要的费用。要分年、分项目列明这些费用。将建议与公司的实际战略进行比较。

步骤 10：说明实施建议的方法及预期结果；计算预期收益率并编制预计财务报表；制定实施行动方案的时间表。

步骤 11：提出具体的年度目标和经营政策。

步骤 12：提出对战略进行审查和评价的程序。

要准备一些图示以支持自己的建议，在分析报告中要用一些文字说明来加强图示。综合书面分析的长度通常为 10 页，外加图表。

适度固定模式的分析报告结构对于准备一个有效的口头和书面的演示有很大的帮助。书面和口头沟通技巧在很多商业场合都很有价值，这些能力的培养对将来很有帮助。

有些报告要求每个人都单独完成，有些则可以依靠小组集体完成，还有的可以“部分依靠小组”完成。“部分依靠小组”，是指老师允许同一小组的成员使用小组共同准备的同样图表，但报告正文要由个人撰写，禁止互相抄袭。有的老师要求学生在全班讨论之前呈交个人书面报告，这主要是为了掌握学生的分析水平，也便于在下轮全班讨论前进行小结讲评。

一般来说，要求写书面报告的案例比仅要求口头讨论的案例要长一些、复杂一些、困难一些，也就是老师希望在这些案例的阅读与分析上花的功夫和时间要更多一些。在书面报告上下点功夫是值得的，书面报告的撰写是一种极有益的学习经历。在学习管理的整段时期内，这是在本专业领域检验并锻炼书面表达技巧的极少而又十分宝贵的机会之一。多数学生在如何精确而简练地把自己的分析转化为书面形式方面，往往都不怎么高明和在行。这种转化确实并非易事，尤其篇幅与字数的限制又很紧，所以花点功夫去锻炼提高这种可贵的技巧是必要的。

写书面报告，先要认真地考虑一下计划，尤其要把时间安排好。一般的计划是，在两三天的时间里，从阅读与个人分析开始，到小组会议（一般是开两次），连同撰写分析报告，一共花费 12~15 小时是较恰当的。如果案例特别难，那么就要花 20~25 小时。但如果长达 25 小时以上，就会使人感到疲乏而烦躁，洞察力与思维力就会下降。在计划出总耗时的基础上，还要仔细划分好每项活动的时间安排，这种安排是否恰当，将影响整个工作的效果与效率。

下面是一种典型的时间计划安排，共分六项活动或六个步骤，分析的作业是一篇较长的、典型难度的综合性案例，书面报告要求 2 500 字以下，图表最多 8 幅：

（1）初读案例并做个人分析（4~5 小时）。

（2）第一次小组会（分析事实与情况，找出问题及组内任务分工安排，2~3 小时）。

（3）重读案例并完成分析（4~5 小时）。

（4）第二次小组会（交流见解及讨论难点，2~3 小时）。

（5）着手组织报告撰写（确定关键信息，列出提纲，完成初稿，5~7 小时）。

（6）修改、定稿、校核（2~3 小时）。

这六项活动可分别归入“分析”与“撰写”这两大类活动。对 3 000 多份案例报告的调查结果显示，无论得分高低，大多数学生花在写稿方面的时间普遍不足，而花在分析上，尤其是小组会上的时间过多。要知道，既然总时数已限定，则多分析 1 小时，写稿就少了 1 小时，而且又会从分析中多出来一批需要筛选和处理的信息，这又进一步加重了写稿的工作量。这种连锁反应使学生无法细致地利用、消化、吸收分析成果，并将其准确表达、陈述和综合归纳成一份有说服力的文件，很难使阅读分析报告的人信服和接受分析结论和所提方案。有人说："没有高质量的初稿，只有高质量的定稿。"意思就是说，要写好分析报告，就必须在报告的构思上肯花时间，安排足够的时间在修改和校核上。

11.2 善用学习笔记

在准备课堂案例讨论时，就应该准备使用案例数据来解释对情况的估计，在课前准备好笔记，并在阐明观点时运用它们，这是一种很好的锻炼。有效的笔记向老师和同学显示出你对案例讨论已经做好了充分准备。更重要的是，详细的笔记也避免了费力去记住案例讨论过程中所需的事实和数据。

案例分析报告的雏形可以来源于分析过程中点滴心得的记录。分析过程中的心得是当时灵感的乍现，如果不马上记录下来则可能转瞬即逝，就很难再想起来了。可惜，多数学生并没有注意养成及时把案例分析与讨论中的主要发现与心得体会用书面形式简要记录下来的好习惯。如果能从细微之处做起，将每个要点分析的心得记录下来，或直录结论，或启发思考，在最后撰写分析报告时都可作为扩展分析内容的提纲和基础，对最终案例分析报告的形成起到极大的帮助作用。

既然在一个案例的学习上已经用了好几个小时了，再用 5 分钟做一个要点记录是不难的，也是值得的。要把要点记录跟观察、思考和讨论当成一个活动的统一整体来看待，若没把所见、所闻、所感记录在案，就不算完成了整项分析工作。集腋成裘，持之以恒，是会尝到甜头的。相反，不做记录，不仅撰写分析报告时无从下手，临到考试之前，想要复习时，面对一大堆资料也会感到头痛，那时就悔之晚矣。就算记忆力不错，能记住课堂上某些精辟见解，但也只是一鳞半爪，整个学期中讨论几十个大案例，每次究竟谈过些什么，可能就说不清楚了。

记学习笔记首要的要求就是精确，简明，对素材要有所取舍、选择。在课堂上，主要注意力要放在听和看上，确有重要新发现、新体会时，提纲挈领，只记要点。刚下课，就应当场小结一下，把还能记得的要点记下来，坚持"今日事，今日毕"，切勿拖延到明日或更迟。当场不记，马上又有新案例压下来，明天可能就记不全或全忘了；当场记录下来加深印象，对下一轮案例的分析可能马上就会起到借鉴作用。

学习笔记没有固定格式，根据不少学生的实践，认为若取"事实、概念、通则"一览表的格式，最一目了然，切合实用，简便易行。下面是一个具体实例。

春季学期：2015 年 5 月 11 日课堂案例讨论——"兴办新事业"。

事实：①在美国的所有零售业企业中，50%以上营业两年就垮了。②美国企业的平均寿命是 6 年。③在经营企业时想花钱去买时间，是根本办不到的。④线上零售业对线下零售业的冲击。

概念："空档"，各大公司经营领域之间，总有两不管的空档在。大公司不屑一顾，小企业却游刃有余，可有所作为。例如，给大型电线电缆制造商生产木质卷轴，就是一个空档。

通则：①开创一家企业所需：人、资源、创新点。②新企业开创者的基本目标只是维持生存。

有人记得更简单，只用一两句话归纳本次讨论最关键的信息。这些信息可以是概念、理论方面的，如"本案例为没有制定明确战略发展方向的企业提供了一个绝妙的实例"等；也可以是属于方法方面的，如"这次案例学习告诉我应怎样使用'盈亏平衡法'这种分析工具"等。

11.3 书面报告的正确形式与文风

要写好报告，当然是以正确的分析作为基础，在正确分析的基础上，怎样才能最好地把分析转化为书面报告也尤为重要。

由于篇幅与字数的限制，自然就引出了对文风的要求，那就是简明扼要。写案例分析报告不是文学创作，不需要任何花哨的修饰堆砌，要做到一针见血、开门见山。不多于 2 500 字，就只能把分析精髓的一两点关键信息说出来，并给予有力的辩护和支持。一般来说，一份 2 500 字加图表的报告，老师评改要花 15~20 分钟。一位老师通常每班带 30 位学生，每一批就要判阅 30 份报告，每份 20 分钟，就要花 10 小时才批得完，若同时教两个班呢？算算就知道，一份报告能占老师 20 分钟就算有运气了。所以，一定要干净利落，把主要见解及分析论据写得一目了然。

手头有了分析与讨论所得的大量素材，先别忙于动笔，先花点时间好好想想，怎样才能有效而清晰地把发现表达出来。从开始到这一步，你已经花了不少时间在案例阅读、分析和讨论上了，你肯定有自己的思维历程，可是，老师和读者并不想跟你重历一番那曲折艰苦的思维历程，跟你分享其中的悲欢苦乐，他们要知道的是分析的结论。所以，报告若能不从分析起点入手，而是从分析终点入手，会显得明智得多。试考虑一下，能不能用一句话概括出所做分析的主要成果和精华所在？这应该成为报告的主题，并在前几段中就明确地陈述出来。

报告的其余部分可用来说明三种内容：①为什么选中这一点来作为主要信息；②支持发现及所建议方案的证据；③没选中的其他方案是什么及其未能入选的理由。慎重的办法，是把报告剩下的这部分中的每个段落，都先以提纲的形式各列出一条关键信息来，而且每个段落都只涉及一条重要信息。一个段落若超过 700 字，就一定包含有几条不同见解，会使读者抓不住要领。

报告定稿后，最好请人读一遍，至少自己要读一遍，校阅一遍，看有无错别字、漏字、漏句等一些问题，及时修正。若素来写作能力不太强，建议找一本入门性的写作技巧小册子来学习，多学习善写的同学的技巧和经验，安排更多时间在写稿和改稿上，记下写作方面的问题，以免下次再犯。

在图表的准备上，把数据以图表方式恰当地安排与表达出来，能经济而有效地介绍许多支持性论据。但在图表与正文的关系处理上，既要让两者融为一体，配合无间，让读者能看出图表的作用，又要使每张图表能独立存在，即使不参阅正文，也能看得懂。图表应注意按其在报告正文中出现的顺序来编号，每幅图表都应有明确标题，正文中要交代每幅图表的主要内容。

11.4　案例分析报告举例

本部分列举了两份完整的案例分析报告，案例均来自中国管理案例共享中心案例库的入库案例，例一为战略管理领域的案例，例二为市场营销学领域的案例。两份分析报告均由大连理工大学工商管理专业的本科学生在“案例分析大赛”或“案例分析实践课程”中组队完成。两份分析报告逻辑清晰、要素完整，把握住了核心问题，分析有理有据，既有对管理理论的应用，又有对现实行业整体情况的调查，所提出的解决方案有一定的创新性，对初尝案例分析的同学有一定的借鉴意义。

【例一】本例是针对中国管理案例共享中心的入库案例《携程旅行网（Ctrip.com）》（案例编号：STR-0077）所撰写的案例分析报告。由大连理工大学李雨桐、杨嘉溢、冯秩健、张毅文四位同学在马晓蕾老师指导下完成。报告 PPT 请见本章附录。（案例全文及分析报告全文请扫描下方二维码）

【例二】本例是针对中国管理案例共享中心的入库案例《涵琳的品牌推广之困》（案例编号：MKT-0368）所撰写的案例分析报告。由大连理工大学李宜霏、赵杏泽、葛文博、张鹭、王碧婕五位同学在马晓蕾老师指导下完成。报告 PPT 请见本章附录。（案例全文及分析报告全文请扫描下方二维码）

小贴士：

1. 必要时请他人帮忙校对。

2. 努力进行案例分析报告的写作和技术准备。要制作漂亮的图表，使用色彩鲜艳和独特的图片。绝不要展示糟糕的图片。

3. 要注意细节。

4. 学会案例分析报告写作所需要的直接、肯定和有说服力的文风。要简明扼要、准确、流畅和正确。

5. 要随时将有用的东西记下来。

6. 不要只是列举比率或数字。相反，要对可能的发展趋势提出自己的想法和结论。要对数字的含义和重要性做出说明。

7. 简洁会使成果大为增色，会使案例分析看上去很专业化。

8. 分析要尽可能详细和具体。

9. 一张图表可以代替千言万语，有创造性的图表会使自己在多门功课中取得好的成绩。

10. 在交卷的数天之前请他人阅读并评论自己的作业。

11. 一个常见的错误是在分析方面花费太多的时间。永远记住，报告或宣讲的实质性内容是方案的选择和实施。

附录：

【例一】《大旅游，我们一直在路上》报告 PPT。（请扫描下方二维码）

【例二】《精尖科技 轻享奢华》报告 PPT。（请扫描下方二维码）

第 12 章

案例论文的撰写

12.1 案例论文的撰写规范

管理案例是“以结构化的文字载体，真实、客观、系统地描述企业组织在特定内外部情境下的独特管理实践”。结合学术论文的撰写要求，管理案例型论文一般需具备如下要素：①论文选题所涉及的企业内外部情境的真实描述；②与论文选题直接相关的企业组织独特管理实践的结构化展现；③针对性的管理问题分析与管理解决方案设计；④符合学术论文的结构和写作等规范要求。

管理案例型论文的重点在于案例事件过程和全貌信息的系统性搜集、整理和处理，以及案例信息的结构化展现。撰写管理案例型论文，旨在锻炼学生洞察企业内外部真实情境、客观全面搜集企业管理实践细节的能力，并能够应用相关经济管理理论与方法，分析研究复杂情境下的管理实践。一般来说，管理案例型论文的规范内容包括：绪论，必要的企业/行业背景信息描述，管理事件的全过程描述，案例分析，管理解决方案设计与实施，以及研究结论几部分。

根据企业管理实践的特征与研究关注点，管理案例型论文主要分为描述型（平台型）和问题型（决策型）两类。描述型管理案例论文（也称为平台型管理案例论文），聚焦于企业或其他组织发展过程中独特的管理现象或管理实践。描述型管理案例论文定位于解释“为什么”的问题，注重对案例现象及其发生内在机理的解释。问题型管理案例论文（也称为决策型管理案例论文），着眼于企业或其他组织发展过程中所面临的独特管理困境或管理决策。问题型管理案例论文侧重于解决“怎么样”的问题，注重对引发案例问题的内在原因的识别分析与系统性解决方案的提出。

管理案例型论文要求必须是取材于真实的企业实践，提倡采用深入企业/行业调研的一手案例信息。某些情况下，出于对案例对象企业保密和案例中所涉及人物隐私保护的考虑，在论文中可以对企业名称、人物姓名、敏感数据进行修饰处理，但所描述的管理现象/管理实践、管理困境/管理决策必须是实际发生的，需要真实、客观，不得随意编造和修改。

在撰写管理案例型论文之前，要深入思考所选取的研究对象是否具备撰写案例论文的条件，并非所有的论文素材都适合写成案例论文，一篇合格的案例论文必须具备明确的“重点”或“主题”。常见的“重点”或“主题”包括：①创新性的经营管理实践；②行业内的标杆性经营管理实践；③管理实践的清晰决策过程；④比较性的管理问题或方法；⑤某一项目的具体实施过程；⑥某一企业（组织）的成长过程；⑦定量化的管理实践；⑧经营管理实践的失败经历。

此外，上述管理实践还必须符合如下标准：①刚刚发生（或正在发生），以确保案例是新的，不是陈旧的；②有足够的细节可供讨论和探索，避免空洞；③有一定的特殊性，避免雷同；④有很好的逻辑架构；⑤有一定的冲突、决策两难、困境和解决方案等要素。

一般来说，所在行业、企业、部门有代表性或者特殊性的学生适合撰写案例论文；或者切身参加或十分了解所要描述的管理实践活动，能收集到足够的一手数据和资料支持论文写作的也可以考虑撰写案例论文。

撰写案例论文要求学生具有良好的叙事能力、文字水平和交流能力。案例论文的文体要求采用描述“实事”和“事实”的纪实性文体，使用中性语言，特别是标题；不使用出于作者之口的，含有褒贬、夸张和强烈情感倾向的词语。案例正文部分采用叙述性文体，不要加入自己的想象、观点、评论，使读者能清楚哪个行为过程是哪个主体发生的，不能让人分不清哪句话是作者的叙述，哪句话是公司的想法（规划、策划），哪句话又是其他第三者的评论。总之，要争取保持客观，澄清局势。

要保持客观和澄清局势，可以通过以下几个技巧来实现：①使用从文件或采访中得到的直接引语；②注明资料来源；③尽可能给出详细的时间；④尽可能使用事实性资料；⑤按事件的发生顺序进行报道，保持前后一致。

12.2 案例论文的一般格式

管理案例型论文的标题格式建议采用：《××企业××的案例研究》；对事实的描述最好有数据，且最好有系列数据；数据尽量表格化；列举的所有数据都必须经过核对，保持准确；附表、图、地图等如果较多，则可作为案例中的附表，放到案例的后面，注意在每个附表的下面都应标明材料的出处或来源；有些辅助性材料因篇幅过长不宜列入正文，可载于附录之中；附表与附录应按其在案例中出现的顺序依次编排。

一般管理案例型论文的参考结构如下：

1. 绪论（占全文篇幅10%左右）

   1.1 研究背景与研究目标：阐述论文选题的研究背景和研究目标。

   1.2 案例研究设计：案例对象选择、调研设计、调研方法与访谈过程。

1.3 论文内容结构与安排：对论文篇章结构进行说明。

2. 案例正文（占全文篇幅 35%左右）

2.1 企业背景：企业发展历史与现状描述，重点描述企业发展的里程碑事件和代表性事件。

2.2 行业背景：对案例企业所在行业的宏观图景进行描述，对供应商、竞争者、合作者、消费者等微观竞争环境进行描述，对行业发展、现状及趋势进行描述。同时，特别关注行业内特有的广为接受的标准和实践，以及其他情境性因素。

2.3~2.*n* 管理问题/管理决策描述：对案例企业管理事件发生过程和全貌的描述要结合企业历史和产业环境。对于特殊的管理现象/管理实践的描述要关注其独特性因素和过程，重点描述其现象与行为；对于独特的管理困境/管理决策的描述要重点描绘决策情境与决策转折点的冲突，给出可行的选择空间。

3. 案例分析（占全文篇幅 30%左右）

3.1 理论依据：综述案例分析相关的管理理论与方法。

3.2~3.*n* 案例问题分析：应用相关管理理论与方法对管理问题进行分析，识别关键管理问题、关键核心要素与主要影响因素。梳理管理现象/管理实践发生的成因；阐释管理困境/管理决策的内在根源与作用机理。

4. 管理解决方案设计与实施（占全文篇幅 20%左右）

4.1 管理解决方案设计：针对案例分析的问题成因与管理解决的关键核心要素，综合运用相关管理理论与方法，设计创新性的管理解决方案。

4.2~4.*n* 管理解决方案实施与保障措施：针对设计的管理解决方案，提出具体的实施步骤、流程，以及保障措施。

5. 结论与展望（占全文篇幅 5%左右）

5.1 研究结论：总结研究所揭示的管理规律、解决的管理问题、提出的管理解决方案。

5.2 研究展望：研究的普适性、不足之处和未来研究方向。

附录

附录 1：案例企业或行业等有助于进一步理解案例的补充资料

附录 2：案例后续发展

附录 3：……

一般案例型论文容易出现诸如没有清晰的重点/主题，不清楚到底是哪一类案例论文；没有突出主要情节，过多的无关内容，拼凑字数，分散读者注意力；叙述结构混乱；缺少必要的背景交代；没有说明案例中的“当事人”和“角色”这样的问题，学生在撰写案例型论文的过程中应注意避免。

12.3 案例论文与案例分析报告的联系与区别

12.3.1 案例论文与案例分析报告的联系

案例论文是一种研究方法的展现形式，案例分析报告通常是对一篇教学案例或比赛案例或考试案例的学习成果体现，二者在性质、写作过程、作用等方面非常相似，有些学者甚至认为二者可以互相转化。

1）性质相近

首先，案例论文和案例分析报告都是一种经验性或者说实证性（empirical）的研究成果，而不是一种纯理论性的研究。二者都注重在现实社会经济现象中的事例证据，强调对事件的真实回放，不能有情节设定。案例论文和案例分析报告的形成都属于现象学（phenomenological）的研究范畴。无论是案例论文还是案例分析报告，人们都可以将研究重点放在捕捉社会经济现象的真实细节上，而无须预先严格设定或梳理清楚其中蕴藏的多种变量之间的复杂关系。

其次，案例论文和案例分析报告都有对整体性的要求（holistic inquiry）。案例论文的研究对象是社会经济现象中不同变量之间的相互关系，这决定了案例研究应该是一个整体性的体系。要通过案例（单一事例或有限事例）得出归纳性的结论或预测未来，必须对这一事件所涉及的各部分的互相依赖关系及这些关系发生的方式进行深入的研究。也只有在保证案例研究整体性这一前提下，案例研究的结论——案例本身作为一个完全的、被准确界定的个体样本所揭示出来的规律及相关研究结论，才有可能被推广应用到更广泛的、具有相似性的群体中。案例分析报告也要求明确交代分析对象的整体背景和资料，并且要求提供足够的背景资料和细节以供讨论。

2）作用可比

案例论文和案例分析报告的作用都体现在当被研究或被讨论的现象本身难以从其背景中抽象、分离出来时，对其进行的权变的、基于情境的分析和考量。案例研究是一种行之有效的研究方法。它可以获得其他研究手段所不能获得的数据、经验知识，并以此为基础来分析不同变量之间的逻辑关系，进而检验和发展已有的理论体系。案例研究不仅可以用于分析受多种因素影响的复杂现象，还可以满足那些开创性的研究，尤其是以构建新理论或精炼已有理论中的特定概念为目的的研究的需要。此外，案例作为一种学习方法，也强调使学生能够进行体验式的学习，使学生综合考虑管理问题所处的“情境”，有助于提高判断力、沟通能力、独立分析能力和创造性地解决问题的能力。

3）写作过程相近

案例研究的过程包括建立理论基础、选择案例、搜集数据、分析数据、撰写报告与检验结果等五步；而教学学习的过程包括个人阅读与分析、素材收集与整理、案例分析报告编写计划、报告撰写和检查等四步。通过仔细分析其内涵，我们可以发现二者在写作过程上有很多相近之处，如图 12.1 所示。

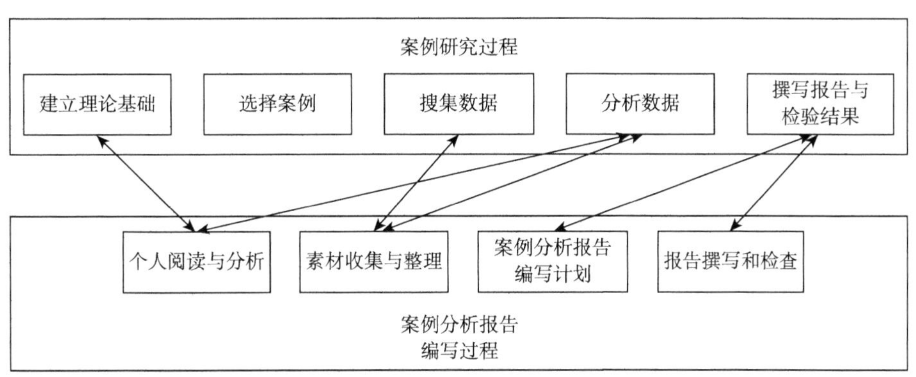

图 12.1　案例研究及分析报告编写过程示意图

12.3.2　案例论文与案例分析报告的区别

二者最大的区别在于编写目的、资料收集方式、结论性质等的不同。

1）目的不同

案例分析报告与案例论文的编写目的不同。作为一种学习方法，案例分析报告将管理理论应用于管理实际，是一种有代入感的、身临其境的学习过程。案例学习的目的主要是提高学生思考、推理和处理问题的能力。在案例学习的全过程中，教师通过组织学生开展研读案例、查找并分析背景资料、思考判断、讨论交流、总结反思等环节，培养、训练学生的逻辑思维和综合分析问题的能力，培养学生的个人竞争和团队合作精神及批判精神，并提高学生的口头表达能力和文字表达能力。而作为一种研究方法，撰写案例论文的目的大致可以分为三种情况：第一种是探索新理论，这类研究往往会超越已有的理论体系，运用新的视角、假设、观点和方法来解析社会经济现象。但这类研究也往往缺乏系统的理论支持，相关的研究成果非常不完善，需要通过研究者自身的学术素养去挖掘新的东西。第二种是解释或检验现有理论，它运用已有的理论假设来解释和理解现实中企业实践活动或验证某一理论的适用性。第三种是拓展现有理论体系的解释范围，解决现有理论尚不能合理解释的问题。在案例论文中必须强调理论贡献，案例本身要有内在的逻辑性和因果性。

2）资料收集方式有差异

案例分析报告中的资料收集可以基于通过调研访谈取得的第一手资料，也可以基于通过新闻报道、互联网等取得的二手资料。一般而言，为案例分析报告而收集的资料并不像案例论文那样强调资料来源的系统性、严密性、准确性。案例论文的资料来源一定要真实并有证据（如访谈录音、内部资料记录或观察现象）。好的案例论文一定是基于直接观察、系统访谈、企业内部资料等多种一手资料而完成的。对调研中的一些模糊信息，除访谈相关人员外，还应该向其他相关人员求证。对案例研究学者而言，第一手资料就如科学工作者的实验室一样重要，要不断求证其真实性和可靠性。当然，案例分析报告同样需要真实、可靠，只是在形式上可以更加灵活。

3）结论性质不同

企业管理的实践活动是错综复杂、千变万化的。案例分析报告一般是对复杂事实的梳理，将多重矛盾一一解剖，以培养学生透过分析处理复杂问题、透过现象把握事物本质的能力。案例分析报告是学生在学习案例时展开想象、自由讨论的成果，没有唯一结论。运用案例学习的主要益处不在于找到正确的答案，而在于评估案例及运用相关理论和知识的过程。而案例论文的结论往往是确定的。案例论文通过对一个或几个案例进行剖析，可以获得其他研究手段所不能获得的数据、经验和知识，并以此为基础来分析不同变量之间的逻辑关系，进而检验和发展已有的理论体系。它是有明确的目的指向的，最终必须得出一个或几个具体的结论，并能将它推广运用到具有相似性的情境中。

此外，案例论文可以使用一个案例（single case），也可以包含多个案例（multiple cases）；而案例分析报告往往是针对单一案例的。

为了用于案例学习，教师可能会将素材整理成如下形式。（请扫描下方二维码）

《高洋公司的人才流失》案例是一个比较典型的中篇决策型案例。高洋公司在发展过程中所遇到的人才流失问题是中国高新技术企业成长过程中的一种常见现象，其背后是公司人力资源管理急需科学化、规范化的反映。以下是该案例节选。

随着改革开放的深入，在国家经济发展政策的鼓励下，中国出现了大量与高洋公司类似的高新技术公司，它们规模不大，几十人左右，往往依赖具体领域的技术实力，借助于所处行业的良好市场机遇赢得最初的成功。但是，随着企业规模的扩大，公司内部管理科学化、规范化的要求开始加大；同时，市场竞争的加剧也会把公司原有的管理短板暴露出来。于是，公司人心浮动、人才流失就会成为必然。

纵观高洋公司的经营状况和员工状态，可以说，这是一个有着辉煌历史的公司。公司的市场地位显赫，回报丰厚，核心技术突出，不断壮大的员工队伍对企业有着较高的信任感、归属感和荣誉感。成功在今天似乎只是明日黄花了，未来充满了变数和挑战。现在，有着技术背景出身的方总是该好好想想公司的管理问题了，因为已经到了关系高洋公司生死存亡的关键时刻。

高洋公司以技术见长，是一家秉持技术强企战略的企业。企业的发展必须依赖某一项或几项核心竞争力，高洋公司显然是依赖技术取得了市场领先地位的公司，也在十年的时间里为企业和员工带来了不菲的财富。但是，企业发展的周期性理论告诉我们，当企业进入成长期时，管理会是促进或制约企业进一步发展的关键因素。对企业内部管理的完善会成为积极的生产力要素。高洋公司正是在这一点上栽了跟头。

作为一家高新技术企业，尖端专业技术是公司核心竞争力的来源，作为公司的总经理，方总对于这一战略定位也是很明确的。但是，仅有战略定位和思路不足以成就公司的长期发展。由于高洋公司的专业技术来源于公司骨干技术人才，所以，高洋公司应该以骨干技术人才为核心来构建一套能够长期激励他们的制度体系，从而保证公司“技术为本”战略的有效实施。但是，很遗憾，方总不仅没有做到这一点，反而以“保密奖金”“工龄工资”等形式漠视技术人才的作用和价值。所幸，在良好的市场环境中，“公司效益不错，每个人对自己的收入都还满意，在一团和气的基调下，也就没有人去斤斤计较了”。但是，市场总是在起伏变化，波峰之后总会有波谷。波峰所掩盖的问题总会在波谷到来之时暴露，并且带来一系列的冲突和困境。资深项目经理林工的辞职点燃了高洋公司潜在问题的导火索，也把公司多年管理不善所积累的问题反映了出来。

中国企业几十年的起起落落证明了：往往在市场竞争加剧、企业效益下滑、人才流失的时候，企业才开始寻求科学管理的帮助，才开始认识到管理的价值。高洋公司也不例外。“面对如此内忧外患，方总想到：既然一时之间难以改变市场环境，那么要振奋员工心情，刺激公司发展，就应从改革公司内部管理制度入手”。方总的认识和思路是正确的，但是，遗憾的是，技术背景出身的方总对于管理的认识依然是原始而经验化的。“新工资标准”“末位淘汰制”等制度和措施的引入，不仅没有帮助高洋公司解决问题、实现对员工的激励，反而带来了更多的不满和“恐慌”情绪。最终，方总以“打补丁”的方式宣布新措施的无疾而终。

在写作上，这个案例层次清楚，通过生动的情节构造和对关键事件完整细致的描写交代了相关信息；对核心人物的描写生动形象，对其他相关人物的特点和观点也进行了清楚的交代。案例的结尾留下了明显的管理问题需要解决，所以属于典型的决策型案例，比较适合事先布置给学生进行课前阅读准备，然后在课堂上进行专题案例教学课，大家共同分析讨论、解决问题。此案例的写作充分体现了案例的核心特点：具有真实性、存在管理问题，满足案例分析对信息的要求。

那么，结合案例中的问题，高洋公司的内部管理到底出了什么问题呢？主要有以下三个方面：

首先，作为公司高层管理者的方总，对管理的认识有待转变。从高洋公司出台管理方案，如设立开发部和调整奖金分配方案来看，管理的随意性很强，没有经过认真的调研、充分的讨论和论证，缺少完善的沟通机制，而只凭方总的一己之见，一令之下即设，一令之下即撤。这也从一个侧面反映出我国民营企业（文中没有交代，但是可以推测出高洋公司当属民营企业）发展中，一把手在企业各项决策中的核心作用。这种核心作用提高了企业的管理效率，但是存在的隐忧是，当一把手对管理问题的认识深入、透彻而且经验丰富时，企业的决策智力能够得到保证；而当一把手对管理不擅长，甚至对管理存在误解时，制定的管理决策也会直接把企业送上断头台。方总显然属于后者，他认为组织结构的变化就是增加一个部门而已，而完全没有考虑到组织不同部门之间的任务分派和责任权属的设置问题，以及岗位设置和工作职责的定位。他提出的奖金分配办法也与科学的绩效考核相悖，只看年资，而不重贡献。

其次，高洋公司缺乏科学合理的绩效考核制度是其企业发展的致命软肋。虽然绩效考核解决的主要是外部激励的问题，蕴含在工作中的内在激励是不能通过绩效考核来实现的，但是，绩效考核的存在为企业的员工提供了一个横向比较的客观标准，并通过对员工绩效结果的考评，进一步强化了组织对员工的期望和要求。从高洋公司的现状来看，作为员工收入主体部分的奖金的分配环节存在较大问题，核心就是没有形成对员工绩效的科学考评。绩效，是指员工对组织所做出的贡献，一般从行为和结果两个方面予以测定。科学的绩效考核，不仅能够成为公平的奖金分配的依据，更能够对员工的绩效改善提供切实有力的支持。因此，一个健全的、符合企业发展方向的、科学的绩效考核制度是企业发展的必需品。

最后，末位淘汰制度破坏了高洋公司员工和企业之间长期达成的心理契约，致使员工对组织的归属感缺失，离职率大幅提高。心理契约，是员工和组织之间达成的一种未诉诸文字的对彼此所抱的微妙期望，这种心理契约虽然没有形成文字，甚至没有明确表达，但是却在员工心理上形成了对组织和自身各自承担的责任和义务的限定，对员工心理和行为的影响是巨大的。高洋公司一直以来的做法，虽然也有一些使员工不甚满意之处，但是还没有触及心理契约的底线，员工认为组织对他们是负责任并长期导向的，但是末位淘汰制度却打破了这一平衡，这直接使员工对组织的信任感和归属感产生了破坏力。

高洋公司的案例再一次提醒中国企业的管理者：管理绝对不是简单的措施叠加就可以起作用的。科学管理是一个系统，是必须针对公司实际情况来分析问题、解决问题的体系，建立科学管理体系需要不断累积、不断学习、不断创新。方总必然会面对自身管理素质跟不上企业发展需求的局面。因此，高洋公司的未来取决于方总等公司高层在管理专业素质、专业能力上的提升。

具体到案例本身，对高洋公司的管理变革提出如下建议：

首先，以公司战略定位为依据，明确公司技术人才在公司发展中的地位，从而明确公司的管理模式。对高洋公司来说，就是建立项目管理模式。其他部门都必须以项目管理为核心，从项目承接、设计到交付、服务等环节，建立起对应的业务流程和管理流程。

其次，明确公司的薪酬策略，建立具有长期激励作用的薪酬体系。高洋公司的业务特点表明，针对技术人员，比较适合建立以能力为导向的工资制度；其他职能服务部门适合建立基于岗位职责的岗位工资制。

再次，高洋公司需要开展针对性的管理培训。通过培训提升公司中高层经理的管理理念、管理能力。只有培养一批专业的经理人才，才能从根本上改变高洋公司原有的经验化管理现状，也才有可能在更加激烈的市场竞争中立于不败之地。

高洋公司目前虽然陷入人才流失的困境，公司发展也面临着诸多问题。但是，令人欣慰的是，方总意识到了公司目前存在的问题，也在认真思考和面对。同时，公司多年来在专业技术领域积累的实力依然存在。尤为难得的是，公司还有一些技术骨干愿意留下来与公司共患难。因此，我们有理由相信，高洋公司只要找到问题本质所在，对以上三个方面的问题妥善处理和把握，系统规划公司管理体系，从人力资源管理改善切入，辅之以针对性的管理培训，假以时日，还是会渡过难关、拥有光明的未来。

该案例可以用于组织行为学课程的“领导行为”教学中，也可以用于管理沟通课程的教学中。需要说明的是，该案例虽然不是一个十分综合的案例，但是对于案例学习者的综合素质和分析能力具有一定的要求，因此，它比较适合在 MBA 班、经理培训班上使用。

下面我们来看两份关于该案例的分析报告，第一份由厦门大学 2014 级 MBA 学生 Stephanie 和 Sanford 撰写，第二份由王旭华撰写。两份报告选取的理论有相同之处，也有不同之处，基本上都抓住了该案例的核心问题，提出的解决方案具有可操作性及一定的创新性，体现出了各自的思考，符合案例学习的原则，分析逻辑清楚，文字表达流畅，都是优秀的案例分析报告。（请扫描下方二维码）

第13章

案例考试的准备与应对

案例考试有两种，一种是入学面试，另一种是课程结业考试，也就是一种在学习管理理论之前，另一种在学习管理理论之后。这就启示我们，不论是否学习过管理理论，都可以应用案例分析的形式进行测试。但由于测试的目的不同，在不同类型的考试中，考察的要素也不尽相同。

13.1 入学面试

入学面试由于还没有学习过理论，考查注重的是逻辑思维能力基础、创新思维能力基础、团队合作精神基础，这都是管理者应具备的基本素质。面试官通过案例分析了解考生是否具备这些基本素质，具备到什么程度，以判断该考生是否好“苗子”，是否具有发展潜力，应该花多大力气去培养，怎样去培养。暂时还没有管理理论的基础这并不重要，只要具备这些基本素质，在日后的学习中逐步熟悉管理理论，勤学苦练，必定能够成长为一位优秀的管理者。

案例面试的环节遵从案例学习的流程，只是将课堂讨论转换为集体讨论，将老师的提问转换为考官的引导。由于时间有限，面试案例考题通常都非常短，不超过 2 000 字，焦点问题也比较明确，冗余信息极少，这是为了让考生们快速阅读并掌握其中要点。可即使篇幅很短，考生依然需要高度集中注意力，全神贯注地阅读与思考，才能迅速形成自己的分析思路。

由于考生们彼此之间不认识，大多是第一次见面，面试中的小组一般都是面试开始之前由考务人员分配好，考生只能接受，不能随意调换。这其实与现实的管理情境也有些类似，毕竟同事、队友并不能全部都任自己挑选；刚进入一个新团队，就面临着要做出决策的情况也不是没有；通过一个人的只言片语、肢体语言，甚至几个眼神、表情，快速地洞察一个人的个性，与之配合，组成团队，并合理分工，这是对管理技能的一个严峻考验。在这样的小组中，主导者一般自发出现，一些有案例分析经验的、熟悉案例所述企业或行业的、性格外向的考生往往容易自发成为主导者。

在集体讨论中，一般一场会安排两组两两对阵，双方各自陈述自己的方案与要点，针对对方方案中的漏洞提出质疑。在这个环节中，每个人的发言都会被现场考务人员记录在案。在案例面试中，没有“搭便车”现象，即使本组成绩好，个人没有贡献的话，也不会“水涨船高”。如果沉默不语，会直接影响面试成绩，甚至会影响到是否被录取，所以，在集体讨论中，没有发言机会也要抢着发言；当然，发言内容也要组织好，要有条有理，紧扣主题，乱说一气同样会影响成绩。同课堂讨论中老师的提问相比，面试中的考官可能不会一个接一个地提问启发思考，因为时间有限，面试的目的是多听考生们说，让考生们充分地展现自己；但是，在总结阶段，考官一定会对案例中的核心问题、考生们讨论的结果及过程中的表现予以总结和点评，让考生们从不明所以的状态中解脱出来，拨开云雾见青天，顿悟其中的道理与奥妙，领略案例分析的魅力，对今后的案例学习充满向往。

下面是一则面试案例考题，有兴趣的读者可以自己阅读，试着分析一下，对案例面试的形式有一个初步的了解和认识。

嘉宝公司该何去何从

嘉宝光电科技有限公司（简称嘉宝公司）是老俞的毕生心血，精明干练的老俞是典型的温州人，有着经营者敏锐的嗅觉、对成本的严格把控能力和勤勉务实的经营精神。在嘉宝公司还只是一个代印刷挂历的家庭作坊时，他靠这个简单的产品拥有了一笔丰厚的回报，更重要的是他对行业技术有了初步的积累。随着经营规模的稳定扩大，老俞独具慧眼，把个体经营变成了烫印材料有限公司，除了生产各种激光防伪光电材料外，现在业务集中在行业最高端的客户群——香烟烟包印刷厂，年销售刚稳步突破了一亿元。他的儿子小俞活力四射，经常用锋利的目光审视每个人，嘉宝公司扩大经营后，他主要负责销售，很少过问公司内部生产运营。2017 年初，年近花甲的老俞宣布退休，成为公司的董事长，正式任命刚过而立之年的小俞为公司的总经理。具体的经营全权放手给了儿子。

小俞踌躇满志，真正全面负责也是“新媳妇上轿——头一遭”。在外人看来，一个非常明显的民营企业交接工程就算顺利完成了。然而，家族企业都面临的矛盾也毫不例外地出现在俞总父子俩身上。总的来说就是老俞艰苦创业，德高望重，这位灵魂人物管理公司有板有眼，但也不免保守固执，满腹家长气息。小俞年少生猛，血气方刚，一心要把嘉宝公司重组再造，推向新台阶。但在创新、突破的同时，也难免鲁莽偏激。特别是小俞掌权没多久，父子俩就开始频频冲突，而且有愈演愈烈之势。为此，公司专门请来了资深咨询顾问朱泾为他们“诊脉”。

朱泾清楚这个处于快速成长期的公司非常脆弱，最高管理层战略上的分歧对公司的影响或许致命。

负责质检的张简向朱泾抱怨道：小俞总对嘉宝公司产品质量的要求非常高，满足客户的要求但达不到自己标准的也算是残次品，小俞总接手后工人们经常拿不到奖金，很多人跟老俞总反馈，又常得到老俞总响应，所以自己夹在中间很憋屈。员工的投诉让老俞担忧员工不稳定，他担心嘉宝公司要倾塌。

小俞则认为客户的忠诚是建立在持续、超前的满足方面。市场变化太快，如果没有过硬的产品质量，未来的嘉宝必须推倒重来！他的高标准显然遇到了已经习惯的生产系统的阻力，小俞觉得关键客户都在他手里，生产系统人员的变化并没那么严重。实际情况是，一批资深员工的心理状态确实已经摇摆不定。

朱泾认为俞总父子二人除了在质量标准和员工心理上意见相左之外，更重要的分歧集中在扩大经营的成本控制方面。对于民营企业而言，财务是绝对的禁区。涉及客户、供应商等与金钱有关的问题都是极其敏感的。在财务掌权上，老俞在管理行为方面就表现为以控制成本为主，始终期望能通过压缩支出来获取利润。而小俞希望在嘉宝公司的能力范围内，选择部分项目进行投入，借此捆绑一些资源，加大将来更多获利的可能。但又有些急功近利，想一步登天，立刻把嘉宝公司彻底改头换面。企业两位掌舵手的针锋相对，侧面印证出嘉宝公司目前的确情况不妙。

更要命的是，父子关于质量与财务的冲突还只是技术层面的矛盾，管理方式上的冲突则上升到了价值观层面。在掌权嘉宝公司时，老俞认为老员工的稳定性最重要，他相信人情的作用远大于制度。而接触过专业管理培训课程的小俞认为企业发展需要严明的制度，一个现代化的组织不能基于人情。

小俞最担心的是嘉宝公司死水一潭，缺乏激情，遇事就相互推诿，反复扯皮，人情世故明显大于业务发展。他觉得老员工惰性太大，必须改变他们的思维，采取 KPI（key performance indicator，关键绩效指标）末位淘汰制，开掉 15%没有业绩的员工，敲山震虎。这样其他人都会小心翼翼地捧牢自己的饭碗，顾不上隔三岔五到老俞总那里告状，扯改革的后腿。但小俞年纪尚轻，过去又主抓销售，对嘉宝公司日常运作的管理没有细致的了解和介入，所以遇事的处理方式显得简单暴烈，只要一遇到生产不能满足客户要求的事，常常会当面申斥相关人员。而老俞常常看不惯这些新的举动，还不时来公司插上一脚，当众给小俞下不来台。这相当于他从来就没有彻底退休。

这一切导致嘉宝公司出现更糟的状况，很多时候，小俞做出决定后，下面的人仍然会去咨询老俞，当两人意见不一致的时候，员工左右为难，工作不能正常进行。这种混乱的管理状态让员工有些摸不着头脑，不知到底该跟随哪根指挥棒，生怕不小心站错了队，落个被扫地出门的下场。在敏感的人事管理上，小俞重新请回与老俞理念不一致的行政部经理刘衡，并给予重权，这使老俞耿耿于怀，经常回公司背着小俞借故把刘衡批评一番。刘衡想走又怕辜负小俞的一番厚望，弄得他两头为难。老俞手下也有一位红人——采购部司机，很会迎合老俞，即使其他员工对他的行为不满，但碍于老俞的面子，平时都不敢直言。因为对方是看着自己长大的叔伯，小俞也只好睁一只眼闭一只眼，现在公司已经开始出现派系，有人捧小俞，有人贴老俞。不喜欢派系的员工，有些谨慎地保持中立，更多年轻得力员工则觉得企业发展才是硬道理，不该拉帮结伙。双重领导将会使多年辛苦的积累在瞬息万变的竞争中付诸东流。

家族企业的传承对企业的生存至关重要。经过慎重全面的调研，朱泾必须彻底摊开一切，让两人直面分歧和矛盾。

13.2　课程结业考试

13.2.1　案例考试的形式

由于大型综合管理案例的学习旨在培养学生的综合工作能力，所以用这种案例作为考试内容，便能衡量被考者的这种能力。因此，案例考试不仅可作为高年级综合课期末考试的形式，也可作为专门培训班的结业考试的一种形式。若仅采用纯知识测验性的，以选择、填空、演算、回答为主要形式的考试方法，不但难以测出被考者的实际能力，而且容易滋长一种死记硬背、突击填入“参考答案”、考完就忘的坏学风，或养成死读书的不良习惯，这在实践性、综合性与权变性很强的管理学教育中，是特别有害的。早在 20 世纪 80 年代，中国工业科技管理大连培训中心就曾把案例考试作为厂长（经理）班学员结业考试的一部分，效果甚好。

管理案例课的期末考试，其实就是一次案例分析作业，仅去掉了小组及全班讨论两个环节而已。常见的形式有二：一是课外作业式，二是课上限时式。

（1）课外作业式：开卷，布置了案例考题后，让学生课后去做，利用课外时间分析，然后在指定时间呈交上来。对讨论与否不做强制限制，不做监督，但不鼓励。这种试题一般较长而复杂，难度偏大，多为综合性的，但也可以是侧重于某一方面的。这难使学生固有水平出现“跃进”的现象，多是对其真实水平的测量。

（2）课上限时式：这种形式的考试除了不许相互讨论外，与平时案例作业基本相似。考题（案例）当场发下，一般是要求 3 小时以内交卷，无休息。因为时限短，这种试题会比通常的案例作业短些、容易些。但正因时限短，要做出优秀分析与答案，仍是一场艰巨的挑战。

建议采用的时间分配：阅读、分析与撰写各 1 小时。可以开卷，即允许携带和翻阅教科书、笔记和其他参考资料；也常有闭卷式的。当然不许交头接耳，互相换阅考卷。这种考题与平时布置讨论的作业相比，相对较短，较简单，因而略容易些。正因时限严格，所以能考出学生对课程主要概念和方法消化吸收的真实程度。

13.2.2　考前的准备

由于案例分析本身的特点，这种考试的准备是比较轻松的。因为通过全课程的一贯努力，已经积累了一定的案例学习经验，练就了过硬的功夫，这些都不是突击所能替代的。准备无非是把全学期做的心得纪要、书面报告和比较翻阅温习一下，最好把全课程中的主要分析工具列成一张清单，总结一下，并看看能否归纳出一个概念性的总框架，把它们全概括进去。除了这些准备，最重要的准备是保持头脑清醒、精神放松，以便从容应战。

13.2.3 考试若干注意事项

平时完成案例作业时学会的“十八般武艺”全可用上，如先考虑案例的性质、找出关键问题、发掘暗含问题之类。要注意以下事项。

（1）时间紧迫，一定要有一个整体安排，掌握好进度，注意效率。

（2）通常开卷考试允许带书和笔记，可以带，但要有选择地力求精练，整理得有条理，易于查找，而且不能过分依赖它们，切莫为了查找一点资料而浪费大量时间，甚至造成心慌意乱。记住，慌张是考试的大敌。

（3）案例考试是一场挑战，要在短短 3 小时内阅读、理解、分析、组织并用书面形式表达出来，而所提供的情况又多半是从未遇过的。光是阅读与分析就可能占用 2 小时，看到时间一秒秒地流逝，千万别慌，要镇静地、有条理地、有信心地去做。常言道“磨刀不误砍柴工”，最好用草稿纸以简练而系统的方式，先列出分析提纲，并随时注意可否把分析的某些形式转化为图表来表达。在动笔前可以不惜花上 10~15 分钟，来考虑和决定用什么样的方式陈述分析。

（4）因为时间限制，案例考试的要求，一是要切题，二是要简明，三是有重点。与其废话连篇，言之无物，或未触要害，隔靴搔痒，不如寥寥数小段，却一针见血，确有创见。其实，这种考试只要有一两点独到的关键性发现，就可得高分。

（5）答卷的方式可以开门见山地列出主要论点和建议，再注上必要的支持性论据，如“我建议采取下列方案：如此这般。理由是：一、二、三、四……”这种提纲式答卷不必深入解释你是如何推导出这一建议的，但重要的支持性论证与解释不可少；若能有定量分析，更能加强建议的说服力。这当然不是唯一的答卷方式，仅供参考。总之，要切题、简练、重点突出。

13.3 案例学习成绩的评定

老师一般在第一课就会向学生交代清楚案例课的评分结构，因为它表明了教师对成绩的要求和各组成部分的相对重要性。典型案例课程的常见评分结构是，课堂讨论表现占总分的25%，书面报告质量占25%，期末考试成绩占50%。这当然也取决于教师个人的看法。例如，有一些教师不太重视书面报告质量，认为课堂讨论中个人表现出的水平就已决定了书面报告质量，那么就会提高课堂讨论分数的比重；还有些教师认为平时成绩比期末考试成绩更重要，因为平时要做十几个案例，考试只考一个案例，那么就会降低期末考试成绩的权重。

案例学习因为没有标准答案可作依据，就难免有主观成分。案例答案之所以无标准，是因为反映了管理环境的复杂性和管理策略的权变性。每个案例具体情况不同，管理问题本身也无所谓“唯一正确的答案”：同一处境，采取同一做法，可能效果悬殊；采取相反做法，却可能全都成功或都失败。管理的效果取决于过多的变量，包括客观的与主观的，管理者个人的专长、作风、习惯做法、价值观、努力程度等，都会对管理的效果产生重要影响。

案例成绩通常会从下列三方面去评定：①分析能力：指分析的全面与深入，逻辑的严密完整，主次划分的准确分明，等等；②决策能力：指决策的依据是否有说服力，考虑的因素是否周全，所取决的方案是否现实可行，等等；③创新能力：这是最重要的因素，即想象力的丰富奔放、见解与主张的精辟独创、洞察力的深透久远。有的人在某一点上，能不人云亦云，敢独树一帜、力排众议，且言之成理、有凭有据；或在某一点上能见人之所未见、思人之所不敢思，则其成绩就会优于面面俱到但平庸无奇的分析。此外，书面报告的评阅对文笔是否流畅、简练，错别字多少，版面是否整洁，乃至语法、修辞等书面表达力等诸因素也会适当考虑。

至于课堂讨论表现的评定，当然是质要重于量；不过出勤率的高低，发言的主动性与频率，也会考虑；口头表达能力的强弱，也属于重要因素，因为这是对称职管理者的一项重要要求。

第 14 章

案例比赛的准备

14.1 案例比赛的意义

新观念在转化形成的过程中必须经历几个关键的“环节”，实现过程也不是一蹴而就，而是一个长期的累积过程。

新观念形成的第一环是“碰撞”。“碰撞”的价值在于意识到“差异”的存在，对于管理学科这样注重理念向实践（行为）转化的学科而言，“碰撞”是必不可少的。外在观念转化为内在行为的前提是意识到外在观念与内在观念之间的差异，而只有在碰撞或冲击、冲突的情况下，价值观念才可能被触发出来，并进入意识，为人所感知。在高度重复性的学习生活中，通过长年累月的积累，每个人都会在日常教育生活中形成“习惯做法”。这种“习惯做法”会构成令自己感到自在的“舒适地带”（comfort zone），“碰撞”实质上是对原有习惯的挑战，是对舒适地带的冲击（Noffke 等，1996）。

面对不一样的价值观念和行为方式以及碰撞带来的不适，每个人起初的状态一般是不认同和抵触的。如果有选择权，大部分人会逃避并重新回到自己的舒适地带。但迫于外在压力，会以被动状态参与，而从消极参与走向积极参与的过程，必须有某种催化因素，即“触动”，“触动”在观念转化与形成的过程中提供动力机制，这是新观念形成的第二环。引发“触动”有很多类型，有情感引发、知识引发、智慈引发，还有思想方法引发。

在理念向实践转化的过程中，第三环节“领悟”成为关键。理念向实践的转化，关键不是观念的赞同，而是如何将观念转化、落实到具体实践之中。从本质上来说，我们觉得困惑或艰难，是因为没有建立起新观念与新行为之间的关联。这种关联的建立需要我们在实践过程中不断尝试、体验、比较、感知、领悟。在原有的认知图式中，我们可能会根据已有经验理解新理念及其实践形态，当一个案例呈现时，我们会发现其与自己原有的想象部分不尽相同，于是会重新调整原来对于新理念及其实践形态的认识，这时会发生类似“喔，原来是这样”的顿悟或领悟，就会生成新观念。比赛无疑是能够高效激发“顿悟”的一种形式。

案例比赛是近年来随着大家对案例学习方法有效性的普遍认可，以及案例学习法被广泛地应用而出现的一种检验学习成果、促进学习交流的新的案例使用形式。训练学员职业能力的有效形式不管是小组讨论还是课堂讨论，基本都受限于课堂内。受教学目标的制约，即使学员之间有激烈的辩论，也还是在老师的组织和引导下进行的，难以充分发挥学员在案例分析和讨论中的自主性、独立性。在校园内，摆脱课堂形式、激发学生思维、给予学生充分的发挥空间、引导学生进行自我组织与管理、训练学生职业能力最有效的方式之一就是举行案例比赛。

比赛中，相关领域的专家学者、企业家、案例作者、老师和学生悉数到场，多角色形成多角度，不同的大脑在同一时间高速运转，“碰撞”以几何形式增长，将各种“触动”形式集中推送到眼前，“顿悟”在每个人的心里开花，新观念的转化形成之路被大大缩短。案中求静、案中求真，在这样的盛会中，学习倾听、尊重、欣赏和不断地自我反省……这是学习管理知识的机会，是提高分析和解决实际问题能力的机会，是学习如何做人的机会，也是一次拼搏的机会。在看似饱和的工作和学习之余又增加这样一个锻炼的机会，是对意志的磨砺和知识的提升，只有真正参与其中，才能切身体会其中的痛和那一份无以言表的痛快。

14.2　案例比赛的主要形式

对学生来说，案例比赛基本都是以对指定案例的分析为比赛内容。全国许多高校都有举办案例比赛的经验，其不断创新赛制和比赛模式，引起社会各界的广泛关注，学员们在大赛中给企业提出的方案也受到企业的高度重视和媒体的追踪报道。其中最具代表性的就是由全国工商管理专业学位研究生教育指导委员会、中国管理案例共享中心举办的“全国管理案例精英赛”。“全国管理案例精英赛”是国内规模最大、分布面最广、竞赛制度最规范、水平最高的全国性专业化赛事之一，是全国高校分享案例、汇聚智慧的顶尖平台，是管理教育的一次“汇报演出”，是学生及同行切磋技艺、提高水平、增进友谊的盛会。经过 60 小时高强度的团队合作，以及指导老师的悉心指导，最终在比赛现场呈现精彩的案例分析展示。

该比赛面向全国的 MBA 学生举办，在全国范围内动员各 MBA 培养院校积极参与到这项训练学生实战能力的活动中来，分为校园突围赛、分赛区紧急赛和全国总决赛三个阶段。之所以设置校园突围赛阶段，其目的就是强调“受众广泛”。案例比赛不应该仅仅是一场轰轰烈烈的比赛，而应该是培养学员职业能力的重要环节。大赛组织委员会要求每个学校在遴选队员时都要在校内举行突围赛，尽可能做到覆盖全员，让更多的学生参与案例比赛，爱上案例比赛，掌握案例学习方法。“全国管理案例精英赛”截至 2017 年已举办五届，首届大赛全国 52 所院校近 300 支队伍参赛，第二届大赛有 68 所院校 352 支队伍参赛，第三届大赛有 69 所院校近 400 支队伍参赛，第四届和第五届分别有 72 所和 77 所院校参赛，占全国一年 MBA 招生总人数的 10%以上，历年累计参与人数近三万人次。首届和第四届大赛还有台湾地区院校参与其中，赛事的影响力、参与度和美誉度逐年攀升。

比赛准备阶段，学员在封闭的环境、规定的时间内拿出解决企业问题的方案，时间要求紧，训练强度大，非常考验学生，是真正的实战训练。在赛制上，围绕着提升学生综合能力的目标，大赛组织委员会对比赛规则、案例选择、赛程设置、评委选派等各个环节进行了科学的调查研究和精心的准备与安排，并在实践中不断地调整和优化：在评委选派方面采取参赛院校回避制，凡是有参赛队伍的院校均不邀请该校教师担任评委；邀请企业家加入评委团；每场比赛分为赛前盲审和现场竞赛两个阶段。比赛前，评审团老师对打印版案例 PPT 进行匿名评审，满分 40 分；之后由各队队长当场抽签决定上场次序和对手；现场竞赛采用两队同台的“大小 PK”①形式，小 PK 由甲、乙两队根据主持人提示进行 10 分钟案例陈述，之后互相提问 5 分钟，大 PK 由现场观众和评委向甲、乙两队进行提问，共计 20 分钟；每轮大小 PK 结束后，评委举牌公布现场竞赛分数，去掉极值取各评委打分之平均数，满分 60 分，并同时揭晓赛前盲审分数，两个阶段所得分数累计相加为最终得分。具体打分表见表 14.1 和表 14.2。

表 14.1 “全国管理案例精英赛”盲审阶段评分表（40 分）

队伍编号：____________

评分项目	参考评分标准	得分（精确到小数点后一位）
案例分析（40 分）	案例问题解决方案的合理性（5 分）	
	案例问题解决方案的可行性（5 分）	
	案例问题解决方案的创新性（10 分）	
	案例问题解决方案的有效性（10 分）	
	案例信息与数据分析的准确性与充足性（5 分）	
	管理理论与方法的应用（5 分）	
评委签名：	总分：	

表 14.2 “全国管理案例精英赛”现场阶段评分表（60 分）

队伍编号：____________

评分项目	参考评分标准	得分（精确到小数点后一位）
案例分析（40 分）	案例问题识别与分析的逻辑性与严谨性（10 分）	
	案例问题解决方案的创新性与有效性（10 分）	
	案例信息与数据分析的准确性与充足性（10 分）	
	现场提问及回答的专业性与应变能力（10 分）	
现场表现（20 分）	语言表达的流畅性（5 分）	
	方案陈述的时间控制（5 分）	
	团队精神风貌（5 分）	
	团队分工与合作（5 分）	
评委签名：	总分：	

① PK，player killing 的缩写，有挑战之意。

在比赛现场，既有台上互动，又有台上台下互动，比赛不要求所有队员必须上场，不上场的队员可以负责组织资料、制作 PPT，或者是准备向对手提问的问题，队伍与队伍之间提问的质量与表现也被计入得分；然而，一旦作为上场队员，那么每个人都被要求必须陈述，必须回答问题，不允许某一名队员包揽所有发言任务。每个队要根据队员各自的特长进行明确分工，协调不同的观点和陈述方式，做到以清晰的逻辑思路为主线，以扎实的管理理论为支撑，以充分的数据和实例为佐证，给出可行并有创新性的结论和方案，赢得在场评委和观众的认可；上场的队员更要善于用 PPT 和发言两类方式（视、听），三种形式（图表、文字和语言），以及体态、动作、眼神等更多信息来呈现内容、说清观点、打动评委，快速应对质疑，找到对手的不足。在竞争队伍和评委的问题“风暴”中历练，这对每个人的自身能力和团队协作能力都提出了更高的要求，也为每个人多维度、全方位沟通能力的提高提供了非常可贵的锻炼机会。

除“全国管理案例精英赛”以外，许多学校自己组织的案例比赛也都在学生中间受到了热烈的欢迎，如大连理工大学的“卓越杯”案例分析大赛，截至2017年已举办七届，只要是对管理案例有兴趣的在校本科生、硕士生、博士生，不分年级、不分专业都可以参加，每 4 人组成一队，鼓励跨院系、跨专业、跨年级自由组队，即便是其他兄弟院校的学生，也可以报名参赛，同台竞争，切磋技艺。大赛分为初赛、复赛、决赛三个阶段：初赛阶段，各参赛队伍根据大赛提供的案例，分析并撰写不少于 3 000 字的分析报告，采用盲审制度从中选出进入复赛的作品；复赛阶段，晋级队伍分组进行 5 分钟汇报和 3 分钟问答，产生三等奖队伍和晋级队伍，其余进入复赛的队伍获得优秀奖；决赛阶段，晋级决赛队伍采用全新案例，在规定时间内完成报告、PPT 制作并准备现场展示。

各个案例比赛虽然赛制及组织方式不完全一样，但其宗旨和功能都是一致的，都是为了提高学生的综合能力，学生们应当学会把握这种难得的实践机会，积极参与。

14.3 优秀作品赏析

每年的“全国管理案例精英赛”要么围绕社会热点关联的企业问题，训练学员对社会热点问题的分析、决策和预测能力，要么围绕行业和企业发展的战略问题，训练学员思维与决策的全局性、整体性和可行性，特别是解决复杂问题的能力，让学生在企业管理的复杂情境中发现问题、分析问题、解决问题。

2013 年，初赛以“阿里巴巴的控制权之争”为主题，复赛以“会稽山绍兴黄酒的市场战略”为主题，直面鲜活企业问题，紧扣商场脉搏，引导学生从战略、财务、营销角度分析案例，预测发展前景。

2014 年，初赛以“百盛 PARKSON 的电商之路”为主题，复赛以“布丁酒店的发展”为主题，探索传统零售企业如何在互联网浪潮下制定企业发展战略，紧扣当时热点，颇具现实意义。

2015 年，初赛以“爱斯达的商业模式创新”为主题，复赛以“被收购后的美即面膜的发展之路”为主题，运用已有的知识储备和实践经验，对企业商业模式以及它的未来趋势进行分析与思考。

2016 年，初赛以“从 1 到 N——裸心品牌的转型之路”为主题，复赛以“方糖音箱：国产品牌高端定位之惑”为主题，要求学员学会进入角色，善于体验角色、模拟角色，站在角色的立场做出针对性的战略分析与角色对峙。

2017 年，初赛以“从逻辑思维到‘得到’：知识分享平台的精益创业之路”为主题，复赛以“以小博大：一根吸管的蓝海之旅”为主题，场上对垒，场下候战的队伍也要参与到每轮的问答交锋，连案例中的主人公也亲自莅临比赛现场，这种模式大大增强了案例比赛的激烈性，也对参赛者的快速反应、分析应答问题的能力提出了更高的要求。

经过比赛的洗礼，参赛学生在赛后总结中写道：“一个案例，60 小时准备，然后用 35 分钟的时间，征服所有的评委和观众。在案例大赛中，需要扮演各种角色，可能是销售总监，可能是集团的 CEO（chief executive officer，首席执行官），可能是董事会的成员，甚至可能需要成为史蒂夫·乔布斯，可能需要为公司的高库存找出解决方案，可能需要为自己在董事会的立场进行辩护，但是首先，最需要做的是统一所在团队的意见，这是一个非常刺激的管理游戏，每一个案例都是真实的，并且紧扣着时代的脉搏，需要团队中每一个人提供最优秀的才能，才能去完成一份杰出的分析报告，团队成员的才华和智慧很可能被收录进案例中心，甚至直达企业老总的内心。在案例比赛中，不仅能够收获最新的行业知识、最有效率的项目管理能力、最紧密的团队合作，更重要的，将收获更优秀的自己。”

本书选取了往年比赛中的两份优秀作品，供读者欣赏与参考。由于形式所限，本书仅能展示报告的PPT内容，这只是比赛成果的一部分，只有将PPT与现场陈述、配合、问答结合起来，才能真正展现一支队伍的实力和风采。如果读者想回顾历届比赛的视频，可以到网络上搜索观看。

第一个作品是大连理工大学在第四届“全国管理案例精英赛”东北区晋级赛中的报告 PPT，案例原文及报告 PPT 请扫描下方二维码。

第二个作品是大连理工大学在第四届“全国管理案例精英赛”全国总决赛复赛中的报告 PPT，该赛程的案例准备时间为六小时。案例原文及报告 PPT 请扫描下方二维码。

由于案例学习方法最适合于战略管理、市场营销这一类综合性的高级课程，因此，在案例比赛中，这一类的案例也是出现得最多的案例。战略管理、市场营销的案例与其

他课程的案例相比更具有综合性。它们一般包括对相关的管理、营销、财务会计、生产作业、研究与开发、计算机信息系统及自然环境等问题的描述。通过描述公司在特定时间的特定状况，将参赛队员置身于实际操作的场景之中，目的在于给参赛队员运用管理理论的机会。

经验表明，清晰的表达是在案例比赛中取胜的关键。在一般战略管理或市场营销的案例分析中，首先可以分析总体的外部环境，其次可以着重分析公司从事的特定的行业（或一个多样化企业的多个行业），最后可以检查当事公司所处的竞争环境。通过对外部环境三个层次的认识，明确公司的机遇与威胁。接着就是公司的内部环境分析，这将明确公司的优势及缺点。

在案例比赛中，必须把注意力从分析转移到综合，综合从外部及内部分析得来的信息。信息的综合将有助于提出使公司解决面临的重大问题或挑战的办法，一旦从对事先确定的准则和目标的评估中找出了最好的解决办法，下一步就应该着手推行工作。

在表达上，可以包括下面几个部分：简要介绍公司背景，使用 SWOT 分析等方法对优劣势和机遇威胁进行判断，分析形势；与战略目标和使命对照，提出创新性的战略陈述和实施计划，如图 14.1 所示。

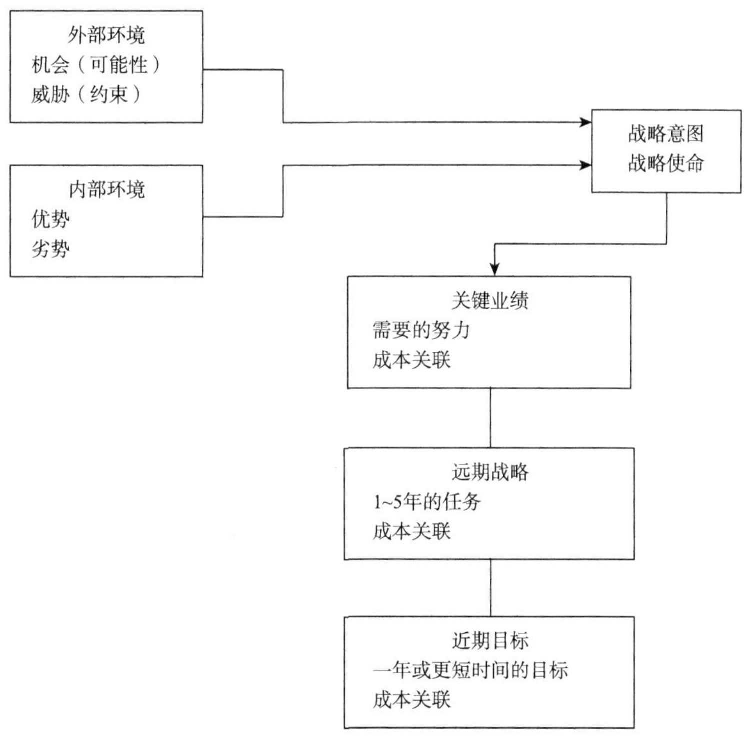

图 14.1　战略管理案例分析报告结构

1）外部环境分析

正如表 14.3 所示的那样，对情况的分析通常是从外部环境开始的。外部环境是由对公司的表现有影响的条件所组成的，对环境的分析应该考虑总体环境对当事公司的影响。按照这一估计，应该分析该行业环境和竞争者的发展趋势。

表 14.3　战略计划及其组成

战略计划及其组成	具体内容
战略计划的定义	战略计划是一个公司明确它追求的目标和结论的过程
有效的战略计划应该包括的细节	机会（可能性）和威胁（约束）
	优势（我们做得特别好的地方）和劣势（缺点）
	战略目标（公司的理想状态）
	战略任务（提出并检查一个公司的产品和市场项目）
	关键业绩（必须加大努力来完成目标和使命的一类活动）
	战略（在 1~5 年内完成每一个关键业绩的行动）
	目标（为实现战略，在一年或更短时间内完成的具体行动指示）
	成本关键（行动和经济资源间的关系）

这些外部环境的趋势和条件将影响公司的战略目的和任务。外部环境的分析实质上暗示了一个公司的可能选择范围。外部环境分析，通常称为外部环境扫描，使公司能够定义一些不能由他们控制的关键的情况。研究外部环境的目的，是明确一个公司的机会和威胁。机会就是那些外部环境提供给公司的一些条件，它有可能帮助公司成功。从本质上说，机会代表可能性。威胁就是那些在外部环境中有可能妨碍公司成功的因素。从本质上说，威胁代表潜在的约束。

在研究外部环境时，注意力应集中在预测未来（包括本地的、区域性和国际性的趋势）和预测公司行动的预期效果。外部环境就是那些在更广阔的社会和行业（竞争环境）环境中对公司的发展起到制约或促进作用的因素。表 14.4 列举了一些在研究外部环境时需要考虑的方面（以明确机会和威胁）。

表 14.4　研究总体环境要考虑的因素

因素	具体内容
科技	信息技术成本继续下降，应用更加广泛
	数据库技术提供复杂数据和分布信息管理的可能性
	通信技术和网络技术提供数据源的快速传递，包括声音、书面材料和视觉信息
人口趋势	计算机辅助设计制造技术不断提高统计质量和灵活性
	居民迁徙造成地区人口数量变化
	总人口中种族比例的变化
	人口年龄结构
	“婴儿潮”年龄段公民的情况
经济趋势	利息率
	通货膨胀率
	存款率
	贸易赤字
	预算赤字
	兑换比率

续表

因素	具体内容
社会法律环境	不信任案
	税收政策改变
	环境保护法律
	调整的范围
	发展中国家垄断专卖权
	国有工业
社会文化环境	工作岗位上妇女人数的增加
	对健康的关注
	对环境保护的关注
	对顾客利益的关注
全球环境	当前兑换比率
	自由贸易协定
	贸易赤字
	新开发的市场

当分析总体环境的趋势时，应该研究总体环境对当前行业的影响。通常相同的环境趋势不仅会在不同的行业中造成完全不同的冲击，而且对同一行业中的不同公司会产生不同的影响。举例来说，随着对航空业的放松管制，管理僵化的航空公司收益明显减少，与此同时，很多具有更低的成本结构和更多灵活性的小型航空公司，开辟了新的市场空间。

波特的五力模型对分析特定的行业是一个有效的工具。仔细研究五种竞争力如何影响一个公司的战略非常重要。这些能力可能对正在实施的商业等级战略（如不一致、领导成本、焦点）增加机会或加以约束。往往一个战略团体的分析揭示了环境趋势对行业竞争者影响的不同。战略团体的分析对理解行业竞争结构和公司在这种结构下的优势和劣势很有效。

公司仍然需要分析它的主要竞争对手。这个分析将显示竞争对手目前的战略目标、任务、能力、核心竞争力和对竞争的响应。这些信息对于当事公司提出适当的战略目标和任务很有用。

2）内部环境分析

内部环境是由影响一个企业的战略竞争力的内在优势及劣势构成的。分析一家企业的内部环境的目的在于辨别出它的优势及劣势。以此勾勒出企业的战略意图和战略使命。企业的内部环境也表明了企业能做什么。使得一家企业做其他企业不能做的事或使它做得比其他企业更好的能力或技术称作优势。优势可以被概括为一家企业做得尤其好的某些地方。优势帮助一家企业抓住外部机遇或战胜外来威胁。而妨碍一家企业与其他企业一样完成一项重要活动的能力缺陷称作劣势。劣势有可能阻碍一家企业把握外部机遇或在消除外界威胁的努力中成功。由此，劣势可以被认为是企业尚需改进的地方。

对价值链的基本活动和辅助活动的分析，提供了了解外部环境趋势对一家企业特定活动的影响的机会。这样的分析有助于找出企业的优势和劣势。在案例比赛中，指出优势是企业有潜力发展其核心竞争力的内部动力；与之相反，劣势则可能将一家企业置于较其对手不利的竞争地位。

在评价一家企业的自身特色时，对重点职能活动（functional activities emphasized）的分析至关重要。举例来说，如果一家企业的战略主要根据技术制定，则评价它的 R&D（research and development，研发）活动就很重要。如果战略是根据市场制定的，市场职能活动就具有无比重要的作用。如果一家企业有金融问题，关键的金融利率则需要仔细评估。其他的为有效掌握企业内部环境而需要进行调查的企业特征包括领导艺术、组织文化、结构和控制系统等。

3）战略意图和使命的认定

战略意图反映或表明了一家企业的理想状态。战略意图由一家企业遇到的机遇、威胁和它的优势及劣势引出。然而，对战略意图的主要影响来自一家企业的实力。战略意图应当反映一家企业有意发展的特色，并反映一种努力争取可获得的资源和力量以实现那些在关键业绩里也许看似不可能实现的目标的信念。当战略意图有效地建立起来之后，它可以使每一个员工以过去不可想象的方式工作。战略意图可以反映出也许是最有价值的目标：去击败最大的竞争对手，或去做一个地区、国家甚至国际上最好的公司。战略意图的例子包括：

（1）对完美的不懈追求。（力士）

（2）做一家优秀的跨国能源公司——不是最大的，但是最好的。（优尼科）

（3）我们力图成为家庭信息科技唯一的源泉。（戴尔计算机公司）

战略使命从一家企业的战略意图中引发出来，用来描述一家企业对产品与市场的独特操作模式。在最基本的形式下，战略使命向股权人暗示了一家企业想要实现的目标。一个有效的战略使命反映了一家企业的个性并显露出其管理者的领导才能。有意义的战略使命表明一家企业与众不同的地方并界定出这个企业有意运作的范围。战略使命的例子包括：

（1）在优化克利尔沃特市的总增长、顾客满意度、财政收入和克利尔沃特天然气系统公司的股票价值的同时，最大可能地以安全、可靠和经济的方式，为克利尔沃特和佛罗里达阳光海岸周边的顾客服务，以满足他们的各种需要。（克利尔沃特天然气系统公司）

（2）我们的使命是理解并满足顾客对质量和能源及能源相关产品和服务的期望，并且有利润地服务于俄克拉荷马市场。（俄克拉荷马公共服务公司）

（3）儿童医护中心致力于为婴幼儿和青少年的健康护理需要提供服务，并提供教研项目，以保证最高级的儿科医护传播到我们的社区、国家和世界。（儿童医护中心）

（4）威廉·潘基金会是一家私有扶助金发放组织，由奥托·哈斯和他的妻子佛比在 1945 年创建。该基金会的主要使命是帮助提高戴拉威尔山谷居民的生活质量。（威廉·潘基金会）

4）关键业绩

一旦战略意图和使命定义完成，分析就可以转向定义关键业绩以帮助实现意图和使命。关键业绩是公司要实现它的战略意图和战略使命就必须关注的多种活动。每一个关键业绩的理论依据以及特定的行动进程应当被指明。一般来说，一家企业应该建立不超过 6 个关键业绩。关键业绩应该表明一家企业的关注点和有意方向。

由一家企业的关键业绩的本质可知，战略是必须满足每一个关键业绩所提出的要求的行动进程。一般来说，战略有 1 年、2 年或 3 年的时间跨度（尽管它也可以长达 5 年）。战略是用来描述为达到战略意图和战略使命（由关键业绩表明的）而采取的举措或遵循的方法。战略反映了一个集体的行动意图。由个体战略可知，目标是具体而可测量的声明，它描述了为贯彻个体战略而必须完成的行动。目标，在本质上比战略更具体，一般时间跨度在 1 年或更短。

战略计划也应该考虑行动相关的成本。一旦关键成本被假定，这些金融需求就可以与战略和目标相联系。一旦与战略和目标联系起来，成本或预算要求就可以回溯到关键业绩。

5）做有效战略计划的建议

在报告中，对一个案例的分析不应当比对分析成果进行综合强调得更多。分析者往往会把比赛陈述的主要部分放在分析的结果上。然而，开发、评估备选关键业绩，设计选定变通方案所需的实现办法这一过程也同样重要，同样需要花费很多努力去完成。

6）提出战略：选择关键业绩

一旦明确提出了一个战略意图和使命，在所有备选关键业绩中选择一个则往往是准备一次比赛最困难的步骤之一。每一个备选方案都应当是可操作的（如它应当与企业的实力、能力，特别是核心竞争力相匹配），并且其可操作性应当被明确提出。还有，应当说明每一个备选方案如何利用环境机遇或规避环境威胁。提出经过深思熟虑的备选方案要求对分析进行综合，这样能够在比赛中创造更大的可信度。

一旦提出了有力的备选关键业绩，必须对它们做出评估以选择最佳方案。应当有充分的理由说明该方案能够比其他备选方案获得更多的利益。因此，充分开发备选方案和评估备选方案都是很重要的。最好的备选方案的确定应当有充分的理由。

7）贯彻关键业绩

在选择出最合适的关键业绩之后（即指那些最具提高一家企业的战略竞争力的可能性的关键业绩），必须考虑有效的实现方法。有效的综合对保证已经考虑和评估了所有关键的执行事务很重要。可能考虑的事务包括贯彻每个关键业绩相关的新战略和目标所必要的结构变动。还有，领导层变动和新的控制手段或激励机制可能是实现这些战略决策所需要的。应保证这些推荐的实现方法清晰明了，并需要对其进行充分解释。有时，对实现方法仔细评估之后才会发现战略计划原来不如最初想的那样吸引人。一个战略计划只有在这家企业具备有效实现它的能力时才能达到最优。所以，花工夫确定有效的实现方法是十分重要的。

8）流程问题

应当保证比赛报告从头至尾有着逻辑上的连贯性。例如，如果报告指明了一个目的，但分析却关注与该目的不同的事务，那么逻辑不连贯性则显而易见。类似地，备选方案应当从对内部和外部分析中指出的优势、劣势、机遇和威胁的通盘考虑中引出。

充分性和清晰性对一个有效的报告也至关重要。充分性表现在分析的复杂性和备选方案的提出上。更进一步，分析结果的清晰、对最佳备选关键业绩的选择和实现方法的设计都十分重要。例如，对优势和劣势的陈述应当由已提出的对内部环境的分析清楚而符合逻辑地引出。

展示出逻辑连贯、内容充分、目的明确、分析有效和推荐方法可操作的报告，会在比赛中更加引人注目，并且会得到更多肯定的评价。当成功回答了同行们提出的各种刁钻问题之后，战略计划报告就有了可信性。更进一步，培养为做这样的报告所需的技能，将使自己未来的工作表现更加出色、事业更加成功。

第 5 部分　管理案例学习举例

第 15 章

《盘锦“谭木匠”特许连锁经营之困》案例学习

案例正文：

盘锦“谭木匠”特许连锁经营之困①

摘要：特许经营被称为第三次商业革命浪潮，被誉为 21 世纪最成功的创业模式。此案例以盘锦地区“谭木匠”加盟商孙琪的第三家分店的开设决策为引子，展现了零售业特许经营模式下个人加盟商的创业成长历程。一方面，通过对创业项目选择阶段与早期创业阶段的描述，展现个人创业者对创业项目选择的考量，以及特许经营创业模式的特点和优势；另一方面，通过对创业成长期与成熟阶段的描述，展现特许经营模式下特许方与受许方之间的关系演变与冲突治理问题。

关键词：特许经营；加盟商；创业成长；“谭木匠”

一、引言

“好的，刘经理，我再详细考察一下，过两天给您回复”，孙琪说着，挂断了电话，电话的另一头是“谭木匠”华北区的片区经理刘洪兵。“小李，我出去办点事情”，孙琪同店员打了声招呼，走出店来。上午十点的阳光透过这条商业步行街建筑物的空隙洒落在这家“谭木匠”专卖店红檀木色的门楣上，使其显得愈发古朴雅致。一袭深色的职业套装，一头干练的短发，孙琪望着步行街上熙熙攘攘的人流，回头看着这现代都市中透着悠悠古韵的店面，嘴角扬起一丝自豪而满意的笑容，“这，才是我要的店嘛”。

刚过而立之年的孙琪，在这座享有湿地之都美誉的城市，已经是拥有两家“谭木匠”专卖店的加盟商。而刚刚打来电话的“谭木匠”华北区的刘经理，正是就在盘锦市新开

① 案例由大连理工大学管理与经济学部的王淑娟、程露、韩少杰、张琪、吕一博撰写，作者拥有著作权中的署名权、修改权、改编权。未经允许，案例的所有部分都不能以任何方式与手段擅自复制或传播。案例授权中国管理案例共享中心使用，中国管理案例共享中心享有复制权、修改权、发表权、发行权、信息网络传播权、改编权、汇编权和翻译权。由于企业保密的要求，在案例中对有关名称、数据等做了必要的掩饰性处理。案例只供课堂讨论之用，并无意暗示或说明某种管理行为是否有效。

设第三家店的事宜征询孙琪的意见。不过说是征询意见，却丝毫感受不到征询的意味，孙琪回味着同刘经理刚才的通话，“现在公司的战略是要进一步提升品牌形象，进大型购物广场、购物中心、商场，是以后新店布局的指导思想”，“水游城这类购物餐饮休闲一体化的新兴商圈，一定是‘谭木匠’应当进驻的地方，该有的位置都要有咱们‘谭木匠’嘛”，“现在两家店的布局看起来满足需求，但考虑到这两年城市规模扩张和新商圈的兴起，开第三家店是迟早的事情，下手晚说不定就没机会了”，“我不是说不支持继续沿街开店，但还是要尽可能同公司的战略一致嘛，挨着屈臣氏、登喜路这类一线品牌店，客流肯定不是问题”，“新店都是要有个培育期嘛，位置说不定越换越好呢，再说商场内的租金要比沿街的便宜不少，长期来看，会抵消重新装修的费用的”。

孙琪一边想着刚才刘经理的话，一边打开车门，坐进了驾驶室。“这哪里是商量嘛，威逼利诱的，还不是为了你自己的业绩”，“嗯，不管怎么说，再去水游城走一圈”，孙琪定了定神，戴上太阳镜，发动了汽车。汽车缓缓地驶出停车场，汇入马路的车流中，驶向位于城市中心繁华地段的水游城购物休闲广场。随着映在后视镜中道路两侧错落有致的建筑不断向后掠过，孙琪的思绪也被渐渐拉回到几年前。

二、创业的十字路口

2006 年，25 岁的孙琪还是盘锦市某大型国企的职员。大学毕业后的她，按专业分配来到这座北方城市，进入油田系统的企业工作。在外人看来，稳定的国企工作，对一个女孩子来说，是相当不错的选择。而对孙琪来说，来到一个陌生的城市，远离家乡的亲人，心里难免有些落差。而比日复一日朝九晚五的工作模式更令孙琪难以忍受的是单调的工作内容和刻板的工作环境，“每天都是这些敲敲字、跑跑腿、打打电话、盖盖章的工作，对个人能力毫无提升，也看不到个人价值的体现；而且掌柜是一副凶脸孔，主顾也没有好声气，教人活泼不得，再待在这里，整个人都会疯掉的”。而真正让孙琪忧心忡忡的是，她发现自己其实并不是很适合国企的氛围，完全看不到未来的职业发展方向，不出意外的话，作为普通科员熬到退休是非常有可能的。

2007 年的春节，孙琪同爱人开了一次只有两个人参加的微型家庭会议，表达了自己要换一份工作的想法。爱人一向很支持孙琪，而对她的唯一要求是，尽量选择本市的工作，因为孙琪的爱人也在本市的油田系统工作，在短期之内没有更换工作的计划。一圈人才市场逛下来、一打简历投出去，孙琪才发现，在盘锦这个北方二线城市，适合自己的工作机会要比想象中少得多。一方面，盘锦周边的企业大多是油气开采、石油化工和装备制造等传统产业的国企或民企，而孙琪期望的外企、高科技企业、金融业、教育培训等专业服务企业则较少；另一方面，从薪资待遇上看，二线城市的薪酬水平普遍较低，相比之下，能够同目前油田系统企业工资待遇竞争的工作机会确实不多。在理想和现实面前，几番考量下来，孙琪渐渐萌发了自己创业的想法。

而创业对于孙琪来说，一切都是未知数。目前的工作岗位基本接触不到实业，不管是信息还是人脉都没给自己带来多少创业机会，技术创业对于孙琪来说未免有些牵强，而对着电脑开网店岂不是又变成了“宅女”，天性开朗的孙琪还是喜欢能够多和社会、多和人接触。思来想去，按照自己的兴趣和能力，孙琪把创业项目的行业圈定在教育培训、零售业和餐饮业上。

谋定而后动，当务之急是选择一个合适的创业项目。首先，需要考虑的是市场问题。作为北方的二线城市，盘锦的市场发育和市场容量相对滞后和有限，竞争也很激烈，项目能不能有市场，是否具有足够的生存空间和竞争力？其次，项目的总体投入不能太大，毕竟工作没几年，手中的积蓄不多，而家人和朋友能给予的支持也颇为有限。最后，虽说创业是为了换一种自己喜欢的生活方式，但收入的改善也是考虑的主要因素，还是希望能够在一两年之内走上正轨，不然岂不是真的成了“啃老族”。而最让孙琪担心的是，自己从来没有创业和企业经营管理的经验，家人和朋友也暂时没有同自己一起创业的打算，即使找到了合适的项目，自己真的能够顺利地做起来吗？

时间一晃就快到 2007 年的年中了，孙琪的辞职报告也已经提交了一个多月，很快就会得到主管部门的批复，离职也只是程序上的问题。而在项目的选择上还是一头雾水，谈过的几个项目感觉都不是很理想，孙琪明显感觉自己对项目前景的判断缺乏经验，而对自己创业经验和管理能力的怀疑也让她在不同的项目间举棋不定。这时，朋友的一句话提醒了她，“既然定不下来，不如出去转转，实地考察考察”，“对呀，百闻不如一见！与其坐在办公桌前纸上谈兵，不如亲自到实地去看个究竟”。

在 2007 年 5 月到 6 月，孙琪辗转北京、上海、温州、深圳、重庆等几个城市，到达了计划中的最后一站——成都。其间，孙琪对教育培训、零售、餐饮业的创业项目进行了实地考察和前期洽谈。经过认真的了解和仔细的思考之后发现，有的项目门槛太高、有的项目在盘锦市场堪忧、有的项目竞争太激烈、有的项目过于陌生、有的项目完全提不起兴趣。还有的项目看着红红火火的，但店主一听说她是考察项目的，就顾左右而言他，而一连看了几天，也看不出门道，孙琪不禁叹道：“真是内行看门道，外行看热闹。”意兴阑珊的孙琪已经做好了打道回府的准备。

三、机缘巧合，初识“谭木匠”

“出来这么久，回去之前，要买点特产、礼物带回去送给同事、朋友”，孙琪这样想着，转到了成都著名的商业街——春熙路。逛着逛着，孙琪被这繁华商业街中一家古香古色的小门店吸引住了脚步。店面是中国传统的全木制的门店结构，古典的红檀木色，门楣上像是隶书与小篆混写的店名“谭木匠”，店门左右木柱上分别刻着隶书体的“千年木梳”和“万丝情缘”，店内的红檀木装饰和金底黑字的招牌“我善治木”透出一丝丝古韵。

“嗯，谭木匠，好像是一个工艺品店，进去看看”，孙琪自言自语地走进了这家店。走进店来，一种浓浓的中国传统文化气息扑面而来。店堂中高悬着“好木沉香”的白底暗金横匾，柔和的灯光映照着店堂正墙上装饰的木锯、木钻、木刨、角尺等木工用具，清静典雅的店堂内回荡着悠悠的“高山流水”古筝曲，让人不禁回忆起遥远的手工作坊年代。放眼望去，店内四壁挂满了各式各样的精致小梳，两旁的木制站台别致精巧，包装精致的各种梳子陈列其中，让人感觉像是回到了古代的梳妆坊。“呀，这是一家梳子店啊，好特别！”孙琪不由地发出一声惊叹。

“女士，您好！欢迎光临‘谭木匠’！”店员热情地招呼着孙琪，“你好！你们这里……嗯……是家梳子店？”“是的，女士，我们这儿全是纯手工制作的梳子、镜子，还有一些木质的饰品，有什么可以帮到您的？”“哦，我随便看看”，孙琪说着，随手拿起一把木梳，“呀！好精致的小木梳！”孙琪内心发出一声惊叹。爱美的孙琪对这类精致的物品毫无抵抗力，她反复把玩着梳子，“做工很精细，真的是手工做出来的？什么材质的？”“您好，您拿的这把梳子是桃木梳，桃木辟邪，同时还有缓解眩晕和高血压的保健功效，比较适合成熟女性使用，你买回去送给领导和长辈肯定合适”，店员好像看出来孙琪的疑惑，“如果是您自己用的话，我建议您选择黄杨木材质的木梳，黄杨木清新毒，特别适合您这样年轻靓丽的女士”，“其实梳头也是一种缓解压力的方式，一般工作 1~2 小时之后，可以通过梳头按摩穴位密集的后脑，提神醒脑”，“您可以到这边看一下，我们这里有‘花开富贵’‘竹报平安’等系列，材质有花梨木、桃木、紫檀木、黄杨木、牛角，不同的材质也具有不同的寓意和保健功能”，“梳头不仅是早晚的事情，中医上说梳头也可以养生，顺着经络的方向，从前额正中开始，均匀地向头部、枕部、颈部梳划，然后再梳两侧，……”“您可以再试一下这把，比较一下，……”

孙琪在不知不觉间，被店员的介绍吸引，孙琪接过了店员递过来的黄杨木梳子，抚摸着梳子的材质和印花，温润的木质感透过指尖，“嗯，真的很精致，不像是梳子，更像是工艺品”，孙琪已经完全被这个小小的梳子吸引住了。“谭木匠，张小泉，李锦记，……”孙琪在心里默默地念叨。“你们是一家卖梳子的老字号吧，怎么以前没听说过呢？”孙琪突然间冒出这么一句话，把正在滔滔不绝介绍梳子功效的店员搞得愣了一下。随后这个年轻的店员开心地笑了起来，“您不是第一个这么说的顾客，不过‘谭木匠’公司是 1997 年才成立的，我们店开业也才两年多。”“哦，这样啊，真是看不出来。第一次听说梳头还有这么多历史和学问，我想给爸、妈买两把梳子，再买三把送给朋友，当然我自己也要一把，你觉得哪种比较合适？”望着琳琅满目的梳子，孙琪在挑选上确实有些无从下手。“如果送人的话，我建议您可以考虑一下礼盒装，也有配梳妆镜的，礼盒也很漂亮。”“好吧，你帮我选选看。”店员很快选来了六种梳子，并一一做了介绍，孙琪觉得店员介绍得很有道理，就选定了两个礼盒装送给父母，四把普通包装的梳子送给自己和朋友。

店员很快包好了梳子，结账的时候，孙琪发现六把梳子居然要六百多元，一时之间有点拿不定主意，需要买这么贵的梳子么？“礼盒装的是要比普通装的贵一些，不过用料和做工也要考究一些，如果您觉得价格稍贵，可以把这两个礼盒装的换成普通装，普通装也配有黑色或者蓝底白花的小布口袋的”，店员仿佛看到了孙琪一瞬间的犹豫。“哦，是呀，你们家的梳子确实不便宜，能打折吗？”孙琪问道。“‘谭木匠’是全国连锁加盟的，这个价格是全国统一的零售价格，‘谭木匠’从来不打折，也没有任何促销活动，您买的梳子同时也享受全国联保的终身免费维修服务，您可以在全国任何一家加盟店进行维修保养的”，店员耐心地解释着。“全国任何一家店？”一道灵光划过孙琪的脑海，“加盟店？每家店都是这个样子？”孙琪转身重新审视了一下这间十来平方米的店面。“是呀，我们每个加盟店都是公司统一设计装修的，全国任何一家‘谭木匠’店都是这个样子的”，店员接着说道。“梳子卖得价格这么高，买的人多么？”孙琪继续问道。“其实梳子是每天都要用到的，好梳子可以用很久，用着舒服，正确使用还有保健的功效，是很合适的，我们自己也在用‘谭木匠’的梳子，我们这里很多顾客都是老顾客、回头客”，店员自豪地说道。

“嗯，普通的梳子确实不值这么多钱，不过纯手工的话、这种做工，还有保健的作用，当成工艺品、礼品来看，价格还是可以接受的”，孙琪付完款，发现店员拿来了几本杂志和宣传册，放到孙琪的购物袋中。“这是我们公司自己出版的杂志《中华手工》和《我善治木》，还有一些公司自己制作的漫画书，您可以看看，了解一下梳子的历史和使用，也可以跟您的家人、朋友宣传一下我们的产品，希望您使用愉快，欢迎您下次光临。”孙琪点了点头，走出了这家“谭木匠”专卖店，好像想起了什么，转身向送到门口的店员问道：“我一下买了这么多，应该算是你们的大客户了吧？”“嗯，平均数吧。”“哈哈，好的，再见！”

孙琪踏着轻快的脚步高兴地回到了宾馆，连续数天的疲惫被今天的兴奋一扫而光。孙琪斜靠在椅子上，一只手轻轻揉着略有酸胀的脚踝，另一只手把玩着刚刚买来的黄杨木梳，“就是喜欢这种小玩意儿”，转而随手拿起附送的漫画书，一本是《梳头刮痧漫画》，另一本是《话说美发》，同以前看到的产品宣传册不同，漫画讲的都是一些美发梳头的小知识。“这趟街不白逛啊，真是踏破铁鞋无觅处，得来全不费工夫啊。这次考察圆满结束！在盘锦，也应该有一家这样有特色的梳子店！”孙琪已经打定了主意。

四、双向选择，加盟“谭木匠”

回家之前，孙琪特意绕道省会沈阳，找到沈阳的两家“谭木匠”店实地考察了一番。感觉同成都春熙路的店很相似：都是位于繁华商业街的沿街店面，都是十平方米左右的小型店面，店面装修及店内布局基本一致，货品的陈列也极为近似，大概 2~3 名店员，对产品的介绍和接待流程也大同小异。孙琪留心观察了一下其他顾客的购买情况，并通过同店员及其他顾客的交谈，觉得专卖梳子的“谭木匠”店还是非常有市场的，粗略地估算了一下，销售额也很可观。“一个城市那么多人，10 个人中即使只有 1 个人购买‘谭木匠’的梳子，那加起来也不是一个小数目！”

孙琪回到家之后，一边埋头在书房里上网查阅有关“谭木匠”加盟的各种资料信息，打电话咨询加盟和筹备开办公司等手续事宜；另一边奔走于盘锦市的各个商业圈，确定本市没有“谭木匠”店之后，开始物色适宜店面。

几天下来，孙琪对加盟“谭木匠”有了初步的了解：①“谭木匠”成立于1997年，总部设在重庆，主要生产木梳、木镜系列产品，也有木筷、木制饰品等产品；②“谭木匠”采用连锁加盟的特许经营形式进行销售，店址由加盟商选择，店面由公司负责设计和全套装修，加盟商承担装修费用，店内只能销售“谭木匠”供应的货品；③像盘锦这样的二线城市，加盟费用1万元，首次进货额要在3.5万元以上，装修费用大概在3万~4万元，店面年租金6万~10万元，这样粗粗估算下来，前期资金投入在10万~15万元。

而最吸引孙琪的莫过于以下两点：①“谭木匠”允许加盟商在经营期间调换滞销货，对于正常经营到合同期满不再经营者，也可以退一年以内的存货，这无疑给没有市场经验的孙琪吃了一颗定心丸；②而“谭木匠”从店面装潢、店内摆设，到产品定价、物流配送、管理模式、加盟商培训、员工培训，都有着高度统一的标准，加盟商只需要按照这些标准将产品销售出去就可以了,这无疑给初次创业一头雾水的孙琪打了一针强心剂。

因为“谭木匠”有区域保护制度，即一个二线城市仅优先发展一名加盟商，孙琪生怕被其他人抢了先，半个多月的时间在工商、税务、质监、银行等部门间往返，风风火火地跑完了公司注册，拿到营业执照后，马上将早已填写好的加盟申请表提交给“谭木匠”华北片区。

接下来就是等待了。“申请会不会被顺利批准呢？听说‘谭木匠’对加盟商的选择相当严格”，孙琪的心里也是非常忐忑，一条一条地将自己同“谭木匠”对加盟商的基本要求作比较：①具有一定的学历和职业素养；②具备品牌意识，理解并接受“谭木匠”经营理念和企业文化；③有踏实经营的心态，具有长期合作的意愿；④具有一定的资金，能够承担加盟的前期投入。“嗯，这些要求，我都很符合啊，而且，我在申请表里也很详细地填写了自己的优势和未来的发展规划”。

三天后，孙琪接到了“谭木匠”华北片区经理刘洪兵的电话。“是孙琪女士吗，我是‘谭木匠’华北片区经理，我们很高兴地通知您，您通过了‘谭木匠’特许加盟商的初选，下一个程序是约谈环节，您本周什么时间可以，安排在后天可以吗？地点就定在沈阳？”“好的，周四见”，孙琪挂掉电话，“哇，太高兴了！我就知道自己一定能行，不过怎么感觉像是在找工作，投简历、笔试、面试……”

两天后，约谈地点在距孙琪前段时间考察过的一家沈阳“谭木匠”店不远的一家酒店会议室，对孙琪进行约谈考察的是华北片区的刘洪兵经理和督导郑峰。“孙女士，您好，我们通过您的申请材料初步了解您的学历、工作经历等背景，也看了您对加盟‘谭木匠’以后的设想和规划，有两个小问题，第一，你目前的工作很不错，为什么要辞职来做我们的加盟商呢？第二，你以前没有任何经商经验，你觉得加盟‘谭木匠’，你能做好吗？”孙琪想了想，从自己在“谭木匠”偶然的购买经历开始，娓娓地道出了自己的想法，……“最后，我想说的是，我很喜欢‘谭木匠’的梳子，因为喜欢，我才萌发了加盟‘谭木匠’的想法，我确实没有经商的经验，但是我可以学习，我有信心把它做好。”

这一周内，孙琪又经历了两次约谈。其中一次约谈，居然是在郑督导正在审查的一家“谭木匠”专卖店内。而另一次约谈，则是直接同华北片区的大区经理的面谈。虽然是很密集的约谈，但孙琪并没有觉得心焦、紧张或是心浮气躁，因为她发现，约谈并不像是一般的工作面试，更像是自己进一步了解“谭木匠”的过程，自己对“谭木匠”的认识更加深入了，同时，可能“谭木匠”也在一点一点地了解我吧。“彼此加深了解，是一件好事情！”

一周后，孙琪接到了“谭木匠”总部的面谈通知。孙琪的真诚、踏实和对“谭木匠”的热爱，使她顺利地通过了最终的面谈，成为“谭木匠”的准加盟商。“谭木匠”的副总经理在祝贺之余，郑重地对孙琪说：“今天‘谭木匠’接受你加盟，就等于‘谭木匠’把女儿嫁给了你，你一定要善待她。加盟‘谭木匠’还是有风险的，而且做‘谭木匠’不能发大财，如果想发大财，就不要做‘谭木匠’。”“我一定会像对自己的孩子那样爱护她的！”孙琪激动地想。

五、新店开张，“特许”助力

孙琪兴冲冲地返回盘锦，摆在面前的首要问题就是尽快选择一个合适的店址，才能签订加盟合同，装修开业。孙琪之前也看过几处备选的店面，因为感觉自己在店面选址方面并没有什么经验，加盟的事情也尘埃未定，所以一直举棋不定，没有进入实质性的洽谈。而当她就店面的选址征询刘经理的意见的时候，刘经理告诉孙琪，其实在接到她的加盟申请以后，公司就开始对盘锦市的各大商圈进行评估，包括各商圈覆盖的固定人口数、人口密度、日夜流动人口数、消费购物习惯、交通状况、附近商场及楼宇的数量和种类及未来发展潜力等。所以孙琪需要做的就是在备选的目标商圈内进行门店的具体选址。

孙琪在公司提议的目标商圈内经过多次实地考察，综合考虑刘经理提供的“谭木匠”的四条选址原则，即位于商业中心街道、有广告空间的店面、接近人们聚集的场所、交通便利，确定了一处备选门店。又按照刘经理发来的选址确认书，对备选门店的位置、面积、方位、朝向、周边环境氛围、装修效果、租赁时限等因素进行了系统的描述，连同周边环境的照片，一并发送给刘经理和公司总部。

三天以后得到了公司的初步确认，由刘经理陪同华北片区的大区经理来到备选店面进行实地审核。审核过程中，刘经理和大区经理一致认为，孙琪选的店面是一个街角店面，效果不如中间的店面，靠角的位置会影响店面装修的视觉效果。而孙琪则认为，选择街角的店面可以同时吸纳两条街上的客流，也会增加店面的穿行客流，即使损失一点视觉效果，也是值得的。而刘经理跟她解释道：“‘谭木匠’的梳子抓的不仅仅是客流总量，更应该关注的是抓住有效客流量，‘谭木匠’的品牌定位是中高档消费品，所以需要将店面的形象和购物环境放在首位，无效的穿行客流会严重损害店面的形象。”几天后，公司国内业务部的经理经过实地审核，也给出了相同的意见，要求孙琪尽可能拿下中间的店面。

果然，中间的店面不管是租金还是租赁条件，都相当严苛。孙琪使出了浑身解数，发动同事、朋友，动用一切可能的关系，找人帮忙，终于谈下了一家中间的店面。虽然在租金支付和租赁条件上获得了一些优惠，但整个过程让孙琪心力交瘁。将选址确认书重新发往公司总部确认之后，孙琪同“谭木匠”签订了一份长达 38 页的正式特许加盟合同。

确定了店址之后，接着就是店面装修。从选材到装修，完全由“谭木匠”派出的装修队一手包办。当店面装修好展现出庐山真面目的那一刻，“谭木匠”成了整条街上最靓丽的风景。从门楣字样的书写、店头的全木包装，到店内的木质展台，以至其他所有细节的布置和装饰，都同“谭木匠”其他门店全然一致，一色的精制、典雅和古朴的感觉。引得周围门店的商铺一阵阵的羡慕，是啊，有什么能比现代都市的商业街中突然出现一个古香古色的门店更引人注目的呢？

而孙琪却没能亲身感受这一历史性的时刻，她去哪儿了呢？在“谭木匠”的装修队开始进驻之时，孙琪就作为新加盟商开始接受公司总部对于专卖店标准化管理、企业文化、营销服务技巧等一系列培训。孙琪仿佛又回到了学生时代，认认真真地听讲，仔仔细细地做着笔记。两周的培训，孙琪不仅深切地感受到了深深扎根于“谭木匠”的诚信企业文化，对连锁店的经营管理和标准化也有了更深层次的认识。孙琪感觉，只要按照标准化手册规范去做，几乎没有什么需要自己再去费心的。例如，店内产品的陈列，按照《“谭木匠”专卖店陈列标准》，从挂框的利用到柜台内的陈列，从光源的投射到装饰品的选用、宣传册的摆放，基本上所有可能出现的情况，标准都一一指明了。“多亏了‘谭木匠’，开店也没那么难嘛，实在是太好玩了！”孙琪高兴得像个孩子。

培训结束回到盘锦，店面也已装修完毕。孙琪开始忙着选货进货，布置自己的小店。孙琪还没有招聘员工，一方面，孙琪觉得自己能搞定，另一方面，孙琪根本不知道应当招聘一个什么样子的员工。因为是本市的第一家“谭木匠”店，孙琪又是新加盟商，所以刘经理和郑督导也不时来到店面进行开业指导。他们现场具体的指导，使得很多手册上标准的应用鲜活起来。

一周后，盘锦市中兴商业街“谭木匠”1037 号店正式开业。开业的当天异常火爆，15 平方米的店面人满为患，虽然孙琪临时拉来自己的两位好友充当店员，但如果不是参加开业典礼的刘经理现场“救火”，孙琪一定忙得更加狼狈。然而，营业额却并没有达到孙琪的预期，看的人多，真正买的人少。孙琪开始意识到自己还有很长一段路要走。

从此，孙琪每天都像是一只上满发条的闹钟。清点库存、接待顾客、推销产品、收银记账、广告推广、售后服务……每一项工作，孙琪都亲力亲为，以至于某些时候完全找不到开店当老板的感觉。在一项一项的具体工作中，孙琪逐渐对专卖店运营的整体情况明晰起来。曾经感觉面对上千种的梳子，自己根本无从下手去向顾客介绍，渐渐地，对梳子的材质、功用、文化内涵等烂熟于胸。在一次次的介绍推销中，熟练掌握并学会了应用“谭木匠”的营销服务技巧，也更加深刻地领会了“谭木匠”将产品作为文化的载体销售的理念。同时，对“谭木匠”的喜爱也与日俱增，真正做到了加盟时将“谭木匠”专卖店当作自己孩子的诺言。在孙琪的努力下，专卖店的业绩越来越好，一年以后，收回了全部投资。

六、第二家店，矛盾初显

第一家店开业半年以后，经营有条不紊，一切似乎都步入了正轨。孙琪发现前六个月，销售额逐渐增长，从第七个月开始，就一直维持在一个非常稳定的销售水平。不管孙琪多么努力地在广告位、报纸、网站等四处打广告，或是守在店里同店员一起推介产品，销售额始终没有大的波动。孙琪在想，“是不是不论我管不管这家店，销售额都是这样了？”专卖店的业务增长仿佛到了极限。

“我是不是应当再开一家‘谭木匠’店了？”孙琪不止一次地这样问过自己。其实早在加盟之初，孙琪就考虑过这个问题，因为她注意到“谭木匠”的加盟有这样一条优惠政策——同一加盟商同城增加建店加盟费减半。这说明“谭木匠”是鼓励加盟商多开分店的。而在上年的加盟商年会上，孙琪也从其他加盟商处了解到，很少有加盟商只开1 家分店，很多一线城市的加盟商同时开设四五家分店，“谭木匠”推行的专卖店标准化管理使得管理 5 家分店和管理 1 家分店的精力要求差别不大。另外一个令孙琪隐隐担忧的是，虽然店面的毛利率在 60%左右，净利率能够维持在 30%左右，但销售额的增长极限使得单店的利润仍然不高；而与此相对的是，开店之时反复选址并辛苦谈下的店面，很可能由于租金的上涨而出现业主拒绝续约的情况。所以，现在是不是就应当开始筹备另建分店了。

有了上次选址的经验，孙琪比较了几处备选店面，很快选定了城市另一商圈的一家店面。选址确认书发送到总部以后，很快通过了大区经理、国内业务部经理的现场审核和批复。装修进驻、店员招聘和培训、进货、开业，这次都是孙琪一手包办的，片区的刘经理和郑督导基本没有参与到新店筹建中。一个月后，盘锦市第二家“谭木匠”专卖店顺利开业。十个月后，第二家专卖店也收回了投资。

两家专卖店波澜不惊地运转着。同时管理两家店面，使得孙琪对专卖店的运营有了更多的思考。“其实某些方面可以做得更好的，公司的标准毕竟不能适应各个地方的特点”，孙琪有时不禁会冒出这样的想法。“很多顾客反映店内的产品太单一了，如果能搭配其他产品，实现组合销售，那不仅满足了顾客的要求，也会提升销售额”，“全国统一价格、从不打折的定价在当前这种灵活的商业环境下，太受限了！任何节假日、促销都跟我们没关系，难怪销售额一年四季一直一动不动”，“店面装修费用太贵了，公司起码应当负担装修队的差旅费用吧”，“公司一直强调体验式营销、口碑宣传，但现在这种信息爆炸的时代，这种营销方式是不是太落伍了，公司不做广告，还不是我们加盟商自己来做，效果又不是很好”。

最近的几件事情，也让孙琪对“谭木匠”刻板的经营模式颇为不满。第一件事，就是孙琪费了好大的力气，才说服几家单位大宗采购“谭木匠”梳子礼盒作为礼品和员工福利，而其中一家还是孙琪原先的工作单位。但公司给出的大宗折扣统一为八折，在一折团购屡见不鲜的礼品市场上，这个折扣让孙琪灰头土脸，几单生意也无疾而终。第二件事，就是公司推行的终身免费维修服务。有几次，顾客拿着断了齿的梳子到店里要求免费维修，而总公司的维修政策是顾客必须提供断齿，专卖店提供黏合服务。因为这个不知所谓的政策，孙琪和店员没少受到顾客的刁难。修不好，顾客不满意，自然不会进行二次购买；修好了，顾客满意了，但二次购买的需求没有了。“公司是不会想到这些的，很多政策和标准已经离市场越来越远了，但还规定得这么死，一点自由的空间不给我们”，孙琪越来越感觉到这种刻板的标准化极大地束缚了加盟商的发展。

七、公司上市，暗潮涌动

2009 年 12 月 29 日，“谭木匠”在香港证券交易所主板挂牌交易，以配售及公开发售方式发行 6 250 万股新股，定价 2.58 港元的招股价格，募集资金共 1.395 亿港元，折合人民币 1.26 亿元。招股说明书中披露：“‘谭木匠’此次募集所得资金，1 500 万港元拟用于在 2010 年前开设 25 间海外市场直营店；2 400 万港元拟用于 2011 年前在中国开设 30 间 Tan’s 品牌高档家居饰品店；600 万港元拟用于在 2010 年前开设 3 家‘谭木匠’手工馆；3 500 万港元用于建设物流配送中心；3 000 万港元用于提升设计与研发能力；1 500 万港元用于建设销售体系；其余 1 450 万港元用作一般营运资金。”“谭木匠”的创始人谭传华在接受媒体采访时表示：“2010 年，‘谭木匠’要开约 200 家店铺，除了新增特许加盟店外，还要开 60 家国内新锐店和 25 家海外店铺，以及 30 家以 Tan’s 品牌命名的全新旗舰店。”

本来“谭木匠”在香港成功上市，对加盟商来说，是一件非常欢欣鼓舞的事情。但招股说明书和“谭木匠”建店的规划，无疑给加盟商浇了一盆冷水。一直以来，“谭木匠”采取的都是连锁加盟的特许经营方式，而如今大规模地自建旗舰店、直营店，增加了加盟商的失落感和不安全感。而更令加盟商集体担心的是，电子商务的失控。“谭木匠”一直通过门店的方式进行体验式的营销，网络渠道的销售比较少，这也是加盟商有信心跟进的根本原因。但目前“谭木匠”着手创立面向年轻人的电子商务品牌，开展线上线下并行的策略。虽然暂时没有造成直接竞争，但加剧了加盟商的不满和不稳定情绪。

这种不满情绪在 2012 年出现了一次小的爆发。一方面，公司要求加盟商继续扩大门店数量，实现公司的规模扩张；另一方面，“谭木匠”在 2012 年初全面调整了 2001 年起实行的价格体系，涨幅在 20%以上。很多老顾客的流失，让很多加盟商感觉到了前所未有的压力。而一些规章的调整，也让加盟商感觉，公司的上市对加盟商群体不仅没有任何的利益分享，反而将经营的风险、资金的压力都转移到加盟商身上。在许多一线城市，许多加盟商开设的新门店没能度过培育期就不得不关闭，门店租金、昂贵的装修费用都由加盟商独自承担。

孙琪也明显感觉到了公司上市之后的变化。一直以来，让孙琪感到安心的是“谭木匠”的退货保障机制。北方冬季室内干燥，有些材质的木梳的开裂现象明显，虽然名义上允许的退货率是 3%，但在上市之前，只要向公司说明情况，公司都会批准超出退货率的产品，但上市之后，退货率的执行变得非常严格，有些不近人情。更加严苛的是，上市之后，退货时开始扣除成本 20%的货品包装费和磨损费，这无形之中极大地增加了进货成本。

而财务季报和年报中的数字，更成了公司政策制定的风向标。片区经理开始向加盟商塞货，而不去考虑加盟商是否可以销售出去，库存的积压开始成为各个专卖店的普遍现象。而预付货款制度的严格执行更是缩紧了加盟商的现金流。上市之前，当顾客急需一款产品时，即使加盟商在公司的账上没有足够的货款，只要不超过 1 000 元，公司物流也会第一时间将产品快递出来。而上市之后，账上货款不足时绝无可能发货。而汇款到公司财务处理通常有 1~2 天的时间差，只有财务确认收款做账之后，才会发货。仅仅是小量的零售产品影响倒是不大，但一旦遇到节前突然的团购，预付账上的货款不足可就真的错失良机了，所以孙琪只能保证在公司账上预留足够的货款，而让自己的流动资金捉襟见肘。

孙琪越来越感觉到，上市之前，公司对待加盟商更多的是讲文化，讲“谭木匠”是一个大家庭，加盟商都是家庭的成员；而上市之后，公司更多的是要求，开始依据报表和数字来制定政策，感情和真诚的文化味道在慢慢变淡，加盟商的话语权少了，对品牌的感情反而淡了。而且，已经连续两年没有召开加盟商的年会了，加盟商同公司联系的平台在渐渐消失。“‘谭木匠’要做百年老店，真诚的文化和负责任的态度是我们加盟商认可并愿意跟随的根源”，孙琪听过不止一个加盟商这么说过。

八、第三家店，机会还是鸡肋?

很快，孙琪驱车来到了水游城。水游城作为盘锦市新建的集购物中心、五星级假日酒店、娱乐休闲、餐饮、地下商业街、写字间、公寓、高档住宅于一体的大型综合性新兴商业圈，孙琪已经到这里考察了很多次。

孙琪漫无目的地在购物中心内游逛，心事重重，“从盘锦目前的城市经济发展和人口来看，两家店面已经接近饱和，再开新店很可能是亏损或是蚕食现有店面的市场份额，而现在两家店面的单店销售额和利润均比一年前有了明显的下降，水游城这类新商圈的兴起，一定是需要抢占的，但新店能否顺利度过培育期呢？如果坚持不开第三家店，公司很有可能引进新的加盟商，这样前期市场开拓的成果就拱手相让了。”

似乎只能硬着头皮做下去了，“虽然公司要求进驻商场，也有一定的道理，但是，第一，没有在商场运营的经验，第二，商场的规矩条款太多，还按销售定期调整位置，总换地方不利于培养老客户，而且每次重新装修都得是公司的装修队，频繁的装修费用也吃不消，其实只要有利润，开在哪里都不是问题，我对沿街店面的选择和谈判倒是有很多心得，管理和广告推广也得心应手，如果能找到一个位置非常好、适合开‘谭木匠’，租金还不贵，能长期稳定开下去的核心地区的商铺，我肯定要开在那里。”

“要不要开第三家店呢？要开的话，是进商场还是再选择一个好的沿街店面呢？”孙琪很纠结，“难道就没有其他选择了吗？”突然间，孙琪想到了这两年经营过程中的种种不快，“或者，回笼一下资金，寻找其他的项目？教育培训也不错，以前不也考虑过吗？”

启发思考题：

1. 孙琪为什么选择开设“谭木匠”加盟店作为创业项目？“谭木匠”选择孙琪作为盘锦地区的代理商，是出于对哪些因素的考量？

2. 在孙琪创业之初，遇到的主要困难有哪些？“谭木匠”特许经营模式的优势体现在哪里？

3. 孙琪经营两家门店之后，“谭木匠”的特许经营模式对加盟商发展的束缚体现在哪里？孙琪是否应就其对加盟店运营所做的思考做出改进？

4. 如何看待“谭木匠”上市之后，同加盟商之间出现的问题？应如何解决？

5. 如果你是孙琪，是否应当开设第三家专卖店，店铺选址应如何考量？

案例分析：

一、学习章节与理论回顾

该案例主要适用于“企业管理”课程中的“连锁经营管理”章节内容，也适用于“创业管理”专业课及创业培训。该案例分析所涉及的主要管理理论与方法包括特许经营的概念、类型和特点；特许方与受许方的资源互补理论；特许关系发展的阶段理论；特许经营的关系性质及治理。简介如下。

1. 特许经营的概念、类型和特点

1）特许经营的概念

特许经营是指总公司把自己所拥有的商品、商标、商号、价格、运作、管理、广告专利品、专利技术、经营模式和销售方法等企业智力资源，以特许经营合同形式授予加盟商，让其在特定的经营模式下规范操作，加盟商依照合同约定在统一经营体系下从事经营活动，并定期向总公司支付相应费用的商业模式，双方共担风险、分享利润。

国际特许经营协会（International Franchise Association，IFA）的定义为，特许经营是总公司与加盟商之间的契约关系，根据契约总公司向加盟商提供一种独特的商业经营特许权，并给予人员训练、组织结构、经营管理、商品采购等方面的指导与帮助，加盟商向总公司支付相应的费用。

2）特许经营的类型

（1）一般特许经营：最为常见的形式，即总公司向加盟商授予产品、商标、店名、经营模式等特许权，由该加盟商使用这些特许经营权进行经营，并支付一定的费用作为代价。

（2）委托特许经营：总公司把自己的产品、商标、店名等特许权出售给一个代理人，授予该代理人特许权，允许他负责某个地区的特许经营权授予，由他负责该地区内的加盟申请者授予特许权。

（3）复合特许经营：这是指将一定区域内的独占特许权授予加盟商，该加盟商在该地区内可以独自经营，也可以再次授权给下一个加盟商经营业务。该加盟商既是加盟商身份，同时又是这一区域内的授权者身份。

3）特许经营的特点

（1）特许经营具有资产独立性的特征。加盟店之间以及加盟店与总公司之间的资产都是相互独立的，也就是加盟商对其店铺拥有所有权，店铺经营者是店铺的主人。

（2）特许经营实行独立核算。加盟店与总公司都是独立核算的企业，加盟商在加盟时必须向总公司一次性交纳品牌授权金，并在经营过程中按销售额或毛利额的一定比例向总公司上缴“定期权利金”。

（3）加盟商与总公司是纵向关系，各加盟商之间无横向关系，彼此存在竞争关系，因而对加盟商和加盟店的合理布局是特许经营的一个重要问题。

（4）总公司与加盟商的关系是平等互利的合作关系。总公司在经营管理上往往不采取强制性措施，一方面通过特许合同规定双方的权利义务，另一方面则是通过有效的服务、指导和监督来引导加盟商的经营行为。

2. 特许方与受许方的资源互补理论

根据新制度经济学中的资源稀缺理论，总公司在市场拓展的过程中，经常因为缺乏资金、管理人才、市场信息等因素，发展受到局限；而加盟商经常因为缺乏品牌、商业经验等而不敢贸然开店。通过对比可以发现，特许双方具备资源互补关系，因此双方走到了一起，建立了特许关系。其中，经济利益是核心纽带，任何一方无法实现其经济利益，或认为投资收益没有达到预期，那么特许关系就面临着极大的考验。特许方与受许方之间的资源互补关系如图 15.1 所示。

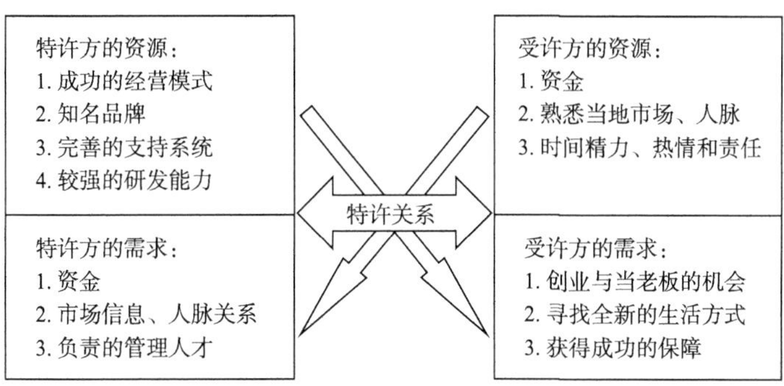

图 15.1 特许方与受许方之间的资源互补关系示意图

3. 特许关系发展的阶段理论

特许关系发展中，加盟商的心态与行为的变化实际上是一个循序渐进的过程：由依赖到要求独立，再到相互依存。主要有 Greg Nathan 的加盟商心理变化 6E 模型，如图 15.2 所示。

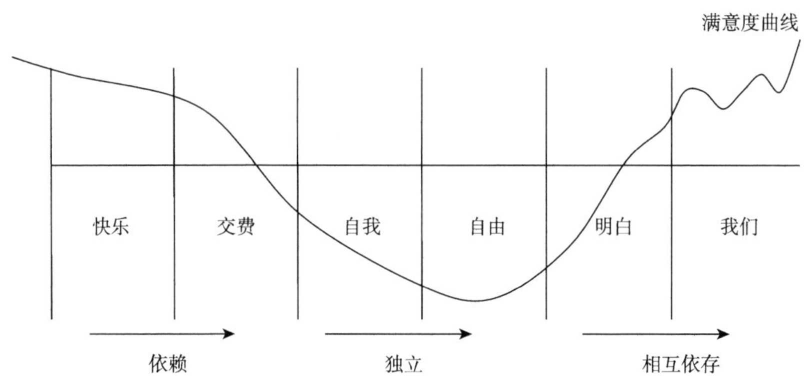

图 15.2 加盟商心理变化的阶段理论

（1）快乐（Glee）阶段。加盟时的想法可能是，总公司很关心我们的成功，我加入这个特许经营体系很激动，我对未来充满希望，我对我们的关系感到非常高兴和满意。

（2）交费（Fee）阶段。虽然我在赚钱，但蛋糕顶层的奶油被刮走了，对于交费我的心情并不那么舒畅。

（3）自我（Me）阶段。是的，我是成功的。但我的成功是我辛勤工作的结果。没有总公司，我也可能同样成功。

（4）自由（Free）阶段。我确实不喜欢总公司对经营的各种限制。对于总公司的不断干预，我感到灰心和厌烦。我想做我自己想做的事，表达我自己的思想。

（5）明白（See）阶段。我能认识到按照特许经营规定进行操作的重要性，我也认可总公司给予的支持服务的价值。我能看出，如果我们都做自己的事，标准就会降低，我们将失去给予我们竞争优势的那些真正的东西。即使我们的某些想法可能带来一时的效果，但同时也破坏了公司整体的标准和形象。如果每家加盟店都这样随意改造，那么整个连锁体系就乱套了，最终受损的是我们自己。

（6）我们（We）阶段。我们需要一起工作，以建立我们之间的业务关系。我在某些领域需要一些具体的协助，以发展我们的企业，但我还有一些希望总公司考虑的想法。

在这个心理变化过程中，加盟商从依赖走向独立，最后走向相互依存。在心理变化的每一个阶段，加盟商对总公司及合作关系的满意度是不同的，如图 15.2 中满意度曲线所示。一旦加盟商心理上走向独立的愿望达到高峰时，满意度处于最低谷。

（1）依赖。在建立特许经营关系早期，加盟商依赖于总公司的指导和支持。加盟商甚至会把总公司当作偶像崇拜，相信总公司的技术知识一定能保证他们成功。

（2）独立。随着加盟商在经营中获得越来越多的经验，独立的意愿越来越强烈。这种独立情绪和幻想将对特许双方的合作关系构成极大的考验。如何成功渡过这个时期，取决于双方处理合作关系的态度和方法，特别取决于总公司如何去引导。

（3）相互依存。相互依存是最高、最成熟的一种关系。能发展一种健康的相互依存关系对总公司和加盟商而言都是幸运的——他们的公司都将继续发展和兴旺。因此，特许经营双方都应当为争取这种关系而努力。

4. 特许经营的关系性质及治理

只有全面理解特许经营关系的性质，才能正确处理好特许关系。从特许关系产生的逻辑上看，特许关系具有四种性质，即经济关系、合作关系、契约关系、人情关系。首先，特许关系是一种经济关系，总公司和加盟商为了各自的经济利益走到一起。其次，特许关系是一种合作关系，总公司和加盟商通过合作经营来实现经济利益目的，不是从属关系，也不是雇佣关系。再次，特许关系是一种契约关系，总公司与加盟商签订特许合同，明确双方的责权。最后，在合作过程中，公司与加盟商需要加强沟通，增进感情，化解矛盾，避免法律纠纷。

总公司和加盟商都有责任确保特许关系健康发展。但在处理特许关系过程中，总公司有更大的主导权和控制权。特许关系治理可以参考以下三种基本策略。

（1）建立“家庭式”的特许体系文化。特许双方除直接的经济利益因素之外，情感因素是一个很重要的因素。在特许体系的发展过程中，情感因素不仅不能抹杀，还要尽可能加强。首先，特许经营是一种双赢策略，总公司的赢利建立在加盟店赢利基础之上，为更好地实现双赢，总公司应当更强调“优先保证加盟商的利益”。其次，总公司要有公平、公正的态度和政策，对待直营店和加盟店应一视同仁，或明确区分业务界限。最后，特许关系中的许多矛盾是双方缺乏良好沟通引起的，总公司应当采取积极、主动的姿态和多种沟通方式与加盟商进行沟通。

（2）标准化策略。标准化是特许连锁经营的一个基本要求。但标准不是绝对的，而是相对的，标准需要在实践中逐渐得到改进，使之更加富有科学性和可操作性。一方面，总公司应该投入更多的资金和人力，加大研发力度，不断优化店铺运营模式，提高店铺的营利能力和可复制性。另一方面，总公司需要不断提升服务支持系统的完善度和水平，包括选址、培训、督导、配送、营销、财务等。

（3）授权策略。标准化与授权是相反的两个方面。如果能够制定科学、合理、可行的标准，那么就制定标准，并要求各个加盟商执行。如果暂时不能制定标准或标准，需要适应具体环境或进一步改进，那么就应当授权于加盟商，由加盟商自行决定或参考“粗标准”执行，因为加盟商最了解市场，他们在解决实际问题。总公司的精力应当更多地集中于市场研究和体系完善，而加盟商应当更多地投入运营和提出建议。

二、分析思路

该案例的讨论内容涉及特许经营创业模式中“特许方与受许方的资源互补”、“特许经营发展的阶段特征”及“特许经营中的冲突治理”三部分内容。案例分析的思路具体如图 15.3 所示。

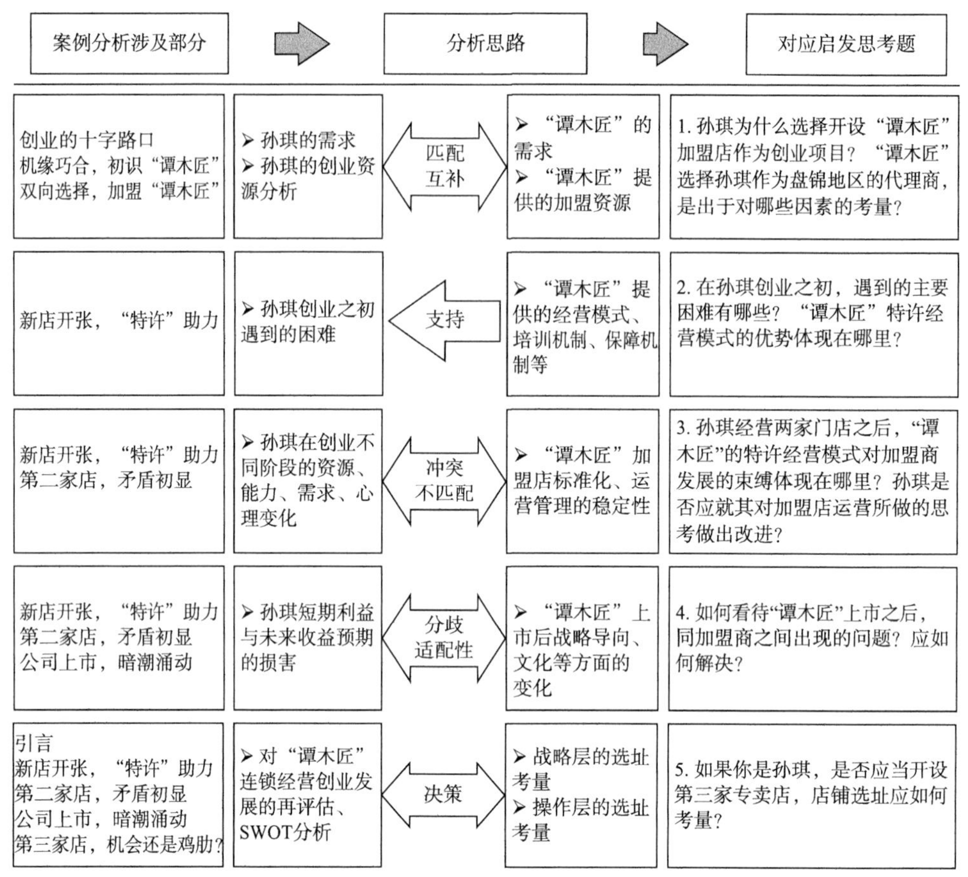

图 15.3 案例引导分析思路示意图

对该案例的分析，可以沿着孙琪加盟“谭木匠”创业的不同发展阶段，分阶段进行启发思考题的讨论与分析。

（1）分析特许经营创业中加盟商与总公司在资源需求和发展需求方面的互补与匹配关系。主要结合案例正文的创业的十字路口；机缘巧合，初识“谭木匠”；双向选择，加盟“谭木匠”部分，探讨孙琪与“谭木匠”双向选择的原因。通过引导性提问，组织学员讨论，形成总公司与加盟商之间的资源互补关系的理论构建型学习。

（2）分析特许经营创业中总公司对加盟商的支持作用。主要结合案例正文的新店开张，“特许”助力部分，探讨在创业初期阶段，孙琪遇到的困难和“谭木匠”提供的支持，以及效果。通过引导性提问，组织学员讨论，形成创业早期阶段特许经营模式对加盟商支持作用的理论构建型学习。

（3）围绕加盟商创业的动态性发展与特许方经营模式的稳定性特征，分析特许经营发展中加盟商与总公司之间关系的变化，并探讨其变化根源。主要结合案例正文的新店开张，“特许”助力，以及第二家店，矛盾初显部分，比较创业发展的早期和中期，孙琪在创业能力、经营能力、资源需求等方面的成长和变化，并对比分析“谭木匠”标准化的经营管理模式在不同阶段对孙琪创业的作用和影响。可以结合创业成长特征与创业企业不同阶段的资源需求，隐性引入加盟商心理变化阶段理论，引导学员分析讨论特许经营创业过程中加盟商与总公司之间的关系变化现象及其根源。

（4）分析特许经营模式中加盟商个体发展与总公司整体发展的分歧，探讨基于适配的双边治理问题。主要结合案例正文的新店开张，“特许”助力；第二家店，矛盾初显；公司上市，暗潮涌动部分，通过引导学员寻找“谭木匠”上市前后的战略导向及措施变化、文化制度转变，以及对加盟商的影响，深入探讨特许经营模式中总公司整体发展与加盟商个体发展间分歧产生的根源，引导学员提出特许经营关系的性质和双边关系治理的建议。教师补充完善，形成特许经营关系性质和双边关系治理原则。

（5）在通读全篇案例的基础上，做出是否开设第三家店的决策。虽然表面看来，是孙琪处于是否开设第三家店的决策点，实质上，是孙琪如何处理创业发展的动态性与特许经营管理稳定性之间的关系，也是孙琪创业战略的转折决策点。主要结合案例正文的引言；新店开张，“特许”助力；第二家店，矛盾初显；公司上市，暗潮涌动；第三家店，机会还是鸡肋部分，以对孙琪目前专卖店经营的 SWOT 分析结论为基础和出发点，从战略层和操作层两方面，引导学员就是否开设第三家分店进行开放式讨论。

三、收集拓展资料

1. “谭木匠”加盟流程

“谭木匠”加盟流程如图 15.4 所示。

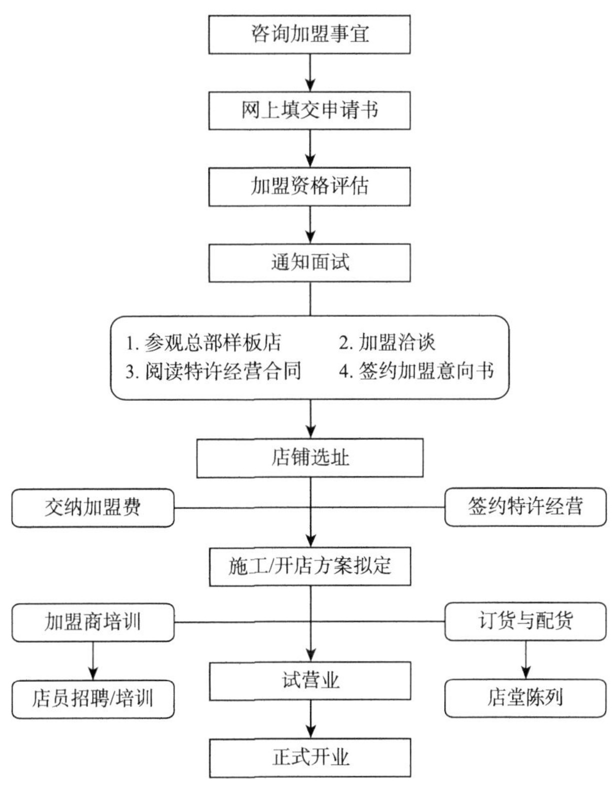

图 15.4 “谭木匠”加盟流程

2. 盘锦“谭木匠”门店样式与店内陈设

盘锦“谭木匠”门店样式与店内陈设如图 15.5 所示。

图 15.5 盘锦“谭木匠”门店样式与店内陈设

四、启发思考题引导分析

本部分给出启发思考题的引导性分析，具体分析思路及方式由授课教师根据学员层次、课堂情况、授课方式等灵活选择。

（1）孙琪为什么选择开设“谭木匠”加盟店作为创业项目？“谭木匠”选择孙琪作为盘锦地区的代理商，是出于对哪些因素的考量？（涉及的理论：特许经营模式下特许方与受许方的资源互补理论）

孙琪和“谭木匠”之间的合作关系是典型的特许经营关系。“谭木匠”把其所拥有的商品、商标、商号、价格、运作管理、经营模式和销售方法等智力资源，以特许经营合同形式授予给孙琪。孙琪在“谭木匠”总公司提供的经营模式下规范操作，并向公司支付相应的费用。在特许经营模式下，孙琪和“谭木匠”能够“各取所需”，实现资源的互补，如图 15.6 所示。

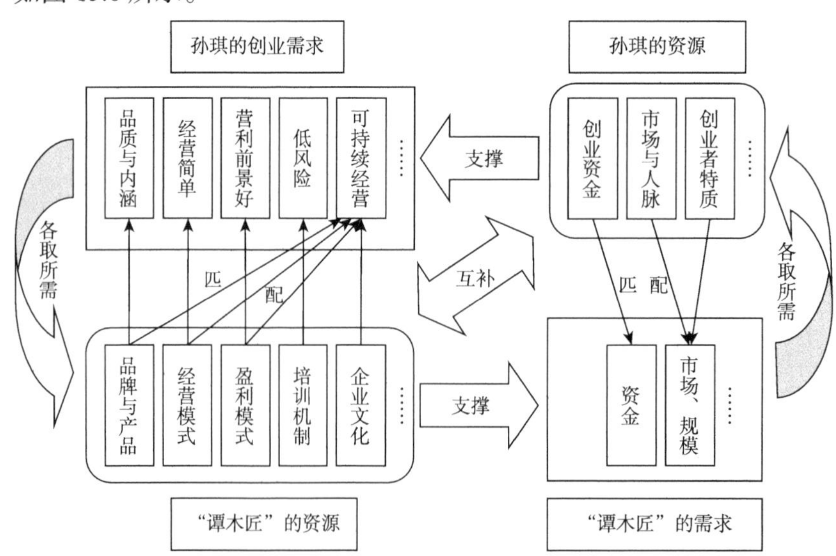

图 15.6 创业前期孙琪与“谭木匠”的资源互补关系

对于孙琪而言，“谭木匠”有着较好的资源优势，如表 15.1 所示。

表 15.1 “谭木匠”的资源及其具体表现

资源	具体表现
产品和品牌	手工精制的木梳、木镜、簪子等，既有实用性又有艺术性，填补了市场中中高档梳妆产品的空白，没有明显的竞争对手
企业文化	长期坚守“诚实”“守信”“人文关怀”等理念，踏踏实实做实业，并对加盟商讲究“大家庭”，以诚相待，一视同仁
商业模式	较为成熟的连锁经营模式让没有经验的初次创业者可以轻松上手，且加盟和开店费用不是很高（前期资金投入在 10 万~15 万元）；全国已有多家连锁店，且具有一定规模，可供其他店铺借鉴参考
营利能力	有较为可观的利润前景，一般能够在 1~2 年内收回投资，实现盈利；产品的利润率较高，一般在 40%~60%浮动
运营成本	店铺的经营面积不大，管理相对简单，同时辅助以“谭木匠”公司标准化的培训，有效降低员工的培训费用
保障机制	允许加盟商在经营期间调换滞销货，对于正常经营到合同期满不再经营者，也可以退一年以内的存货

对于“谭木匠”而言，之所以采取加盟连锁的方式进行市场营销，主要是因为缺乏开拓市场的资金、人员及本地化的市场信息等资源。而孙琪作为盘锦当地的加盟商，不仅可以提供“谭木匠”所缺少的资金、市场信息、本地人脉，而且具有很高的热情、品牌认同度及较为出色的个人素质，具有经营的责任感和长期发展的使命感，如表 15.2 所示。

表 15.2 孙琪的资源及其具体表现

资源	具体表现
创业资金	可以提供“谭木匠”进军盘锦市场的资金
市场与人脉	在盘锦积累了一定的人脉关系，对盘锦地区的市场有较好的了解
创业者特质	受过高等教育，有较好的职业素养，富有创业精神；对品牌的熟悉度和认可度较高，有踏实经营的心态，具备长期合作的意愿

（2）在孙琪创业之初，遇到的主要困难有哪些？“谭木匠”特许经营模式的优势体现在哪里？（涉及理论：特许经营模式下特许方与受许方的资源互补理论）

在孙琪创业之初，“谭木匠”标准化的店铺经营模式，为没有创业和商业运营经验的孙琪提供了极大的帮助。其标准化的特许经营模式降低了孙琪创业失败的风险，并为孙琪提供了企业经营的知识学习与实践机会，如图 15.7 所示。在这个阶段，孙琪对“谭木匠”的经营理念的认可度和归属感极高，对公司提供的帮助非常感激和兴奋，对未来充满了期望。

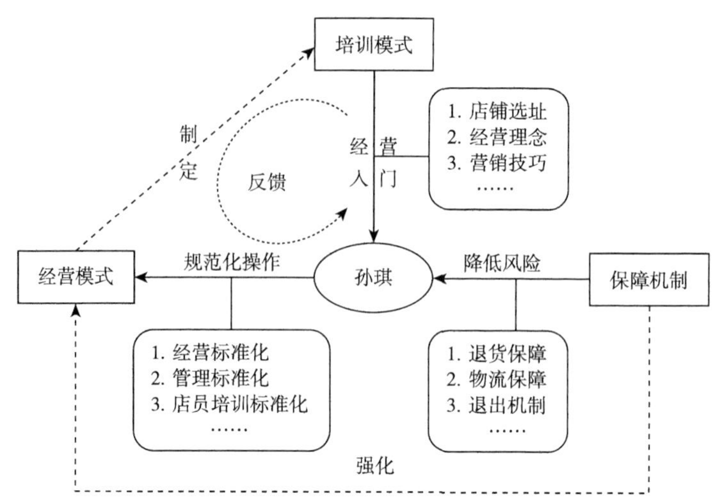

图 15.7 创业早期阶段"谭木匠"标准化特许经营模式对加盟商的支持

"谭木匠"对处于创业早期阶段的加盟商的支持表现为：①允许加盟商在经营期间调换滞销货，对于正常经营到合同期满不再经营者，也可以退一年以内的存货，提供了合理的保障机制和退出机制；②从店面装潢、店内摆设，到产品定价、物流配送、管理模式、加盟商培训、员工培训，都有着高度统一的标准，加盟商只需要按照这些标准销售产品即可，为初次创业者提供了支持；③"谭木匠"特许经营项目的成本规模较小，而"谭木匠"全国统一的定价具有很强的价格控制力，其品牌和门店设计能够有效避免模仿者的市场进入和竞争。同时，具有强大的标准化体系，通过培训迅速提升加盟商的管理水平和经营能力。

（3）孙琪经营两家门店之后，"谭木匠"的特许经营模式对加盟商发展的束缚体现在哪里？孙琪是否应就其对加盟店运营所做的思考做出改进？（涉及理论：特许关系发展的阶段理论）

"谭木匠"特许经营模式对加盟商发展的束缚体现在：①标准化的经营管理模式同顾客需求的多样化、地域差异化的矛盾；②全国统一价格、从不打折的定价同当前灵活的商业环境发展的矛盾；③"酒香不怕巷子深"的体验式营销同信息爆炸时代的营销发展的矛盾；④滞后且缺乏支持的售后服务政策同顾客管理的矛盾；⑤加盟商对于更换店面所需的装修费用的完全承担；等等。

采用特许经营加盟商发展阶段理论进行分析。在经营两家门店之后，孙琪的心理和行为的表现，主要源于特许方和受许方双方资源匹配度发生了变化，创业前期和早期创业阶段双方能互相满足资源的互补性需求，而随着创业企业的成长，以及孙琪创业能力和商业经营管理能力的提升，双方的资源互补性满足出现了偏离，导致孙琪感觉受到特许经营模式的束缚越来越深，萌发了改进的想法。通过逐条分析孙琪提出的经营"谭木匠"加盟店所遇到的问题，发现多数是由特许方和受许方之间长期利益和短期利益的冲突造成的（图 15.8）。如果孙琪擅自改变公司的标准，将会失去"谭木匠"竞争优势赖以存在的基础。这样即使获得短期的利益，也会破坏整个加盟体系和公司的形象。正确的渠道应该是，孙琪应当就这些问题同"谭木匠"沟通，达成一致的意见，获得共赢。

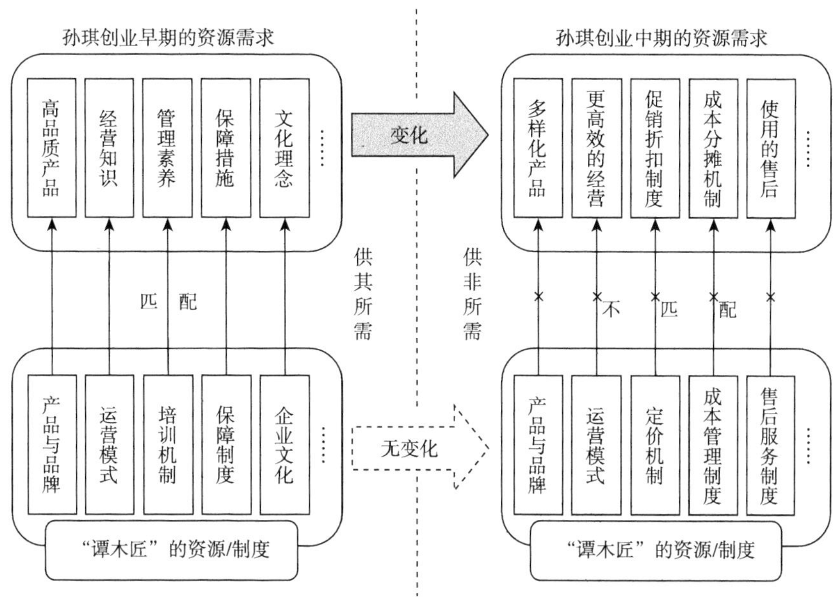

图 15.8 孙琪与“谭木匠”供求资源的匹配关系变化示意图

（4）如何看待“谭木匠”上市之后，同加盟商之间出现的问题？应如何解决？（涉及理论：特许经营的关系性质及治理理论）

上市之后，“谭木匠”与加盟商之间开始出现严重分歧，如图 15.9 所示。主要是“谭木匠”的管理理念发生了根本性转变：上市之前，“谭木匠”对待加盟商主要讲的是“文化”，强调“大家庭”的理念，富有人文关怀；而上市后，“谭木匠”严格执行现代企业制度来管理加盟商，依据财务报表和数字来制定政策，感情和真诚的文化味道在慢慢变淡，加盟商的话语权少，对品牌的感情也随之变淡。上市后，“谭木匠”和加盟商之间的分歧具体表现为以下几方面。

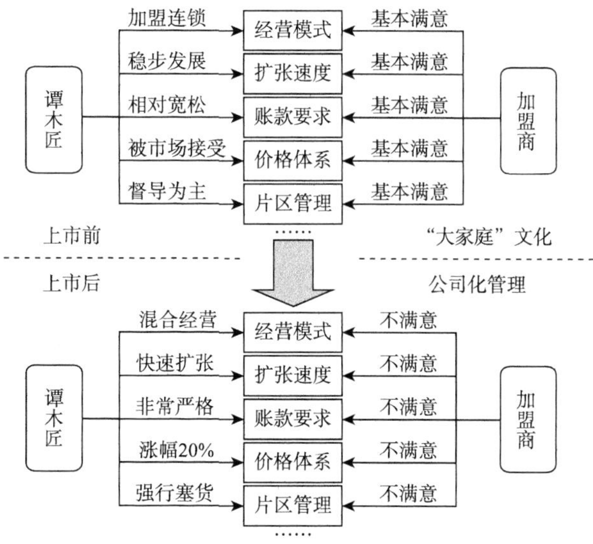

图 15.9 上市前后“谭木匠”与加盟商的关系变化示意图

（1）经营方式冲突。一直以来，“谭木匠”采取的都是连锁加盟的特许经营方式，而后来大规模地自建旗舰店、直营店，增加了加盟商的失落感和不安全感。

（2）成本与风险转嫁。加盟商认为，不仅没有享受到任何上市带来的利益，反而承受了更多的经营风险和资金压力：一方面，“谭木匠”不断要求加盟商继续扩大门店数量以扩张规模，大幅增加了加盟商的经营成本；另一方面，“谭木匠”在2012年初全面调整了2001年起实行的价格体系，涨幅在20%以上，使加盟商失去了很多老顾客。

（3）“严苛”的政策制度。财务报表取代实践运营反馈，成了公司政策制定的风向标。例如，向加盟商塞货，却不考虑实际销售情况，库存积压普遍；严格执行预付货款制度，极大限制了资金周转能力和对商机的把握。

“谭木匠”上市之后，与加盟商产生分歧的根源在于公司战略导向的转变，以及未进行合理的利益分配和远景规划，损害了加盟商的利益和对未来不确定性的恐慌。可以通过以下办法尝试解决：首先，“谭木匠”应回归到家庭式的企业文化，因为其连锁经营模式生存的基础是加盟商的支持和寓文化于产品的经营理念，这才是企业向“百年老店”发展的基石，为了短期的上市公司业绩，丢弃文化是不可取的。其次，设计合理的利益共享机制，并规划发展愿景，使得加盟商能够了解并跟随企业的长远发展规划，同时能从企业的发展中得到自身的发展，而非将总公司与加盟商割裂和对立开来，“谭木匠”应当采取必要的措施激励来维持和加盟商之间长期的合作关系，如倾听加盟商的意见，不断提升标准化管理模式的水平，分摊一部分店面装修费用，在与加盟商的关系上体现更多的人情化文化和措施。只有让加盟商感受到家庭的氛围，支持加盟商的发展，才能让加盟商对企业不离不弃，同企业的发展休戚与共。

2015年，“谭木匠”已有了一些新动向——在刚刚过去的5月中旬召开了主题为“变革”的加盟商年会，和不同地区的加盟商面对面地交流讨论经营销售过程中的问题，以寻求解决亦法。公司启动了“第三代店的形象提升”计划，店面装修再次全新提升，并听取了加盟商的意见，出台了对新一代形象店加盟商的装修补贴政策，而在此之前装修费用都是由加盟商完全自行承担。针对供应商提出的产品设计升级问题，也做出了改进，发布了新产品，外观设计方面既保留了古典文化特色，又融入了不少现代设计理念。

（4）如果你是孙琪，是否应当开设第三家专卖店，店铺选址应如何考量?

该问题是一个开放式的讨论问题，从案例正文本身来看，并没有确定的答案，可以对目前孙琪门店的经营现状进行SWOT分析，以此为基础，进行第三家店的开店决策、战略层和操作层的选址考量，如图15.10所示。

首先，不开新店潜伏着巨大的危机：目前，孙琪是盘锦地区唯一的加盟商，掌控该地区市场的“谭木匠”产品销售。如果孙琪坚持不开第三家店，公司很有可能引进新的加盟商，这样相当于将前期市场开拓的成果拱手相让。

其次，开新店要面临巨大的挑战和风险：①从盘锦目前的城市经济发展和人口来看，两家店面已经接近饱和，开新店很可能是亏损或是蚕食现有店面的市场份额；②“谭木匠”上市后，加盟商经营风险和成本大幅上升，同时客流减少，利润空间明

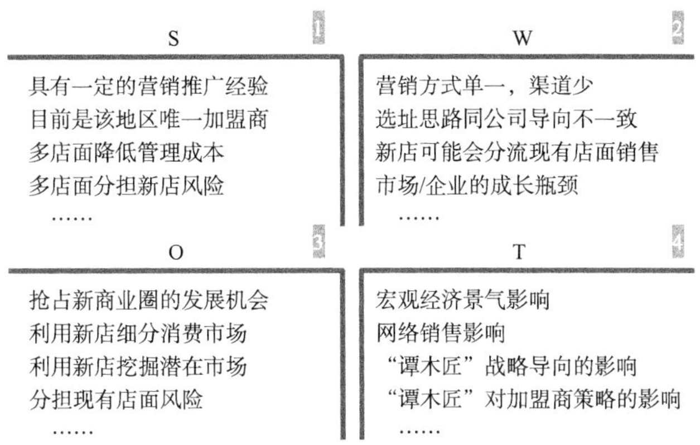

图 15.10　第三家店开设的 SWOT 分析

显下降；③选址问题一直存在争议，“谭木匠”公司要求进驻水游城的商场，但商场的规矩条款过多，要求按销售定期调整营业位置，频繁更换营业地点不利于培养客户忠诚度，此外还要承受高额的装修成本；④水游城是新兴商圈，存在很多不确定因素，未来的发展状况是一个未知数，新店不一定能顺利度过培育期。

孙琪本人确定的选址操作原则（供课堂讨论参考）：先确定商圈（固定人口数、人口密度、日夜流动人口数、消费购物习惯、交通、附近商场及楼宇数量与种类），在核心商圈中寻找聚集人流的地方，包括商场内外和临街门市，未来潜力巨大的地方也可以。另外，门店方位、店铺的长期性也非常重要。加盟商选好位置后上交到公司审批，公司也会提出选址建议。

五、学习总结

特许经营被称作第三次商业革命浪潮，被认为是 21 世纪主导的商业模式，正在席卷中国。特许经营既可以作为一种促进企业快速发展的经营管理模式，也可以作为一种创业模式，为资金有限、缺乏经验的创业者提供一个可操作的创业发展模式。在该案例中，应重点探讨零售业特许经营模式对创业不同阶段的作用和影响，深入剖析加盟商和总公司之间的依存关系与冲突治理问题。通过对该案例的阅读和分析讨论，可以了解和掌握以下重要知识点：

（1）特许经营的概念、特点，以及特许经营加盟的一般流程；

（2）特许经营中资源互补理论；

（3）特许经营发展的阶段理论；

（4）特许关系治理的理念与策略。

第 16 章

《“蓝卡模式”：商业模式转变之路》案例学习

案例正文：

“蓝卡模式”：商业模式转变之路[①]

摘要：蓝卡（国际）健康集团是一家“互联网+健康服务”的专业医疗连锁机构，在发展过程中形成了由蓝卡诊所、国家级专家平台、移动云体系共同构成的服务系统，并在此基础上打造了健康产业的综合平台。精准定位目标客户、提出价值主张、打造关键业务、凝聚核心资源、有效维护客户关系……都是蓝卡（国际）健康集团所构建的健康产业平台取得成功的要素。案例通过对蓝卡（国际）健康集团发展历程的回顾与现状描述，引导学生应用商业模式分析工具，分析平台型商业模式构建的要素与可行策略。

关键词：医疗健康；平台型商业模式；互联网+；蓝卡（国际）健康集团

一、引言

2017 年 5 月 17 日，“2017 中国基层医疗创新实践论坛”在四川成都举行，作为中国首份《赋能基层医疗——2017 基层医疗创新白皮书》分享的基层医疗实践案例之一，蓝卡（国际）健康集团荣获“2017 年中国基层医疗最佳实践案例奖”，董事长于浩波受邀出席论坛并发言。

于浩波董事长做了题为“医联网支撑下的蓝卡健康模式”的经验分享，并在随后的圆桌论坛中，与业内共同探讨《基层医疗机构连锁化道路的探索》。蓝卡（国际）健康集团通过自主研发的医联网系统（Lancare System）开展基层社区全科医疗和家庭医生签约服务。向上连接三甲医院及各科专家，向下指导基层诊所医疗服务，并建

① 案例由大连理工大学管理与经济学部的马晓蕾、吕一博、王淑娟、韩少杰撰写，作者拥有著作权中的署名权、修改权、改编权。案例授权中国管理案例共享中心使用，中国管理案例共享中心享有复制权、修改权、发表权、发行权、信息网络传播权、改编权、汇编权和翻译权。由于企业保密的要求，在案例中对有关名称、数据等做了必要的掩饰性处理。案例只供课堂讨论之用，并无意暗示或说明某种管理行为是否有效。

立会员终生的健康档案，实行三甲医院与蓝卡诊所间的双向转诊，以此来保证基层医疗品质。

这再次印证了蓝卡（国际）健康集团的商业模式已经获得中国政府医疗改革的高度认可，面对此情此景，于浩波董事长感慨万千：几经转折的“蓝卡模式”从养老地产起家，以解决居家养老问题为初衷，却在商业模式转变的过程中走上了“医疗体制改革”的康庄大道，第三次商业模式转型，“蓝卡模式”又将步入健康产业，以其在基础医疗领域积累的优势，通过打造健康产业的综合平台，惠及更多的憧憬着健康生活的人群，蓝卡的企业梦想一步步照进现实，而客户黏性又成了摆在蓝卡（国际）健康集团眼前的一个新问题，“蓝卡模式”的转型之路必须越走越快……

二、中国健康产业现状

1. 健康产业的范畴和特点

狭义的健康产业是指与人的身体健康有直接关系的产业，主要是以医药产销和医疗服务为主的产业；而广义的健康产业不仅包含医药工程、医疗卫生服务等活动，还包括与之相关的一些边缘性产业，如制药设备、包装产业、服务业等有关活动，涉及医药、保健品、食品饮料、医疗器械、中药材、医用材料、原料中间体、制造设备、化妆品等产品的生产经营及医疗服务、健康管理、休闲健身、营养保健、咨询服务、人才服务等细分领域的服务。

健康产业具有三大特点：首先它具有较高的技术含量和附加价值，其次它是一种低能耗、低污染的绿色产业，最后它是一个覆盖面较广、产业链条长、能吸纳较多就业人数、具有较大消费拉动作用的复合型产业。因此，发展健康产业既能带动经济增长，又能惠及改善民生。

正因为如此，健康产业在全世界都受到越来越多的关注。从全球来看，健康产业的市值已占全球总产值的 15%左右，这个数字较其他产业来说已然十分庞大，却依然有提升的空间。

在中国，随着人民生活水平日益提高，延长生命的长度已经不再是人们的唯一目标，怎样提高生命的质量越来越被重视。2017 年，中国的健康产业占 GDP 总值的 4%，较 2000 年增长了 5 倍，这样的速度放在任何行业都令人瞠目结舌。

2. 互联网时代的健康产业

互联网时代的来临给健康产业注入了新活力，健康产业面临的技术模式、客户需求都在发生巨大的变化，基于大数据、物联网、云计算的健康管理应用，如健康 APP、健康 DIY、移动医疗、远程医疗、智慧医疗、可穿戴健康管理设备等各种新概念、新模式层出不穷。

很多厂商看到如此巨大的发展潜力，纷纷进入该产业链，从中攫取利益。一时之间，保健品、药品、养护用品和服务风起云涌，丰富市场的同时，也带来了产品质量参差不齐、宣传夸大其词的现象。整个产业处于“供给碎片化”的状态，面对“需求多元化”的市场，如何才能使消费者便捷地享受到有品质保证的健康服务，选择放心的产品，同时又不过度浪费，让资源尤其是医疗资源达到合理分配的程度，成为一个新的时代难题。

要解决这个难题，除了完善体制，规范相关法规，整治混乱现象外，还需要健康产业共同前进、协调发展，不能做单脚走路的人，要让健康产业内部的各行各业都蓬勃前进。一个能够与国家医疗体制相结合的、整合多种类产品与服务的、能够与客户需求快速匹配的、有效解决老年人养护与基础医疗难题，以及满足大众健康需求的综合平台解决方案亟待提出。

三、蓝卡的“前世今生”

蓝卡（国际）健康集团于2012年6月22日成立，其创始人于浩波出生于沈阳的一个医生世家，家中名医众多，有拿政府特殊津贴的，也有获终生成就奖的。在浓厚的家庭氛围熏陶下，于浩波也走上了从医之路，医学院毕业后成为一名医生。20世纪90年代，适逢国家鼓励大型企事业单位发展“三产”，担任医院团委书记的于浩波，凭借灵活的头脑和一身干劲，将医院的“三产”做得风生水起。1995年，认识到自己商业天赋的于浩波从医院辞职“下海”，先后经营起快消品代理公司和装修公司。经由装修公司，于浩波又接触到了房地产行业。2003年，于浩波拿到沈阳市郊浑南莫子山的40万平方米土地，开始进军地产界，开发了沈阳“香格蔚蓝”项目，看房有礼、购房送车，著名歌星费翔在开盘典礼上站台助阵，这让“香格蔚蓝”在沈阳一炮而红，也成为沈阳第一个百万级的地产项目。2007年，“香格蔚蓝”一期售罄，二期销售过半，三期有待开发，形势一片大好。

2009年，中国房地产市场一改之前的火爆形势，出现拐点，颓势初显，此后的两年间，房地产市场迅速冷却，同质化严重、产品大量滞销，于浩波的“香格蔚蓝”也未能幸免。面对此种状况，于浩波对全国房地产市场进行了细致的考察和分析，认为如果还按照过去的粗放型模式发展，问题的出现只是或早或晚。房地产必须进行差异化转型和精细化管理，细分市场，满足不同层次的居住需求。冲出红海，进入蓝海，房地产市场才会迎来第二个春天。

1. 突围养老地产——“蓝卡模式”1.0

“转型”之路在何方呢？于浩波带领团队对国内外的特色房地产项目进行了大量实地考察，“地产+教育”的碧桂园，“地产+旅游”的美国佛罗里达州Orange Lake度假村、万科17英里，“地产+科技”的南京锋尚国际公寓、上海朗诗@B，“地产+体育”的奥园……

“香格蔚蓝”全部为别墅产品，地处市郊，定位为中高端客户，许多是要与父母同住，或干脆让父母单独住到别墅中颐养天年，老年人是否住得舒服是客户的关注重点。在“香格蔚蓝”的销售中，几乎每一位客户都会问到“如果业主生病了，附近有医院吗”这样的问题。经过一番考察，多年潜藏在于浩波血液里的医疗细胞开始蠢蠢欲动。于浩波不禁开始思考：“是否可以针对老年人做一些独特的项目设计？除了让老人住得舒服以外，还可以提供保障老年人身体健康的医疗服务？”于浩波开始考虑“香格蔚蓝”项目向养老地产的转型。

首先，在建筑硬件方面，建设具有适老功能的园区，在园区内设置无障碍设施、紧急呼叫按钮、加长定制电梯等，方便老年人的生活。其次，在园区内设立蓝卡颐养养老服务中心，为老年人提供全方位的居家式养老服务。例如，120 急救车辆进驻社区，及时进行急诊转运，在最短时间内让业主得到最有效的治疗；将老年人分为生活自理型、生活协助性、不能自理型等情况，由驻区居家养老服务中心及其派出人员提供不同类型和内容的养护照顾服务；并且，与中国医科大学附属第一医院和沈阳医学院沈洲医院合作，在园区内成立了蓝卡诊所，全方位为园区内居民提供高标准的医疗保障服务。

这样一来，园区里的日常生活倒是深得很多老年业主的喜欢，可是一旦生病，在蓝卡诊所看病还是不放心。在他们看来，“香格蔚蓝”是一个不错的居家养老环境，但蓝卡诊所与传统意义上的社区诊所并没有多大区别。这着实给于浩波出了一道难题，“那个时候，我们开始发现这种模式所遇到的最大难题”，于浩波坦言，“第一，投入再大，我们的医院也无法达到三甲医院的专业水平；第二，不管我们如何宣传，老百姓还是只认大医院；第三，不管我们如何努力，我们也无法吸引和留住高水平的医学人才”。虽然在医疗改革的大趋势下，国家出台各种政策鼓励社区建医院，但对于地产商而言，自建医院的成本太高，属低水平重复，业主信任度低，运营举步维艰，对地产项目销售的促进作用也极为有限。

2. 养老地产+“医疗网”——“蓝卡模式”2.0

几番取经问道，于浩波意识到解决养老地产发展的核心问题不是给地产项目配上一个医院，而是要给地产项目织就一张“医疗网”。在这张网上，有着人性化的定制服务和完备的分级诊疗制度。老人仍然居家生活，常见病、慢性病在小区内就有专人随时诊疗，大病、急症、重症则有专门渠道转诊到三甲医院看专家号，享受更为及时和优质的医疗资源。只要业主进入这张医疗网，这张网就会跟着业主走，实时随地监测业主的健康情况。有了这张网，就可以实现完全意义上的“居家养老”。不仅是老年人，孕妇、婴幼儿等所有家庭成员，都可以享受常见病的诊疗和日常保健服务。既为家庭带来天伦之乐，又解决了社会问题，减轻了政府的负担。

而这张网，利用互联网的技术手段，完全可以实现。它将医疗资源重新整合并科学配给，应用分级诊疗的思路，为患者提供更加便捷舒适的疾病治疗服务，能够有效解决老龄化社会“就医难、看病贵”的难题，是中国特殊国情下居家养老的最优解决方案。养老地产+“医疗网”，大有文章可做！

在于浩波的设计和规划下，在这张“医疗网”覆盖下的蓝卡诊所不再局限于园区内的居民服务，也不再局限于老年人的诊疗养护服务，而开始通过O2O的大数据平台提供365天24小时的全天候全年龄段的医疗服务，整个体系由一个堡垒——蓝卡诊所、一个平台——国家级专家平台、一套工具——移动云体系共同构成（图16.1）。

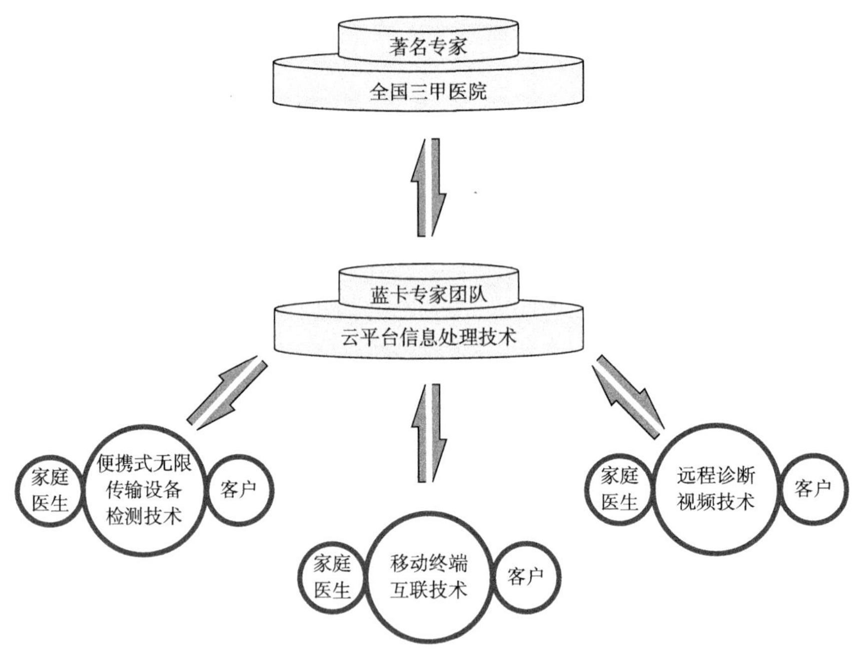

图16.1　蓝卡服务模式图解

蓝卡诊所给每一户业主都配备一位家庭医生，负责免费接诊业主挂号，将所有诊治数据上传到移动云数据体系，并根据情况选择是否通过移动医疗设备实时监测，形成健康档案，最为准确地反映各项生理指标和健康状况。一般的疾病都可以在蓝卡诊所得到治疗，就连蓝卡的检疫检验项目也都委托正规第三方机构完成，标准统一，其检验结果在中国任何一家医院都得到承认。

国家级专家平台是全国众多三甲医院的联合，以及三甲医院指导下的蓝卡专家团队。中国最先进的医疗技术都在三甲医院里，且分布在不同的三甲医院里，不同的三甲医院各有所长，只有将众多三甲医院的优势医疗资源联合起来才能真正形成一个国家级的平台。为了打造这个平台，于浩波动用了自己在医疗行业的全部人脉关系，并在业务拓展过程中不断通过不同的渠道吸纳新的资源。

蓝卡横向铺设大量的驻区诊所，同时将众多三甲医院纳入体系，通过一套移动云技术在诊所与专家之间、专家与专家之间对话。国家级平台的作用，就是为了诊疗业主的疑难杂症，危重病情。一方面，可以实现专家网上会诊，通过对业主医疗档案的调阅，做出判断，给出诊疗方案；另一方面，如果业主病情较重，蓝卡会立即启动就近三甲医院的绿色双向转诊通道，省去排号、挂号的麻烦，还可以医保报销。

为了用好这个平台，让三甲医院宝贵的医疗资源为蓝卡所用，为广大业主、老百姓所用，却又不滥用，蓝卡自己也组建了一支专家团队，起到诊所与三甲医院间的桥梁作用。

2012 年 7 月 1 日，“听雨观澜健康养生养老地产项目”在全国房地产市场上亮相推广，全新的蓝卡模式同时启动。在“听雨观澜”开盘典礼上，于浩波正式提出“第三代住宅”的概念：第一代住宅，是我们父辈单位分的房子，没有物业，一切都要靠住户自己；第二代住宅，配有良好的物业管理，不管是小区内的绿化卫生，还是住宅内的电、气、下水，都会有专门的物业人员提供及时周到的居住环境服务，但无法提供医疗服务；而第三代住宅，则强调对人的关怀和全面服务，将同时拥有家庭医生服务和物业服务的双服务。此概念一出，全国地产界为之一振，全国工商联房地产商会也因此授予“听雨观澜”“中国首批绿色养老住区示范项目”的荣誉称号。

“听雨观澜”的成功，让其他地产商看到了曙光。一时之间，金地、碧桂园、绿城等知名地产公司纷纷向蓝卡抛出橄榄枝，欲将蓝卡嫁接到自己的地产项目中，给自己的园区也配上这张“医疗网”，促进产品销售。

星星之火的布局，也进一步拓展了蓝卡的服务半径和质量，业主在蓝卡覆盖的所有区域都可以享受到相应的服务。例如，沈阳的业主到三亚度假，如果突发不适，可以在三亚享受到与沈阳同样的服务，甚至在国外突发身体不适，也可以在当地最近的蓝卡签约诊所就诊，并拨打蓝卡的服务专线 400-119-1011，与自己的家庭医生连线，通过家庭医生向当地医生介绍病情。

3.“医疗网”+健康平台——蓝卡模式 3.0

在政府为解决老百姓“看病难，看病贵”的问题寻找出路之际，以商业模式运营的蓝卡有效解决了家庭健康管理、居家养老、家庭医疗保健服务等社会性难题，为医改提供了新思路，发挥了超出预想的社会价值，政府也向蓝卡抛出了橄榄枝。

2014 年，沈阳市政府将蓝卡纳入基本医疗保障体系中，由政府出面，全面打通了蓝卡与三甲医院的分工合作渠道，并将蓝卡引入 80 余家养老院，为沈阳市居民及养老院的老人提供建立随身医疗档案和常见病诊治等基本服务，必要时可走绿色通道转诊到大医院；2015 年 3 月，天津滨海新区购买蓝卡服务；2015 年 7 月，深圳罗湖区购买蓝卡服务；2015 年 9 月，与鞍山市卫生和计划生育委员会签约，全面进入鞍山市……

得益于国家有关部门的重点关注和大力帮扶，蓝卡的上游供应链全线打通，战略合作机构包括中国科学院、中国移动、中国电信、中国联通、国家开发银行、中国建设银行、中华医学会全科医学分会、中国房地产行业协会、全国房地产经理人联合会、全国工商联房地产商会等，并正在积极与国际医疗组织建立合作，建成全球化的医疗团队服务网络。

然而，医生出身的于浩波仍然没有满足，当被问及蓝卡的未来发展时，于浩波吐露了自己最大的愿望和心声："虽然身为医生，却并不希望等到大家生病的时候才去治病，希望通过蓝卡模式让大家不生病、少生病，更加幸福地生活。"为了实现这个愿望，医者仁心的于浩波始终在不断地整合优质资源，在蓝卡原有的"诊所驻区服务"、"国家级专家会诊"、"移动云支持下家庭医生全球即时服务"和"三甲医院就医绿色通道"服务体系基础上，又加入了"健康管理服务"（终身健康档案）、"健康产业供应链"两大服务体系，形成由六大服务体系支撑的全健康产业链闭环（图 16.2）。

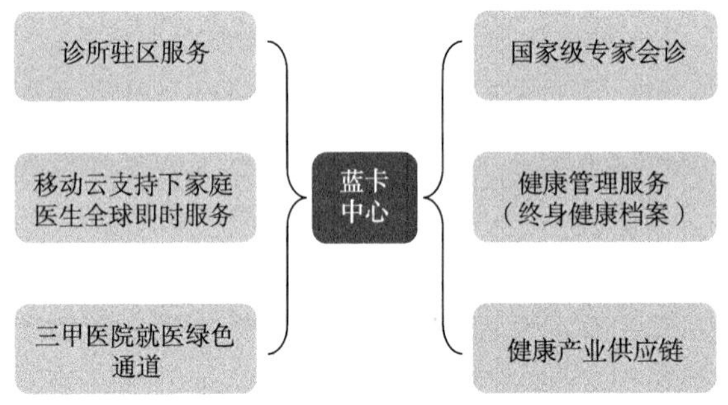

图 16.2 蓝卡系统服务闭环

"健康管理服务"是指蓝卡通过对业主实行定制化的体检形成"全面反映会员身体健康及趋势"的健康档案，通过健康档案进行家族 DNA 遗传病分析①，预测疾病，对业主进行主动式的服务，一定程度上帮助业主更快地处理突发情况。"按需体检"是蓝卡定制体检的核心原则，在家庭医生的指导下，有针对性地选择体检项目，摒弃与实际情况无关的体检项目，不做过度医疗，不浪费医疗资源，有益于自身的同时也为社会做出了贡献。

"健康产业供应链"是指为业主提供个性化的家居服务，以及相应的绿色食品和放心药品。根据业主的身体状况，蓝卡服务中心派出专业的护工配合蓝卡家庭医生和护士以及运动教练、营养师等分别对业主提供康复服务、理疗护理、运动健身、营养配餐、心理疏导、家政服务等，还可以由运动教练为业主量身定制运动方案并提供健康运动指导，免除业主及家人的担忧；按照营养师开出的饮食清单，由蓝卡厨房完成饮食配置，通过园区特供部完成供应。目前蓝卡已经与多个省市的食品药品监督管理部门建立了联

① 家族 DNA 遗传病分析：在健康档案建立过程中，通过对会员三代内的家族遗传病史、DNA 技术分析等进行解读，预测患病概率，为会员提供亚健康的前置服务。

系，每一批园区特供部推荐的食物都由食品药品监督管理部门做一次检测；药品则从国药集团药业股份有限公司等集团药库直接拿货面向业主销售，免去了代理商和经销商从中间赚取利润，保证了药品的质量和价格。

蓝卡（国际）健康集团再一次华丽转型，将业务范围延伸至健康全产业链，战略合作伙伴领域进一步拓展，供给碎片化、需求多元化的健康产业终于迎来了一个综合平台的诞生。这个平台，将厂商与广大消费者紧密连接起来，既向消费者提供有保障的产品和服务，又成为厂商们的渠道通路，同时还向全社会传播着健康生活的理念，发挥着巨大的社会效益，蓝卡“做实事，行善举”的企业梦想得以实现。

四、说不出的痛

现如今的蓝卡（国际）健康集团，在北京的总部设在与水立方仅一街之隔的创业大厦，在全国各大城市设立功能分部。目前已在我国北京、天津、沈阳、山东、三亚、哈尔滨，以及澳大利亚、美国等地开展了实地服务及拓展，预计不久之后将会迅速延伸到上海、广州及香港、台湾等地。“你在哪蓝卡在哪”，温馨体贴的企业使命彰显了“蓝卡模式”让更多人享受到更便捷的健康服务的决心。

在蓝卡（国际）健康集团目前的业务份额中：向地产商提供协议服务，“点对点”铺设布局，利润最高、占比最大，是蓝卡当前的主体业务；纳入分级诊疗体系，将服务卖给政府，“大面积”铺设推广，虽然收费很低，但得益于“薄利多销”，是蓝卡（国际）健康集团未来的战略重点；医疗器械、广告等衍生业务也是蓝卡目前重要的收入来源；而药品、绿色食品特供及运动、营养指导等在蓝卡的收入总额中占比还很小，但市场前景良好，潜力巨大（图 16.3）。

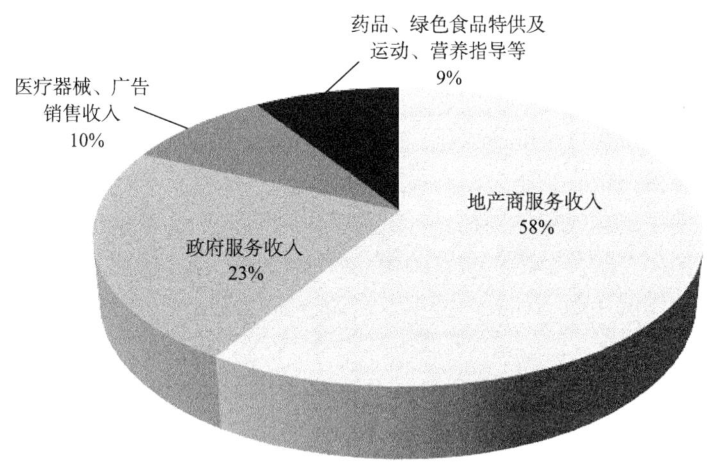

图 16.3 蓝卡（国际）健康集团业务收入比例图

三次商业模式转型使蓝卡成为一个综合性的健康平台，对于一个平台型企业来说，如何提升服务的体验感，增强客户的接受度，形成客户黏性是企业生存发展的核心问题。

毫无疑问，老龄群体是健康平台的主要消费者，让老年人习惯这个平台、依赖这个平台、爱上这个平台不仅关系着蓝卡（国际）健康集团的实际经济效益，也是国家对蓝卡的期望所在，是蓝卡企业承担社会责任的重要体现。2013 年 8 月 20 日，中央政策研究室印发了《完善大力发展新型养老业态的支持政策》，在文件中将这种新型居家养老模式命名为“蓝卡模式”，向全国推荐。

于浩波明白，老龄群体和居家养老服务是蓝卡的“初心”，决不能忘，美好的愿景并不意味着光明的前途，通往梦想的道路必定不会一帆风顺，“互联网+健康服务”这一不折不扣的新生事物，即使在年轻人群体中也需要了解和体验，更何况思维方式相对固化的老年人群体？如何有效地建立与维护同客户之间，特别是老龄群体客户之间的关系，增强客户黏性，始终是蓝卡无法言说的痛。

启发思考题：

1. 蓝卡（国际）健康集团经历了几次商业模式转型？转型的动因是什么？
2. 请分析蓝卡（国际）健康集团 1.0 和 2.0 商业模式。
3. 同 1.0 和 2.0 商业模式相比，3.0 商业模式有何特点，其构建的关键资源有哪些？
4. 如何构建并实现 3.0 商业模式的可持续发展？

案例分析：

一、学习章节与理论回顾

该案例可用于“创新管理”课程中的“商业模式创新”“平台型商业模式”等章节内容。

1. 商业模式

商业模式是为实现客户价值最大化，把能使企业运行的内外各要素整合起来，形成一个完整高效的具有独特核心竞争力的运行系统，并通过最优实现形式满足客户需求、实现客户价值，同时使系统达成持续赢利目标的整体解决方案。商业模式阐明了特定实体的商业逻辑，包含一系列要素及描述其关系的概念性工具，如企业所能为客户提供的价值、企业的内部结构、合作伙伴网络和关系资本，以及在实现这一价值的过程中产生可持续盈利收入的要素等。

按照商业模式画布理论，从“客户、产品、基础设施、财务生存能力”四个主要方面阐述商业模式九个基本模块（图 16.4），企业的商业模式创新就是在不同模块中的创新及创新组合。

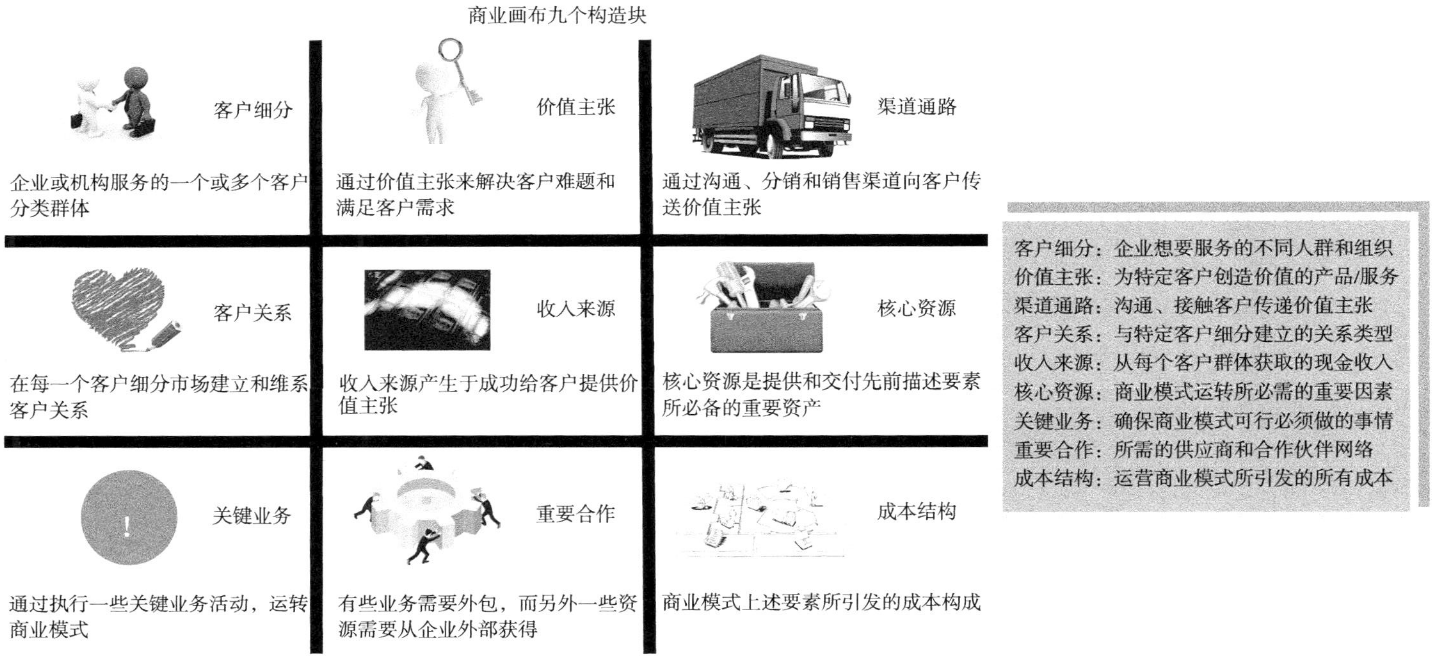

商业画布九个构造块

客户细分	价值主张	渠道通路
企业或机构服务的一个或多个客户分类群体	通过价值主张来解决客户难题和满足客户需求	通过沟通、分销和销售渠道向客户传送价值主张
客户关系	收入来源	核心资源
在每一个客户细分市场建立和维系客户关系	收入来源产生于成功给客户提供价值主张	核心资源是提供和交付先前描述要素所必备的重要资产
关键业务	重要合作	成本结构
通过执行一些关键业务活动，运转商业模式	有些业务需要外包，而另外一些资源需要从企业外部获得	商业模式上述要素所引发的成本构成

客户细分：企业想要服务的不同人群和组织
价值主张：为特定客户创造价值的产品/服务
渠道通路：沟通、接触客户传递价值主张
客户关系：与特定客户细分建立的关系类型
收入来源：从每个客户群体获取的现金收入
核心资源：商业模式运转所必需的重要因素
关键业务：确保商业模式可行必须做的事情
重要合作：所需的供应商和合作伙伴网络
成本结构：运营商业模式所引发的所有成本

图 16.4 商业模式分析画布

上述商业模式画布各模块之间的相互关系如图16.5所示，商业模式画布分析的一般流程如图16.6所示。

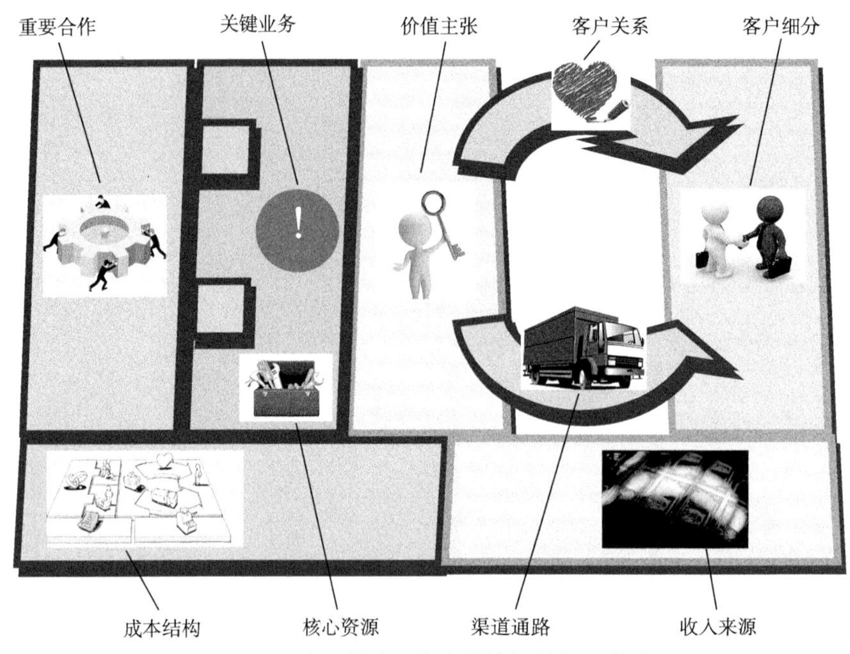

图16.5 商业模式画布各模块间的相互关系

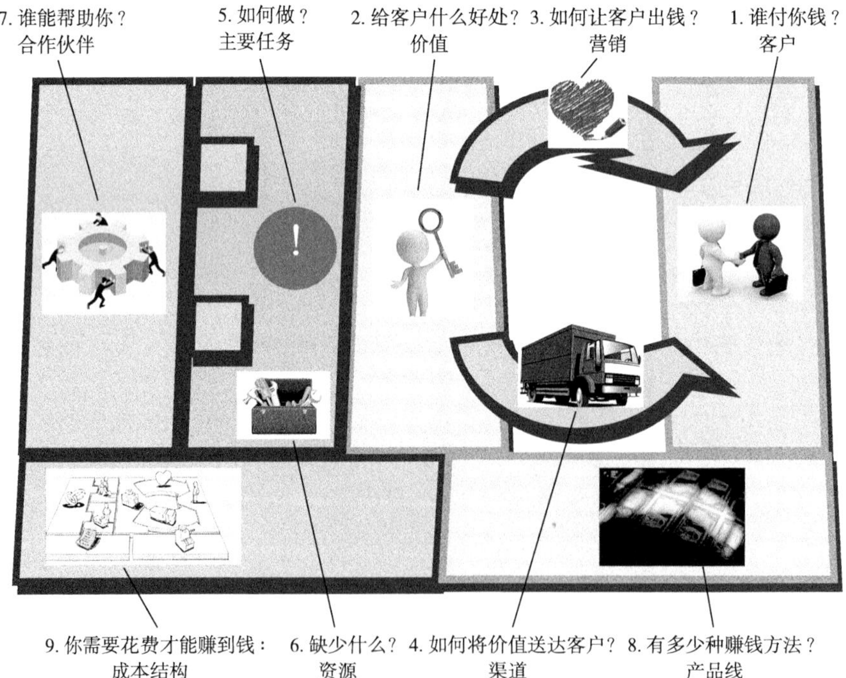

图16.6 商业模式画布分析的一般流程

2. 平台型商业模式

Alexander Osterwalder 在其所著的《商业模式新生代》中基于商业模式画布提出了

五种商业模式，分别是非绑定式商业模式、长尾式商业模式、多边平台式商业模式、免费式商业模式及开放式商业模式。

平台型商业模式是指连接两个（或更多）的特定群体，为其提供互动机制，满足所有群体的需求，并巧妙从中赢利的商业模式。大多数平台企业本质上都是轻资产公司，将多边不同群体的供给和需求整合，建立互动体系实现赢利目标。平台型商业模式形成的基础是网络效应，通过使用者之间关系网络的建立，达到价值创造的目的。多数平台企业不仅能够拓展单一群体之间的关系规模，还能够连接双边（或数边）的使用群体，让不同的群体通过平台相连而达到为彼此增值的目的。

平台型商业模式创新的一般流程，包括定位多边市场、激发网络效应、形成关键盈利模式、维持和提升平台话语权几个步骤，如图 16.7 所示。

图 16.7 平台型商业模式创新的一般步骤

（1）定位多边市场：确定用户群体及其需求，平台企业据此制定能够同时纳入多边群体的策略。在平台商业模式构建初期，需要先突破缺乏网络效应的真空地带，这是平台企业早期发展面临的最大难题。由于平台初期的网络效应甚微，这段时间的发展策略必须侧重向潜在用户提供其他的非网络效应的价值。

（2）激发网络效应：设计适合产业与服务群体特征的配套机制激发网络效应，包括同边网络效应和跨边网络效应。其中，同边网络效应是指当某一边市场群体的用户规模增长时，将会影响同一边群体内的其他使用者所得到的效用；跨边网络效应是指一边用户的规模将影响另外一边群体使用该平台所得到的效用。

（3）形成关键盈利模式：平台商业模式的有效运行来自多边群体的互补需求所激发出的网络效应，其盈利模式也精准定位于多边需求之间的关键环节。平台企业的商业模式与传统企业运营模式的不同之处在于，其并非仅是直线型、单项价值链中的一个环节，而是价值的整合者、多边群体的连接者，平台生态圈的主导者。

（4）维持和提升平台话语权：平台企业话语权提升的核心在于其能否使一方群体吸引到一定规模的另一方群体，为特定用户提供好的盈利机会，以吸引和维持用户，保持网络效应持续发挥作用。同时，可以采用提升同边/跨边网络效应、提高转换成本、提供增值服务、强化品牌等方式，提升用户黏性，增强平台企业的话语权。

二、分析思路

通过案例正文的阅读，实现对蓝卡（国际）健康集团发展历程中重要节点的梳理，应用商业模式分析画布，分析蓝卡（国际）健康集团在不同阶段的商业模式，识别不同阶段商业模式构建的关键资源，并聚焦蓝卡（国际）健康集团目前的商业模式，分析蓝卡（国际）健康集团平台型商业模式的构建路径和面临的问题，提出“互联网+健康”平台型商业模式发展的可行解决思路和实现路径（图 16.8）。

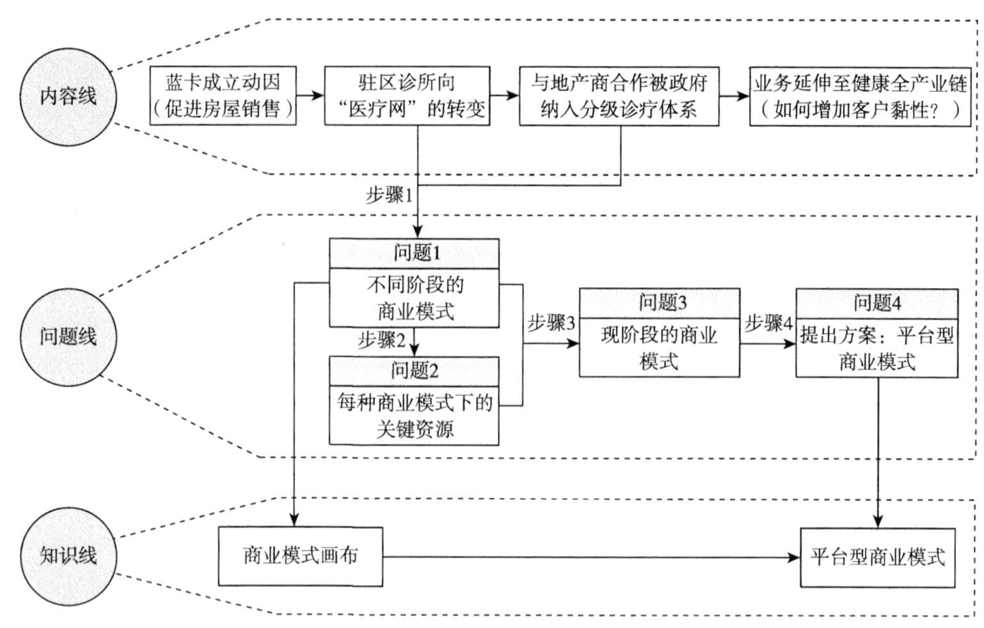

图 16.8 分析思路图

步骤 1：从源起于地产行业在 2010 年间面临的销售困境与蓝卡（国际）健康集团的发展历程出发，应用商业模式画布分析蓝卡（国际）健康集团在不同发展阶段的商业模式。对蓝卡（国际）健康集团在不同发展阶段商业模式的价值主张、渠道通路、关键业务、核心资源、客户细分、客户关系、重要合作等商业模式要素进行识别和分析。在此基础上，对其上游资源供应方和下游资源需求方进行纵向比较，分析其在商业模式各要素上的变化。

步骤 2：识别蓝卡（国际）健康集团在不同发展阶段中商业模式实现的关键资源，并分析蓝卡（国际）健康集团如何实现对这些关键资源的获取，并通过对外部环境的分析为蓝卡（国际）健康集团的商业模式创新探索可行的方向。由步骤 1 中商业模式的要素分析可知，蓝卡（国际）健康集团面临的问题是新兴服务密集型企业的共性问题，仅从渠道通路、客户细分及重要合作环节进行商业模式创新，都无法解决现有问题。本步骤针对医疗健康产业的现状，从激发双边网络效应的视角，探讨“蓝卡模式”的结构优化，为蓝卡（国际）健康集团的商业模式创新提供可行的方向和发展空间。

步骤 3：针对当前蓝卡（国际）健康集团面临的客户关系问题，设计解决方案，并对由此带来的商业模式及其要素变化进行具体分析。通过上述步骤 1、步骤 2 的分析，从对蓝卡（国际）健康集团现有资源和能力的分析入手，应用平台型商业模式理论与一般性构建过程，分析和探讨蓝卡构建“互联网+健康”服务平台的可行性，并对其商业模式及其要素变化进行分析，思考蓝卡（国际）健康集团进行“互联网+健康”的平台型商业模式创新的资源和能力需求。

步骤 4：探讨蓝卡（国际）健康集团如何实现其“互联网+健康”的平台型商业模式的构建。参照步骤 3 形成的“互联网+健康”的服务平台结构与目标商业模式，以平台型商业模式的相关理论与一般性构建过程为基础，从蓝卡（国际）健康集团的视角出发，探讨如何逐步实现产业链中的健康资源供应方、健康资源需求方和信息技术管理的整合，以及在此过程中所需的资源、能力、商业模式要素的变化，探讨构建蓝卡“互联网+健康”的可行商业模式及实施路径。

三、收集拓展资料

互联网正促使医疗业向移动化、智能化和信息化前进。“互联网+医疗”的商业模式主要有医药电商、在线问诊预约、可穿戴设备、远程医疗四大领域。目前，尽管各大厂商已竞相布局“互联网+医疗”，但是我国“互联网+医疗”还属于发展初期，由于各种因素的限制，各个模式也处于探索时期。

（1）医药电商。是指医疗机构、医药公司、银行、医药生产商、医药信息服务提供商、第三方机构等以营利为目的的市场经济主体，凭借计算机和网络技术（主要是互联网）等现代信息技术，进行医药产品交换及提供相关服务的行为。在医药电商方面，由于药品所需要的配送条件较高、国家监管政策不明朗，因此大部分医药零售企业对电商还是持观望态度，暂时只有小部分的医药连锁在试水电商。但是，医药电商的优点和发展前景不容小觑。第一，电商提供充分的药品资源，简化了购药流程，针对非处方药品购买而言，节约了用户的时间成本。第二，所有药品在电商平台上价格透明、来源透明、信息对称。

（2）在线问诊预约。是指医生在互联网上为患者解答问题，以及患者通过网络预约去医院巡诊的时间。在线问诊预约方面，在线医疗网站用户覆盖人数在逐渐增长，“快速问医生”、“寻医问药”、“39 健康网”、“好大夫在线”和“丁香园”这几家网站的排名比较靠前，具有在线医疗效率高、流程少、资源多的优点，有效平衡了我国医疗资源的配置。

（3）可穿戴设备。是指应用穿戴式技术对日常穿戴进行智能化设计、开发出的可以穿戴的设备的总称，如眼镜、手套、手表、服饰及鞋等。随着越来越多的消费者开始注重健康管理，以及老龄化、慢病患者的增加，人们对可穿戴设备实时检测、远程监控等功能的需求也增加了。供给端的可穿戴设备厂商也正积极地以可穿戴设备为数据交互中心，为患者提供移动智能云服务，采集并建立大数据库，探索更多基于患者数据的模式创新，如为医院诊疗检测、为医生辅助决策、为保险公司及时干预以减少保费支出等。尽管这一概念具有广阔的前景，但现在有关互联网健康管理仍处于数据收集环节，行业仍处于各自为战的探索阶段。

（4）远程医疗。是指通过计算机技术、通信技术与多媒体技术，同医疗技术相结合，旨在提高诊断与医疗水平、降低医疗开支、满足广大人民群众保健需求的一项全新的医疗服务。在远程医疗方面，较先进的医院在移动信息化应用方面发展较快，可在医院内部和医院之间联网实时共享相关信息。但是目前欠缺长期运作模式，缺乏规模化、集群化的产业发展，还存在成本高昂、安全性及隐私问题。

蓝卡服务实行会员制，提供阶梯式服务。蓝卡服务由线上和线下两部分组成，服务内容主要包括蓝卡诊所服务、移动云支持下家庭医生全球即时服务、三甲医院就医绿色通道服务、国家级专家会诊、健康管理服务和绿色食品定制配送、国际抗衰老医学及候鸟式旅游度假等服务。蓝卡服务覆盖范围广泛，会员可在全球范围内拨打蓝卡会员 24 小时服务专线，享受蓝卡贴身的家庭医生服务和医疗专家团队服务带来的健康生活保障。

蓝卡（国际）健康集团在打造让客户信赖的家庭医生服务品牌的同时，不断将蓝卡的先进服务理念与实践相结合，并率先在全国推出了“第三代住宅”（集物业服务和家庭医生服务于一体的双服务住宅），为地产开发企业的转型发展及配套医疗、养老服务建设提供了广阔发展空间，让开发企业无须再为复杂的医疗保健和居家养老服务配套而伤神，从而专注地产开发，由蓝卡（国际）健康集团提供医疗保健和居家养老配套服务。

四、启发思考题引导分析

（1）蓝卡（国际）健康集团经历了几次商业模式转型？转型的动因是什么？

蓝卡（国际）健康集团是一家24小时提供家庭医生服务及私人专属健康解决方案的专业化公司，但其成立的初衷却并不在此，而是在外部环境和自身能力的双重作用下，不断地发展和探索，不断地调整商业模式，不断地适应市场的结果，其大致发展历程可以分为三个阶段。

蓝卡（国际）健康集团成立的初衷是以社区诊所的形式促进房地产产品的销售，提出了“养老地产”的价值主张，以园区内的业主为目标客户，以诊所实地诊疗为关键业务，但是由于医疗资源的匮乏，实际作用并不明显。

而后，同样是为了促进房地产产品的销售，蓝卡（国际）健康集团将单纯的社区诊所发展成为“医疗网”：整个体系由一个堡垒——蓝卡诊所、一个平台——国家级专家平台、一套工具——移动云体系共同构成。这个模式以解决“看病难、看病贵”为价值主张，以小病、慢性病、常见病、老年病患者为目标客户，以地产商和政府为渠道通路，将三甲医院等作为重要合作伙伴，通过打造国家级平台获取核心资源——医疗资源。这张“医疗网”的构建不仅彻底改变了房地产产品的面貌——催生出“第三代住宅”的理念，在地产商中间打开了渠道，更给政府提供了“医改”的新思路，被纳入分级诊疗体系中，与国家的医疗体制结合起来。

利用这一优势，蓝卡（国际）健康集团提出了新的价值主张，继续在横向上拓展其业务范围，从“医疗”发展为“健康”，正式进军健康产业，以“健康”产业中的平台型企业为目标，向上游整合更多的产品及服务的供应商，在为客户提供医疗服务的同时，将认证过的健康理念、健康产品及周边产品向客户销售，打造“一站式”健康服务。

在这一模式中，蓝卡（国际）健康集团以“24 小时提供家庭医生服务及私人专属健康解决方案”为价值主张，以全年龄段有健康需求的人群为目标客户，以健康食品、药品、服务供应商为主要合作伙伴，以保健医疗、产品服务供应为关键业务，以绿色食品、放心药品、专业化服务为核心资源，通过打造与国家医疗体制相结合的、整合多种类产品与服务的、能够与客户需求快速匹配的、有效解决老年人养护和基础医疗难题、满足大众健康需求的综合平台来适应“供给碎片化，需求多元化”的健康产业现状。

（2）请分析蓝卡（国际）健康集团的1.0和2.0商业模式。

根据商业模式画布理论，可以从9个构成模块分析蓝卡（国际）健康集团在不同阶段的商业模式，由于“成本结构”与“收入结构”不构成影响蓝卡（国际）健康集团商业模式的关键因素，因此该案例不讨论这两项因素。

1.0 商业模式以打造养老地产为价值主张，以适老功能的园区设施安装和蓝卡驻区诊所为关键业务；与中国医科大学附属第一医院和沈阳医学院沈洲医院的合作为重要合作；拥有的核心资源是“香格蔚蓝”“实验”项目，因为这个地产项目是蓝卡集团的创始人于浩波自己作为开发商开发的地产项目，这使他有机会无障碍地试运行“养老地产”这一理念，找出该理念的利弊，以及以后应该发展的方向；客户细分就是“香格蔚蓝”的业主；渠道通路是该地产产品的销售；客户关系主要是通过地产销售和物业服务来维系，分析示例如图 16.9 所示。

<table>
<tr><td rowspan="2">重要合作：
中国医科大学附属第一医院和沈阳医学院沈洲医院的合作</td><td>关键业务：
适老功能的园区设施安装
蓝卡驻区诊所</td><td rowspan="2">价值主张：
打造养老地产</td><td>客户关系：
地产销售
物业服务</td><td rowspan="2">客户细分：
业主</td></tr>
<tr><td>核心资源：
“香格蔚蓝”“实验”项目</td><td>渠道通路：
地产产品销售</td></tr>
<tr><td colspan="3">成本结构</td><td colspan="2">收入结构</td></tr>
</table>

图 16.9 蓝卡模式 1.0 分析示例

2.0 商业模式以构建“医疗网”为价值主张；以基础医疗服务为关键业务；重要合作包括与所有战略合作机构的合作关系，如中国科学院、中国移动、中国电信、中国联通、国家开发银行、中国建设银行、中华医学会全科医学分会、中国房地产行业协会、全国房地产经理人联合会、全国工商联房地产商会等；掌握的核心资源是由一个堡垒——蓝卡诊所、一个平台——国家级专家平台、一套工具——移动云体系共同构成整个蓝卡服务体系；客户细分是常见病、慢性病、老年病患者；渠道通路为地产商和政府；客户关系主要通过各地产商 s 的销售、物业和国家医疗体制来维护，如图 16.10 所示。

<table>
<tr><td rowspan="2">重要合作：
中国科学院
中国移动
中国电信
中国联通
国家开发银行
中国建设银行
中华医学会全科医学分会
中国房地产行业协会
全国房地产经理人联合会
全国工商联房地产商会
……</td><td>关键业务：
基础医疗服务</td><td rowspan="2">价值主张：
构建“医疗网”</td><td>客户关系：
地产商的销售、物业
国家医疗体制</td><td rowspan="2">客户细分：
常见病、慢性病、老年病患者</td></tr>
<tr><td>核心资源：
蓝卡诊所
国家级专家平台
移动云体系</td><td>渠道通路：
地产商
政府</td></tr>
<tr><td colspan="3">成本结构</td><td colspan="2">收入结构</td></tr>
</table>

图 16.10 蓝卡模式 2.0 分析示例

（3）同1.0和2.0商业模式相比，3.0商业模式有何特点，其构建的关键资源有哪些？

蓝卡的 3.0 商业模式是成为健康产业中的平台型企业。平台型商业模式的核心是打造足够大的平台，产品多元化和多样化，重视用户体验和产品的闭环设计。平台模式的精髓，在于打造一个多方共赢互利的生态圈。为平台上的客户吸引到足够数量的用户、通过补贴吸引价格敏感的用户、产生充足的收入来支付这些补贴是平台型企业要思考的核心问题，蓝卡（国际）健康集团也不例外。

蓝卡的优势在于 2.0 商业模式下积累起来的庞大用户群体，这一方面来源于各个地产商的业主群体，另一方面来源于基础医疗的患者群体。

蓝卡一开始以满足业主、患者的居家养老和基础医疗需求为出发点，解决这部分人的共性需求，让自己成为这个领域的专家，成为这个领域最好的公司。然后在慢慢发展的过程中，发现客户的需求量越来越大，越来越多的客户来使用蓝卡的产品，来通过蓝卡的产品或服务解决他们生活中存在的一些问题，不仅是在生病时才需要蓝卡，更希望蓝卡在他们还没有生病的时候提供健康服务，防患于未然，这迫使蓝卡逐渐走向平台之路。在这个过程中，蓝卡始终没有改变的是对用户需求的理解和满足、对用户体验的极致追求，这样才能成为一个真正的平台型企业。

蓝卡（国际）健康集团将健康产业链上的用品、食品、药品、服务等供应商都纳入这个体系中来，成为一个开放的平台，只有开放才能承载各种资源，从用户到供应商，从设计、传播到涉及产业链的各相关机构及力量。开放保证了平台的活力，让资源无障碍流通，这也是蓝卡健康平台增加客户黏性的重要手段。

在平台上，每项服务都是一个入口，都可以将用户引入，之后再影响其使用更多服务，建立起医疗技术、服务品牌、管理系统、数据、用户习惯等自己容易复制而别人很难超越、边际成本极低或几乎为零的无形资产优势，最终形成对平台生态圈的完全依赖，增加平台的可扩展性。如此，再构建更多高效的辅助服务，增强平台的黏性和竞争壁垒，最终让用户牢牢地黏在生态圈平台上，而使其他意欲挑战其单一平台服务的竞争对手望尘莫及。

蓝卡（国际）健康集团的健康平台与一般的平台型商业模式还有一个重要的区别，那就是以线下的蓝卡驻区诊所为依托，具有明显的 O2O 特征。蓝卡驻区诊所承担着与患者面对面诊疗、收集健康数据的任务，具有体验式营销、发展新客户的重要功能，是大数据形成的基础和整个体系的终端，也是蓝卡健康服务平台核心竞争力的重要来源。线下体验与线上健康产品的销售相辅相成，成为蓝卡健康平台的一大特点。蓝卡线下诊所的布局是1.0 商业模式下的突出特点，是 1.0 商业模式为蓝卡健康平台做出的重要前期积累。

从健康产业链的整体发展态势及蓝卡（国际）健康集团所掌握的资源来看，蓝卡（国际）健康集团有能力从单一的健康服务业务向连接供需的平台型商业模式转型。作为提供一体化健康服务的企业，其商业模式的变化不仅体现在提供专业的健康服务，完成医养方案从驻区诊所到大数据的流通任务，更为重要的是设计、实施和运作整条健康产业链的分销和流通系统，将各个环节要素有机整合起来，提供系统化、系列化的增值服务。

蓝卡（国际）健康集团可以通过商业模式创新转型成为健康产品供应链核心企业，对供应链进行优化管理，构建由顾客需求拉动的供应链网状结构，以此来强化蓝卡（国际）健康集团整体的健康产品生产、销售的企业形象，利用市场信息和健康信息管理系统，对健康产品的供需信息与会员健康信息进行匹配。同时，整合医患匹配、药品来源、健康食品需求、定制健康服务等多项业务，提高上下游用户黏性，发挥平台型商业模式的网络效应。

以蓝卡（国际）健康集团为核心的医疗健康产业链如图 16.11 所示。

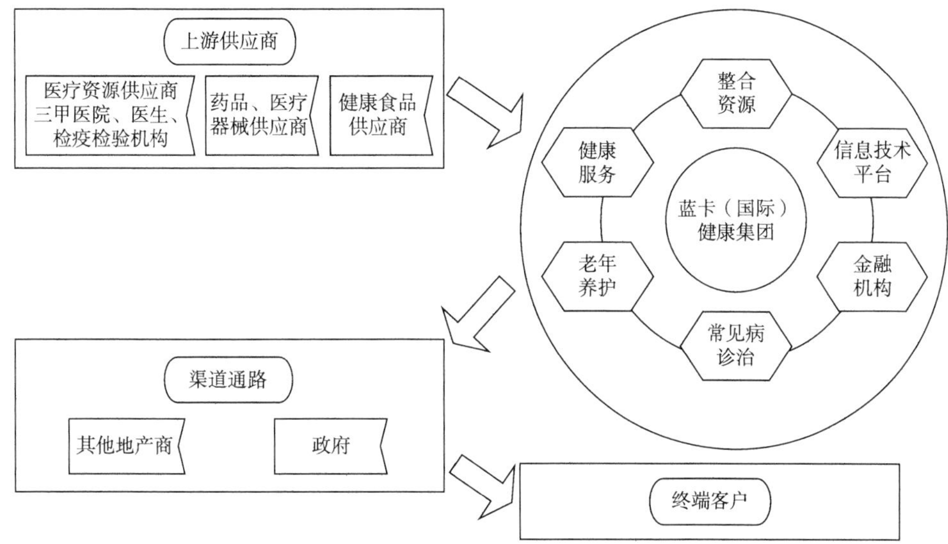

图 16.11 蓝卡（国际）健康集团为核心的医疗健康产业链

（4）如何构建并实现 3.0 商业模式的可持续发展?

在“互联网+健康”的发展趋势下，利用互联网工具，从整合医疗资源、附加资源、信息资源的角度考虑互联网健康平台具有的功能（表 16.1）。

表 16.1 蓝卡（国际）健康集团平台型商业模式的整合方向

整合方向	具备资源	具有能力
医疗资源角度	担任中华医学会理事单位，与全国各地多家三甲医院建立联系；专业的创业团队；具有良好的品牌形象	与房地产开发企业合作等成熟的销售模式；有承担分级诊疗中常见病诊疗的能力
附加资源角度	与终端客户直接联系，了解客户需求	宣传健康、保健、养护知识的能力
信息资源角度	拥有丰富的会员信息资源	进行数据挖掘、形成大数据报告的能力

（1）医疗资源角度。我国并非医疗水平不够，而是贴近普通老百姓的“最后一百米”的医疗难以提供，这是中国医疗体系的最短板。蓝卡健康平台可以提供移动互联网支持下的分级诊疗服务，快速匹配医患，搭建和谐医患关系的连心桥。

（2）附加资源角度。整合药品及健康食品供应链的上下游，使得信息流通，增强食品药品来源透明度，使供求信息快速匹配，减少供应链多重中间环节。

（3）信息资源角度。利用互联网信息系统（大数据）、云计算等，构建中国人口健康数据数据库，为国家、政府制定相关政策提供依据。

互联网为健康服务提供快速诊疗、定向养护、信息交互的路径。蓝卡健康服务平台的核心竞争力集中在线下的资源（医疗技术、驻区蓝卡诊所、家庭医生服务体系），只有拥有线下资源的平台后，“大数据”的运作能力才占有优势，所以蓝卡（国际）健康集团具备建立平台的天然优势。以下以医疗资源和附加资源为例，对蓝卡（国际）健康集团平台型商业模式的构建提出“三步走”的策略（图 16.12）。

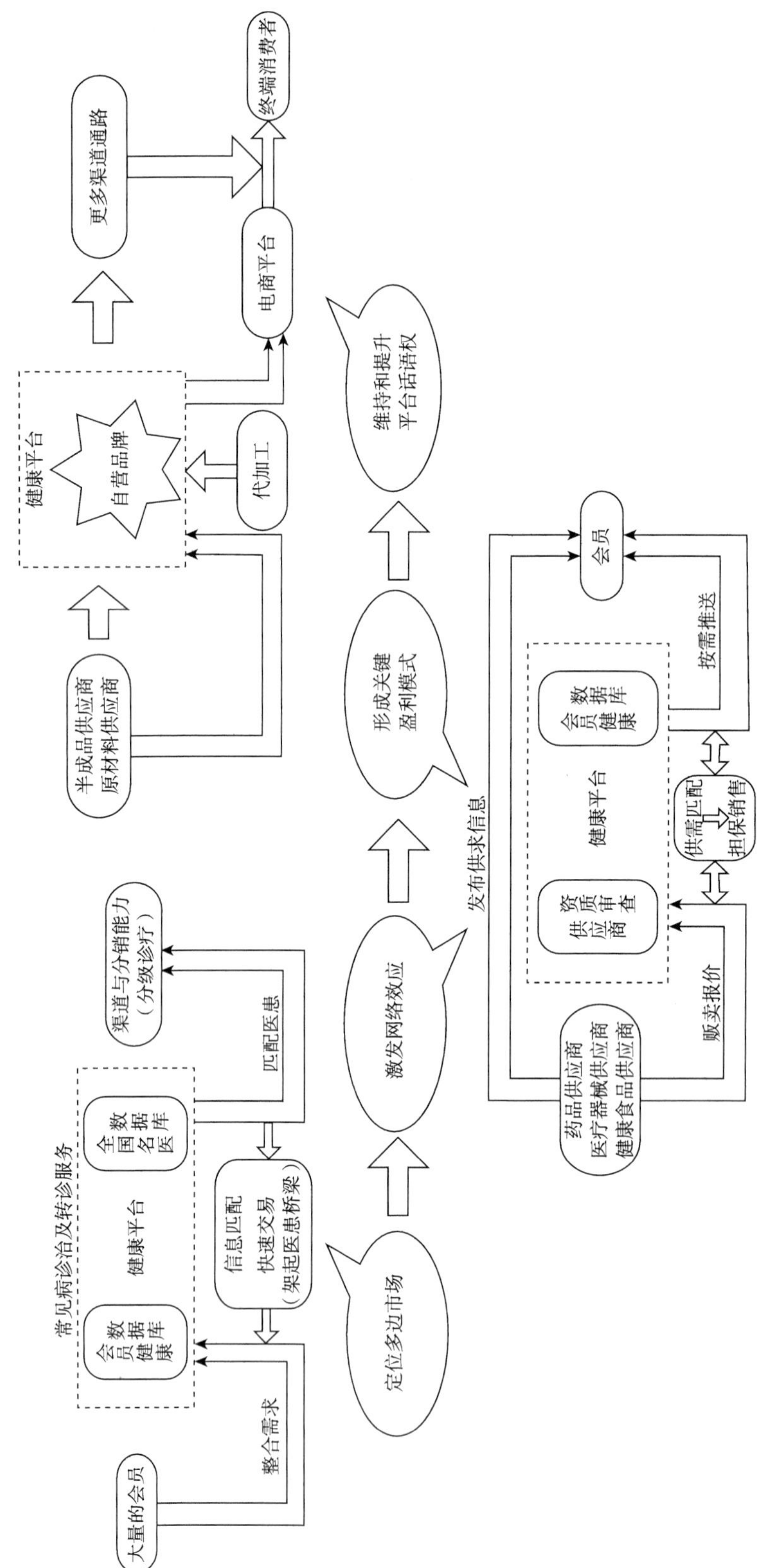

图 16.12 蓝卡商业模式的构建流程

步骤 1：构建以蓝卡驻区诊所为依托的互联网健康平台。以实体诊所为依托，通过互联网健康平台，整合下游众多终端客户（会员）的需求信息，快速匹配医患，让医生的能力充分释放，让医生的价值更受尊重，让百姓尽享优质周到的医疗服务。

步骤 2：构建依托互联网的附加产品信息交流及销售平台。随着健康诊疗业务的增长，网络外部性产生效应，下游需求方的增加可以促进供方规模增加，而供方规模增加又会使下游的需求方受益。再者依托互联网，引导其他健康食品药品资源进入贸易平台，吸引更多的国际和国内药品食品供应商乃至国外健康食品提供商到交易平台进行多方交易，扩大平台影响力。

步骤 3：依托健康平台建立自主品牌。在平台型商业模式逐渐成熟后，创建企业品牌，建立企业标准体系，提供定制化服务及其他增值服务，提升用户黏性，吸引更多用户，增强贸易平台的话语权。例如，可直接与海外健康食品提供商进行对接，引入代销代加工，也可与国内医药厂商合作，拉近与终端消费者的距离，缩短供应链，有针对性地推送体检项目、健康服务、养护器械、药品食品等。

五、学习总结

通过案例正文的阅读与讨论，关注"互联网+健康"这一社会热点问题，掌握商业模式分析工具的使用，对企业价值主张、客户关系、渠道通路等进行系统分析，厘清构建平台型商业模式的条件、要素与发展趋势，激发对企业如何构建平台型商业模式这一问题的思考和讨论。

通过对该案例的阅读与分析讨论，实现对以下知识点的学习、应用和能力提升：

（1）掌握商业模式分析画布的应用；

（2）掌握平台型商业模式的内涵与一般构建过程。

参 考 文 献

王雪冬，董大海. 2013. 国外商业模式表达模型评介与整合表达模型构建[J]. 外国经济与管理，（4）：49-61.

魏炜，朱武祥. 2010. 重构商业模式[M]. 北京：机械工业出版社.

魏炜，朱武祥，林桂平. 2009. 不老神丹就是商业模式“重构”[J]. 深圳特区科技，（5）：64-83.

Casadesus-Masanell R，Ricart J E. 2010. Competitiveness：business model reconfiguration for innovation and internationalization[J]. Management Research：Journal of the Iberoamerican Academy of Management，8（2）：123-149.

Cavalcante C A V. 2011. A multicriteria decision model for a combined burn-in and replacement policy[R]. International Conference on Evolutionary Multi-criterion Optimization，Ouro Preto，Brazil.

Demil B，Lecocq X. 2010. Business model evolution：in search of dynamic consistency[J]. Long Range Planning，43（2~3）：227-246.

Hamel G. 2000. Lead The Revolution[M]. Cambridge：Harvard Business School Press.

Johnson M W，Christensen C M，Kagermann H. 2008. Reinventing your business model[J]. Harvard Business Review，（12）：51-59.

Kirzner I M. 1978. Competition and Entrepreneurship[M]. 2nd edition. Chicago：University of Chicago Press Economics Books.

Lundberg C C，Enz C. 1993. A framework for student case preparation[J]. Case Research Journal，13（Summer）：144.

Noffke S E，Clark B G，Palmeri-Santiago J，et al. 1996. Conflict，learning，and change in a school/university partnership：different worlds of sharing[J]. Theory Into Practice，35（3）：165-172.

Osterwalder A，Pigneur Y. 2010. Business Model Generation：A Handbook for Visionaries，Game Changers，and Challengers[M]. Hoboken：John Wiley & Sons Inc.

Schumpeter J A，Nichol A J. 1934. Robinson’s economics of imperfect competition[J]. Journal of Political Economy，42（2）：249-259.

Shafer S M，Smith H J，Linder J C. 2005. The power of business models[J]. Business Horizons，48（3）：199-207.

Teece D J. 2010. Alfred Chandler and “capabilities” theories of strategy and management[J]. Industrial and Corporate Change，19（2）：297-316.

Zott C，Amit R. 2010. Business model design：an activity system perspective[J]. Long Range Planning，43（2~3）：216-226.

Zott C，Amit R. 2015. Business model innovation[J]. Research-Technology Management，57（3）：500-504.

后记：管理案例学习的苦与乐

案例学习方法基于这样一种普遍的理念：知识的获得和自身的参与结合起来至关重要；基于约翰·戴维（John Dewey）详细阐述过的一项原则：学生对手头的问题进行探索，并找出解决的方法，只有通过这样一种奋力的“搏斗”，学生才真正思考了。如果，他没能形成自己的解决之道（当然，他不是孤军奋战的，而是与老师和同学合作），那么，他就没有真的学到，哪怕他能够用百分之百的精确度背诵出一些正确答案。

案例能够将真实的环境带到课堂上。一旦案例能够被有效地展开，丰富和有趣的细节得以很好地呈现，那么就能维持一种基于事实的概念性讨论。经验证明，一个简单的虚构的情境描述，或者是一些真实的企业数据和公开性文章的简单堆砌，效果远比不上学习一个完整的案例。一个综合的案例能够提供一种客观公正的分析研究，它让学生接触到一些经理、雇员及其他相关人员真正会面临的现实环境。一个叙述型的案例可以提供一种参与和对具体情况进行分析的契机，通过整理可行性行动的方案，以及面对复杂和模糊的现实事件，将自己的学习经历融合进去。根据大连理工大学付永刚副教授、王淑娟教授在2008年的调查问卷结果，表1总结了一些使用案例学习方法的潜在好处。

表1　学生参与案例分析的结果

评价维度	传统讲授法	案例教学法
提升管理理念	70.9%	74.2%
掌握管理概念	93.5%	25.8%
改善思考方式	32.2%	87.1%
获取管理理论知识	90.3%	6.5%
学习分析问题的思路	19.3%	90.4%
提高解决问题的能力	6.5%	90.3%
锻炼沟通能力	3.2%	74.2%

注：百分比为认同度（“收益很大”和“收益比较大”的合计比例）

以上数据表明：传统讲授法在“掌握管理概念”和“获取管理理论知识”方面具有明显的优势，而案例教学法在“学习分析问题的思路”、“提高解决问题的能力”、“改善思考方式”和“锻炼沟通能力”方面效果显著。同时，在“提升管理理念”方面，两种教学方法的效果都比较明显。

针对七项管理能力，采用 5 级量表来比较“传统讲授法”与“案例教学法”对其提升的有效性。部分具体数据如表 2~表 5 所示。

表 2　案例教学法对于“改善思考方式”

有效性	频次	百分比	有效百分比	累计百分比
作用比较小	2	6.4%	6.4%	6.4%
不置可否	6	19.4%	19.4%	25.8%
作用比较大	10	32.3%	32.3%	58.1%
作用很大	13	41.9%	41.9%	100.0%
总计	31	100.0%	100.0%	

表 3　案例教学法对于“获取管理理论知识”

有效性	频次	百分比	有效百分比	累计百分比
不置可否	9	29.0%	29.0%	29.0%
作用比较大	15	48.4%	48.4%	77.4%
作用很大	7	22.6%	22.6%	100.0%
总计	31	100.0%	100.0%	

表 4　案例教学法对于“提高解决问题的能力”

有效性	频次	百分比	有效百分比	累计百分比
作用比较小	3	9.7%	9.7%	9.7%
不置可否	2	6.4%	6.4%	16.1%
作用比较大	12	38.7%	38.7%	54.8%
作用很大	14	45.2%	45.2%	100.0%
总计	31	100.0%	100.0%	

表 5　案例教学法对于“锻炼沟通能力”

有效性	频次	百分比	有效百分比	累计百分比
作用比较小	2	6.4%	6.4%	6.4%
不置可否	7	22.6%	22.6%	29.0%
作用比较大	19	61.3%	61.3%	90.3%
作用很大	3	9.7%	9.7%	100.0%
总计	31	100.0%	100.0%	

从表 2~表 5 可以看出，案例学习方法可以帮助主动学习者形成分析和判断能力。案例分析同样有助于学会如何提出正确的问题，正确的问题是指那些针对案例中包含核心事务的问题。具有管理抱负的主动学习者，通过培养自己提出具有探索性且适当的问题的能力，使自己能够关注到一些表面的现象，而且有能力去挖掘一些潜在的问题。

老师选择布置的案例可以使学生面对不同的组织决策情形。这个方法可以让学生如同身临其境一般，让学生在面对不同类型的管理环境、人物和责任时具有更强的洞察力，进而积累经验。这样一种间接的经验还可以帮助学生做出更可靠的管理决策，包括各行各业和各个职能领域的，虽然做出这些决策具有挑战性，但一定能够带给学生成就感。

此外，当老师要求口头和书面准备时，通过使用案例学习方法，学生的沟通能力能够得到很好的训练。当然，这些额外的收获需要建立在学生的精心准备和老师、同学间互相帮助的基础之上。不过，学习的主要责任还在于自己。一个案例讨论质量的好坏一般体现在是否对案例所陈述的基本事实有一个准确的掌握，能否针对这些事实提出自己独到的分析，这首先要求对每一个案例都能仔细地阅读和思考。

管理案例的学习过程基本上是学生通过自己的努力来逐步领悟的过程，学生自学的作用是任何人无法取代的，尽管在此过程中教师的引导起到了很大的作用。管理案例的学习是有苦又有乐的，既充满趣味与挑战，令人激动兴奋，又布满荆棘，困难重重，有时甚至令人沮丧。

说它有“乐”，是因为它虽然是“代理式学习”（体验他人的处境，非直接经验），但所提供的情境是那样具体而真实、多样而典型，足以使人身临其境般地在许多新鲜的环境中体验。几年下来，二十多门课程加起来，这样的案例有几百个，生活在“象牙塔”里的学生足不出“塔”，便成了“尽知天下事”的国际化人才，这“象牙塔”环境和竞争激烈的市场有着太强烈的对比。当学生的经验与心得渐增，终于形成了适合自己的分析与决策的体系时，将经历自己一生中罕见的不可言传的奇妙感受。对于从未出过校门的学生来说，首次从一个独当一面的总经理的立场出发，去锻炼自己的综合管理能力，也是很令人激动的。

但这个过程确实也有“苦”。首先，学习负担会很重。以案例教学为主的高级管理课程，如“战略管理”，通常要求学生在几周内完成数个大型综合案例作业，而这只是学生同时所修的多门课程之一。其次，案例学习本身又是极艰巨的。案例总是千头万绪，情况杂乱而繁多，想要了解的信息不是不明显，就是干脆没线索，不需了解的信息又一大堆；自己冥思苦想，到讨论时才发觉自己竟那么迟钝，忽略了一些情况；没有标准，没有权威，也不知道自己想的究竟对不对；自己觉得挺有道理，可就是“茶壶里煮饺子——有货倒不出”，表达不确切，不全面，无法说服别人，如此等等。

然而，案例学习并没有捷径，任何想寻找捷径的尝试都是徒劳的，而且是有害的。因为管理案例学习的性质决定了它必然是渐进式的，是长期、缓慢甚至是痛苦的过程，是一个从个人摸索、积累到豁然开朗的艰辛过程，它不存在任何捷径。尽管整个过程以自学为主，但教师的引导作用不容忽视，因为那将有助于加速学生的体验过程，使其少走弯路，提高效率。完全依靠自己所取得的体会也许更扎实，但没有指引，有人也许会永远跋涉于崎岖之中，永远达不到“质变”与“悟道”的境界。

“我要是懂得怎样分析好这个案例该多棒！班上大家的讨论好像走得太远，完全超出了我所准备的分析，我连方向也没能预见到；我真感到泄气；我本来是能为讨论做出一些贡献的；虽然从同学那里学到了不少，但我相信自己本该也有所贡献，而且该学到更多的东西。”这是一位初学者很有代表性的反映。如果只是想混日子、蹉跎岁月的话，见识的案例多了，不等于学到的本事就一定多了，有要做出贡献的愿望和没有这种愿望大不一样。这种贡献不仅是对全班集体的，实际也是对个人的：贡献大，收获也大。

在整个案例学习过程中，特别是入门阶段，会遇到许多困难，老师在案例课程开课前，对案例学习进行启蒙教育时，会向学生介绍这方面的知识。在学生积累了一定案例学习经验，有了初步体会时，再跟随学生的学习程度，一步一步逐渐作更深入的介绍，帮助学生尽快熟悉案例学习过程诸环节的程序与细节。可以肯定，投入其中的学生，其心得必定会更丰富、更生动，从而能更有效地达到自己特定的目标。而老师也在这一过程中根据实际情况给予课程成绩评定。

当在案例学习中有所突破，摸索到一定的方法和技巧后，就可以考虑参加案例分析的比赛，本着比赛的精神，检验学习成果。可以说，案例比赛是案例学习的 2.0 阶段。如果在这个过程中对案例产生了越来越浓厚的兴趣，还可以尝试用科学的研究方法对案例进行分析，进入更高一阶的案例研究 3.0 阶段。案例之路很长，也很丰富，一路走来，就是内练“心法”（分析思考的能力），外练“剑法”（组织与表达能力）的过程，只有身入其中，才能体会到那种难以言说的“痛”和“痛快”。